Friedrich Mürdter

Kurzgefaßte Geschichte Babyloniens und Assyriens nach den Keilschriftdenkmälern

Mit besonderer Berücksichtigung des Alten Testaments

EHV
HISTORY

Friedrich Mürdter

Kurzgefaßte Geschichte Babyloniens und Assyriens nach den Keilschriftdenkmälern

Mit besonderer Berücksichtigung des Alten Testaments

ISBN/EAN: 9783955642921

Auflage: 1

Erscheinungsjahr: 2013

Erscheinungsort: Bremen, Deutschland

EHV
HISTORY

Kurzgefaßte Geschichte

Babyloniens und Assyriens

nach den Keilschriftdenkmälern.

Mit besonderer Berücksichtigung des Alten Testaments.

Von

J. Mürdter,

Oberreallehrer in Stuttgart.

Mit Vorwort und Beigaben

von

Friedrich Delitzsch,

Professor der Assyriologie in Leipzig.

Nebst 28 Abbildungen.

———— ✳ ————

Stuttgart 1882.
Verlag von D. Gundert.

Druck der Stuttgarter Vereins-Buchdruckerei.

Vorwort.

Das vorliegende Buch erhebt keinen höheren Anspruch als den, in knappen Umrissen ein möglichst treues
Bild des babylonisch-assyrischen Altertums zu geben,
so wie dieses, durch vereinigte fachmännische Kräfte aus
dem Grabesstaube hervorgezogen, sich selber bezeugt und
insoweit als das wiedererstandene innerhalb eines Leser-
kreises, welchem alles mit dem Alten Testament Zu-
sammenhängende von Wichtigkeit ist, auf Interesse und
Verständniß rechnen kann. Der Herr Verfasser, nicht
selber Assyriologe, hat mir das Manuskript vorgelegt,
und da seine volle Hingabe an die Sache, seine große
Belesenheit in der betreffenden Literatur, sein uneigen-
nütziger Zweck, den bisherigen Ergebnissen der Keil-
schriftforschung allgemeinere Verbreitung zu geben, einen
gewinnenden Eindruck auf mich machten, glaubte ich das
Vertrauen, welches mir entgegengebracht wurde, nicht
unerwidert lassen zu dürfen: ich habe, soweit es meine
Zeit und die Umstände erlaubten (die Durchsicht fiel
theils in einen Ferienaufenthalt, theils in eine Londoner
Studienreise), vieles, was fortgeschrittene Forschung als

irrig erwiesen, zurechtgestellt, ohne jedoch die Gewähr
für alles, insonderheit die auf Architektur, Astronomie,
Chronologie bezüglichen Aufstellungen, zu übernehmen.
Besondere Sorgfalt wurde auf die richtige Umschreibung
der babylonisch-assyrischen Eigennamen verwendet; desgleichen wurden die Übersetzungen einer nicht geringen
Anzahl von Texten und Textabschnitten, soweit mir
die betreffenden Originaldenkmäler oder Keilschriftwerke
jedesmal zur Hand waren, sorgfältig durchgesehen, vielfach verbessert, wohl auch geradezu neu gefertigt.

Ein ebenso schöner als lehrhafter Schmuck des
Buches sind die bildlichen Darstellungen, welche meist
englischen Quellen entnommen sind.

Meine Beigaben, welche aus dem Rahmen des
Buches nicht allzu weit heraustreten, tragen vielleicht,
im Verein mit manchen gelegentlich eingestreuten Bemerkungen, etwas dazu bei, den Werth dieser in der
populären assyriologischen Literatur eine Lücke aus-
füllenden Arbeit zu erhöhen.

„Wie viel schon" — sagt irgendwo Goethe — „sind
die Wissenschaften theilnehmenden Liebhabern und un-
befangenen Gastfreunden schuldig geworden!" Möchte
sich dies wie an dem Verfasser dieses Buches so auch
an dessen Lesern bewähren!

Leipzig, im November 1881.

Friedrich Delitzsch.

Verzeichniß der hauptsächlich benützten Quellen.

Botta, Em., Le Monument de Ninive. 5 voll. Paris 1849—1850.

Brandis, J., Über den historischen Gewinn aus der Entzifferung der assyrischen Inschriften. Berlin 1856.

Delitzsch, Friedrich, Wo lag das Paradies? Leipzig 1881.

Duncker, M., Geschichte des Alterthums. 5. Aufl. Berlin 1878.

Fergusson, J., Niniveh and its Ruins.

Haupt, Paul, Der keilinschriftliche Sintflutbericht. Leipzig 1881.

Hommel, Fritz, Abriß der babylonisch-assyrischen und israelitischen Geschichte von den ältesten Zeiten bis zur Zerstörung Babels, in Tabellenform. Leipzig 1880.

Layard, A. H., Nineveh and its Remains. London 1849.

„ Discoveries in the Ruins of Nineveh. London 1853.

Lenormant, François, Manuel d'histoire ancienne. Paris 1869.

„ Les premières civilisations. Paris 1874.

Loftus, Travels and Researches in Chaldaea and Susiana. London 1857.

Lotz, Wilh., Die Inschriften Tiglathpilesers I. Leipzig 1880.

Ménant, Joachim, Annales des rois d'Assyrie. Paris 1874.

„ Babylone et la Chaldée. Paris 1875.

Oppert, Jul., Grundzüge der affyrifchen Kunft. Vortrag. Bafel 1872.

   „   „   Expédition scientifique en Mésopotamie. Tome I. Paris 1863. Tome II. Paris 1859.

Place, Victor, Ninive et l'Assyrie. Paris 1867.

Rawlinson, George, The five great Monarchies of the Ancient Eastern World. Second edition. London 1871.

Records of the Past: being English Translations of the Assyrian and Egyptian Monuments. Vol. I—XI. London, 1873 ff.

Schrader, Eberh., Die Keilinfchriften und das Alte Teftament. Gießen 1872.

   „   „   Keilinfchriften und Gefchichtsforfchung. Gießen 1878.

Smith, George, Assyrian Discoveries. London 1875.

   „   „   Assyria from the earliest Times to the Fall of Nineveh. London.

   „   „   Die Chaldäifche Genefis. Überfetzt von Hermann Delitzfch. Leipzig 1876.

Verzeichniß der Königsnamen.

~~~~~~

NB. Kommata bezeichnen die direkte Nachfolge vom Vater auf den Sohn; Gedankenstriche bedeuten, daß direkte Aufeinanderfolge nicht oder wenigstens nicht sicher stattfindet.

Assyrer.

Babylonier.

Assyrer.	Babylonier.
	Agu=kak=rime. —
	Sagaraktias. —
	Ur=Gur,
	Dungi. —
	Kudur=Nanchundi, c. 2290 v. Chr. —
	Kudur=Lagamara. —
	Kudur=Mabuk,
	Eri=Aku. —
Bel=kapkapi. —	Sarrukin (Sargon) I., Naram=Sin. —
Ismi=Dagan c. 1850,	Ismi=Dagan,
Samsi=Raman I. c. 1800. —	Gungunu. —
	Chammuragas c. 1500,
	Samsu=iluna. —
Asur=bel=niseſu c. 1440. —	Karaindas c. 1450.
Puzur=Asur c. 1420—1400,	Purnapuriyas.
Asur=uballit c. 1400—1370,	Karachardas.
	Nazibugas.
Bel=nirari c. 1370—1350,	Kurigalzu d. Jüngere.—
Pudilu c. 1350—1330,	
Raman=nirari I. c. 1330—1300,	Nazi=de=ur. —
Salmanaſſer I. c. 1300—1270,	
Tukulti=Nineb I. c. 1270—1250. —	Tukulti=Nineb I. —
Bel=kudur=uzur c. 1220—1210.	Raman=bal=iddin I. —
Nineb=pal=ekur (Nineb=pal=esara?) c. 1210 bis 1190,	
Asur=dan I. c. 1190—1170,	Zamama=zikir=iddin. —
Mutakkil=Nusku c. 1170—1150,	
Asur=res=isi c. 1150—1130,	Nabu=kudur=uzur I.
Tiglath=Pileser I. c. 1130—1110,	Marduk=nadin=ache.
Asur=bel=kala c. 1110—1090, ſein Bruder	Marduk=sapik=zir=mati.
Samsi=Raman II. c. 1090—1070. —	Raman=bal=iddina II.—

Affyrer.	Babylonier.
Aſur=rab=buru? —	
Irba=Raman. —	
Aſur=nabin=aᴄᴴe. —	
Aſur=ban II. 930—911,	
Raman=nirari II. 911—889,	Samas=mudammik.
Tukulti=Nineb II. 889—883,	Nabu=ſum=iskun. —
Aſur=nazir=pal 883—858,	Nabu=bal=iddin,
Salmanaſſer II. 858—823,	Marduk=ſum=izkur.
Samſi=Raman III. 823—810,	Marduk=balatſu=ikbi. —
Raman=nirari III. 810—781.	
Salmanaſſer III. 781—771.	
Aſur=ban III. 771—753.	
Aſur=nirari 753—745.	Nabonaſſaros 747—733.
	Nadios 733—731.
Tiglath=Pileſer II. 745—727.	Ukin=zir (Chinziros) und Tiglath-Pileſer (Poros) 731—726.
Salmanaſſer IV. 727—722.	Ilulaios 726—721.
	Merodachbaladan (Mardokempados) 721—709.
Sarrukin (Sargon d. Jüng.) 722—705,	Sargon II. (Arkeanos) 709—705.
Sanherib 705—681,	Erſte königsloſe Zeit 704—702.
	Belibus 702—699.
	Aſur=nadin=ſum (Aſaranadios) 699 bis 693.
	Regebelos 693—692.
	Meſeſimordakos 692—688.
	Zweite königsloſe Zeit 688—680.
Aſarhaddon 681—668,	Aſarhaddon (Aſaridinos) 680—667,
Aſur=bani=pal 668—626,	Samas=ſum=ukin (Saosduchinos) 667—647.
	Kineladanos 647—626.
Aſur=etil=ilani=ukini 626 bis 606.	Nabu=pal=uzur 625—604,
Zerſtörung Nineves.	Nebukadnezar II. 604—561.
	Amel=Marduk 561—559.
	Nergal=ſar=uzur 559—556,
	Laboſoarᴄʰad 556—555.
	Nabu=nahid 558—538.
	Einnahme Babylons.

Einleitung.

Schon in früher Jugend werden unsere Augen hin=
gewendet auf jene große vorderasiatische Tiefebene, welche
vom Euphrat und Tigris durchflossen wird. Wie auf=
merksam hören die Kleinen auf die liebliche Erzählung
von dem Paradies oder dem schönen Garten Eden, in wel=
chen „Gott der Herr den Menschen setzte, daß er ihn bauete
und bewahrete". Und von dem Paradiesesstrome, welcher
den Garten bewässerte, zweigen sich ja die beiden genannten
Flüsse ab, der Phrath und der Hidekel, d.-h. der Euphrat
und der Tigris, und mahnen uns also heute noch durch ihre
Namen an jene Paradieseszeit, welche den Menschen ver=
gönnt war. Gewiß ist es da auch nicht zu verwundern,
wenn selbst die Alten immer wieder fragen: „Wo lag das
Paradies?" Und wenn uns Friedrich Delitzsch in seiner
neuesten Schrift auf diese Frage die Antwort gibt, daß
seine Stätte da zu suchen sei, wo Euphrat und Tigris in
ihrem Mittellauf einander sich am meisten nähern: so wird
uns jene Tiefebene noch um ein gut Theil wichtiger.

In der Nähe derselben finden wir den Ararat, welcher an die große Flut erinnert, die einst dem ersten Menschengeschlecht ein schnelles Ende bereitete. Und in ihr selbst sollte jener Thurm entstehen, dessen Spitze bis an den Himmel reiche, und dessen Vollendung durch die Verwirrung der Sprache und die Zerstreuung der Menschen verhindert wurde. Dort am Euphrat finden wir den Sitz des ersten Reiches und den Ursitz der Familie des Patriarchen Abraham, dessen Nachkommen für die Verbreitung einer reineren Gotteserkenntniß von so großer Bedeutung wurden.

Und mit welchem Interesse hörten wir später von den Wunderthaten und Wunderbauten eines Ninus und einer Semiramis in Ninebe und Babylon mit ihren Palästen und hängenden Gärten, sowie von dem tragischen Untergang eines Sardanapal, der nach einem Leben voll weibischer Weichlichkeit wenigstens am Schlusse desselben den Mannesmuth fand, lieber zu sterben, als seinen Feinden in die Hände zu fallen!

Aber wohin sind diese gewaltigen Städte gekommen, welche nach den Beschreibungen der Alten eine so ungeheure Ausdehnung gehabt haben? Wo lagen sie? So konnte man noch vor 40—50 Jahren fragen, und erhielt kaum eine genügende Antwort. Man wußte wohl ungefähr, wo sie einst standen, aber ihre eigentliche Stätte kannte man nicht mehr. Xenophon, der auf seinem so berühmt gewordenen Rückzug über die Trümmer Ninebes schritt, sagt uns nur, daß auf jener Stelle eine große, un=

bewohnte Stadt, Lariſſa, ſtand, welche früher von Medern bewohnt geweſen ſei. Lucian ſpricht von Ninede als von einer ſo völlig zerſtörten Stadt, daß ſelbſt keine Trümmer und Ruinen mehr von ihr vorhanden ſeien. Und wenn man vor etwa 50 Jahren einen tüchtigen Geographen ge= fragt hätte, was er Gewiſſes über Ninede und Babylon wiſſe, außer dem, was uns die Bibel darüber erzählt, ſo wäre ſeine Antwort gewiß eine ziemlich kurze geworden.

Das hat ſich nun geändert. Schon lange waren allen Reiſenden in der weiten Thalebene des Euphrat und Tigris eigenthümlich geformte Erdhügel aufgefallen, welche ſich da und dort zeigten, und in deren Nähe man beim Nach= graben allerlei Scherben von altem Töpfergeſchirr, Back= ſteine mit merkwürdigen Inſchriften u. ſ. w. fand.

Der Erſte, welcher einen ſolchen Hügel in der Nähe von Hillah am Euphrat unterſuchte, war Rich, ein Beamter der Oſtindiſchen Compagnie in Bagdad. Er glaubte — und zwar, wie ſich bald herausſtellte, nicht mit Unrecht — daß jener Hügel Ueberreſte des alten Babylon enthalte. Doch waren ſeine Funde nur geringfügig: Ueberreſte von Inſchriften, Backſteine u. ſ. w. Zudem konnte er ſeine Unterſuchungen nicht weiter fortſetzen. Im Jahr 1820 machte er zur Wiederherſtellung ſeiner Geſundheit eine Reiſe in die kurdiſchen Berge, und hielt ſich auf dem Rück= weg einige Tage in Moſul am Tigris auf. Da fielen ihm auf der andern Seite des Fluſſes ähnliche Hügel auf, wie die bei Hillah. Als er ſie beſichtigte, hörte er von den

Arabern, daß man vor einiger Zeit eine große Steinplatte daselbst gefunden habe, auf welcher allerlei Bilder von Menschen und Thieren eingemeißelt gewesen seien. Da aber die Sache dem Ulema zu Ohren gekommen, habe dieser erklärt, das seien die Götzen der alten Heiden, worauf die Türken in ihrem Abscheu vor allem Götzendienst die Platte so zerschlagen hätten, daß kein Stückchen davon aufzutreiben sei. Auf seiner Fahrt den Tigris hinab landete Rich auch beim Einfluß des oberen Zab, und besichtigte den dortigen Hügel, der von den Arabern El Nimrud genannt wurde. Auch dort sammelte er einige Backsteine, welche jetzt im Britischen Museum aufbewahrt werden. Es war Rich leider nicht möglich, seine Untersuchungen weiter zu führen, und die Frage ruhte längere Zeit gänzlich.

Im Jahre 1842 wurde Emil Botta zum französischen Konsul in Mosul ernannt. Der berühmte, zu Anfang des Jahres 1876 in Paris verstorbene Orientalist Julius Mohl munterte Botta auf, die von Rich betretene Bahn zu verfolgen und Nachgrabungen in den Hügeln bei Mosul zu veranstalten. Botta machte zuerst Versuche in der Nähe der als heilig verehrten Moschee Nebi Yunus (Jonas), bei welcher sich ein ebenfalls für heilig gehaltener Begräbnißplatz befindet. Als man ihn dort am Weitergraben hinderte, fieng er im December 1842 an, bei Kujunbschik, nordwestlich von Nebi Yunus, zu graben, fand aber drei Monate lang nichts als unbedeutende Trümmer, was wohl darin seinen Grund hatte, daß er senkrechte Schächte, statt wagrechte, anlegen ließ, welche zufällig nicht auf Gemäuer führten.

Da brachte ihm in den ersten Monaten des Jahres 1843 ein Araber aus Khorsabad, 4 Stunden nördlich von Mosul, Backsteine mit Keilinschriften, und sagte ihm, daß man bei ihnen schon allerlei derartige Dinge gefunden habe. Nun wendete sich Botta dorthin, und fieng am 20. März daselbst an zu graben. Schon nach drei Tagen war ein Zimmer bloßgelegt, und einige Tage nachher ein anderes. Voller Freude schrieb er am 5. April an Julius Mohl über seine ersten Entdeckungen, und am 2. Mai sandte er an denselben ein neues Schreiben mit Zeichnungen von Inschriften und Beschreibungen der Wände eines Zimmers. Er hatte, wie man jetzt weiß, den Palast des Königs Sargon gefunden, welcher die inneren Wände der Zimmer und Säle mit Gyps= oder Alabasterplatten hatte bekleiden lassen, auf welchen seine Kriegs= und Jagdzüge in Basrelief=Arbeit abgebildet waren. Diese Zeichnungen machten ungeheures Aufsehen, und die französische Regierung unterstützte Botta zu neuen Ausgrabungen mit 3000 Frcs.

Eine Zeitlang aber hinderte ihn der Türken Miß= trauen und Aberglauben an weiteren Arbeiten. Der Pascha Mohammed hatte an die Pforte berichtet, Botta wolle eine Festung mit Gräben bauen, um das Land an Frank= reich zu bringen, und verbot jede weitere Nachgrabung. Botta hatte aber schon an den Gesandten in Konstanti= nopel geschrieben, und Mohammed Pascha starb bald, worauf weitere Nachgrabungen unternommen werden konnten. Botta entdeckte kurze Zeit nachher mehrere geflügelte Stiere an den Thorwegen des alten Palastes, und die französische Regierung entsandte den Maler Flandin, um die Bilder abzuzeichnen. Erst im Mai 1844 kam die Erlaubniß von der Pforte, die Einwohner von Khorsabad zu verpflanzen, und die Nachgrabungen konnten nun mit Hilfe vertriebener Nestorianer weiter fortgesetzt werden.

Im Oktober glaubte man, daß nunmehr Alles bloßgelegt sei, und Flandin reiste am 11. November mit seinen Zeichnungen nach Paris zurück, wo sie auf Staatskosten herausgegeben wurden. Botta blieb noch auf dem Platze, um die wichtigsten Skulpturen zu packen und nach Frankreich zu senden, wobei er allerhand Schwierigkeiten begegnete. Erst im Dezember 1846 kamen dieselben nach Frankreich, wo sie im Louvre zu Paris aufgestellt wurden.

Botta's Nachfolger, Victor Place, setzte die Ausgrabungen in Khorsabad noch eine Zeit lang fort, und fand ein Thor der Stadt, zu welcher Sargons Palast gehörte, mit riesigen geflügelten Stieren, welche auf ihrem Rücken den Thorbogen trugen.

Austen Henry Layard, früher englischer Gesandter in Madrid und später (bis 1880) in Konstantinopel, hatte jene Gegenden schon 1840 besucht und zeigte großes Interesse für die Arbeiten Botta's. Nach der Abreise des Letzteren wurde Layard durch die Bemühungen des damaligen englischen Gesandten bei der Pforte, Sir Stratford

Canning, in den Stand gesetzt, selbst Ausgrabungen vor-
zunehmen. Er begann dieselben im November des Jahres
1845 in Nimrud, und entdeckte am 28. d. M. das erste
Basrelief. Verschiedene Gebäude, Paläste und Tempel
wurden bloßgelegt, in den vier ersten Monaten des Jahres
1846 der ganze Nordwest-Palast Salmanassars I., welcher
die Stadt ums Jahr 1300 v. Chr. gegründet hat, weiterhin
der Palast Asurnazirpals, welcher die Stadt 885 wieder
aufbaute, und zwischen diesen beiden der Tiglath-Pilesers II.,
der auch in der Bibel genannt ist, sowie der Südwest-
Palast Asarhaddons.

Noch weiter südlich bei Kileh-Schergat, den Trümmern
der alten Reichshauptstadt Assur, fand er die vier in den
Ecken des Palastes Tiglath-Pilesers I. niedergelegten acht-
seitigen Thonprismen mit enge geschriebenen Inschriften.
In Kujundschik aber entdeckte er den größten assyrischen
Palast mit 71 Gemächern, den sogenannten Südwest-Palast
Sanheribs, welcher später von seinem Enkel Asurbanipal
umgebaut worden ist, sowie dessen eigenen Nord-Palast.
In dem ersteren befand sich auch die Bibliothek Asur-
banipals.

Zwischenein machte Layard einen Ausflug nach
Babylon, konnte aber dort nicht viel ausrichten. Später
nahm dann Sir Henry Rawlinson diese Arbeiten wieder
auf. Auch Hormuzd Rassam, Loftus und Taylor, Fresnel
und Oppert betheiligten sich dabei. Doch sind in diesem südlichen Theile des Landes die Ausgrabungen noch nicht so

ſyſtematiſch betrieben worden, wie in Aſſyrien, und es
bleibt unſerer Zeit in dieſer Richtung noch das Meiſte zu
thun übrig.

So wurden die alten Paläſte Aſſyriens wenigſtens
in ihren untern Stockwerken, welche mit dem Schutte der
obern Theile angefüllt waren, mit all' ihrer Pracht und
Herrlichkeit wieder aufgefunden. Die inneren Wände der
Gemächer waren faſt ſämmtlich mit großen Gypsplatten
bekleidet, welche in halberhabener Arbeit die Belagerungen
von Städten, die Kriegszüge der Könige, ihre Jagden,
Prozeſſionen, Vorführung von Gefangenen u. ſ. w. dar=
ſtellten. Alle dieſe Platten enthielten aber auch auf einem
meiſt in der Mitte quer verlaufenden Streifen Keil=In=
ſchriften, welche man als die Beſchreibung der dargeſtellten
Gegenſtände betrachten mußte. Außerdem fanden ſich in
den Ruinen des Palaſtes Aſurbanipals, des griechiſchen
Sardanapal, eine Menge von Thontafeln, welche auf
beiden Seiten ſehr eng mit Keilſchrift beſchrieben waren,
und welche, wie man ſpäter entdeckte, die große Bibliothek
bildeten, welche dieſer König ſammeln ließ. Beſonders der
zu früh verſtorbene George Smith war es, welcher ſich der
Sammlung, Ordnung und Ueberſetzung dieſer Tafeln mit
aller Kraft und Ausdauer hingab, und uns damit reiches
Material für die Sprache, Geſchichte, Sitten und Gebräuche
dieſes Landes verſchaffte. An ſeiner Stelle arbeitet jetzt
mit nicht minderem Geſchick und Erfolg Theoph. Pinches.

Die nächſte und Hauptaufgabe aber war es nun, dieſe

Schrift und Sprache, über die später noch Näheres mitge=
theilt werden soll, zu entziffern.*)

Man hatte schon zu Anfang des 17. Jahrhunderts
von seltsamen Inschriften gehört, und es waren Zeichnungen
derselben nach Europa gebracht worden. Allein diese ganz
unbekannte Schrift mit dem Keil als Grundelement setzte
allen Entzifferungsversuchen, wie es schien, unübersteigliche
Hindernisse entgegen. Erst als zu Ende des vorigen Jahr=
hunderts genauere Zeichnungen nach Europa gelangten,
nahmen die Forscher die Arbeit aufs Neue auf, und im
Jahr 1802 veröffentlichte Georg Friedrich Grotefend,
damals Collaborator an dem Gymnasium zu Hannover, den
ersten Schlüssel zur Entzifferung der Keilinschriften. Nachdem
schon Münter auf ein Wort aufmerksam gemacht, das sich
auffällig oft in den Inschriften wiederholte, und die Ver=
muthung ausgesprochen hatte, es müsse „König“ bedeuten,
untersuchte Grotefend 2 kleine Inschriften näher, welche
ebenfalls jenes Wort enthielten und von dem Palast eines
Achämenidenkönigs stammten. Sie hatten etwa folgende
Gestalt:

I. A König — C —

II. B König — A König —

Durch scharfsinnige Kombination brachte er heraus, daß
die Keil = Gruppe A den Eigennamen des Darius

*) Wir folgen hiebei dem Aufsatz von Friedr. Delitzsch in
der deutschen Ausgabe von George Smiths „Chaldäischer Genesis“.
Leipzig, 1876.

(Darjwusch), B denjenigen des Xerxes (Khschjarscha) und C den des Hystaspes (Vischtasp) enthalten müsse. Seine Entdeckung wurde durch eine ägyptisch-assyrische Inschrift auf einer Vase (jetzt in Paris) als richtig bestätigt, und so war nun eine sichere Grundlage zu weiterer Forschung gegeben. Aber noch war das Material, das den Forschern zu Gebote stand, allzu geringfügig, als daß größere und raschere Fortschritte erhofft werden konnten. Doch förderten der französische Gelehrte Burnouf und der deutsche Chr. Lassen durch ihre im Jahr 1836 erschienenen Werke das Studium der Schrift und Sprache der alten Inschriften bedeutend, besonders da man mehr und mehr davon abkam, die Sprache der letzteren mit derjenigen des Awesta als völlig gleich zu betrachten. Endlich entdeckte Henry Rawlinson die große Behistun-Inschrift. Sie ist auf einem Felsen des Berges Behistun (im westl. Persien) auf Befehl des Darius Hystaspis in 400 Zeilen eingehauen worden, und Rawlinson hat sie mit großer Mühe im Verlauf der Jahre 1835—37 copirt und 1846 auch eine Erklärung derselben herausgegeben. Dadurch wurde es ihm und dem Irländer Hincks, sowie dem Deutsch-Franzosen Julius Oppert möglich, das Alphabet der altpersischen Keilschrift festzustellen, während Benfey, Oppert und Spiegel immer gründlicher die Sprache erforschten.

So war durch Grotefends Schlüssel die Entzifferung der altpersischen Keilinschriften möglich geworden, und diese führte nun auch zu derjenigen der babylonisch-assyrischen.

Carsten Niebuhr hatte schon die Beobachtung gemacht, daß die Inschriften der Achämenidenkönige in drei verschiedenen Keilschriftsystemen eingegraben seien, von welchen man die vornstehende Reihe als in der Sprache der Achämeniden selbst geschrieben kannte; und Grotefend schloß, daß die zweite und dritte Gattung wohl nur Uebersetzungen der ersten, altpersischen sein würden, was sich bestätigte. Man entdeckte bald, daß die zweite Keilschriftreihe medisch, die dritte aber babylonisch=assyrisch sei. Anfangs legte man diesen Uebersetzungen keinen besondern Werth bei, da man ja ihren Inhalt aus der altpersischen Reihe kannte. Als nun aber durch die neuen Ausgrabungen in Ninive und Khorsabad eine so große Menge babylonisch=assyrischer Inschriften zu Tage gefördert wurde, da nahm man auch das Studium dieser letzteren aufs Neue mit vermehrtem Eifer auf. Zunächst war es Löwenstern, der sich an die Arbeit machte, aber es standen ihm doch noch zu wenig Materialien zu Gebot, als daß er zu großen Resultaten hätte gelangen können. Und so ist in Wirklichkeit be Saulcy der Erste geworden, welcher durch seine ernsten und scharf= sinnigen Arbeiten den Ausgangspunkt für die Entzifferung der assyrischen Texte festzustellen vermochte. Schon im Jahr 1849 veröffentlichte er seine berühmten Arbeiten, welche die Lesung, Analyse und Erklärung aller damals bekannten assyrisch=persischen Texte enthielten. Ihm folgte 1851 Sir Henry Rawlinson mit dem Text und der Ueber= setzung des assyrischen Theils der Behistun=Inschrift, die

er schon früher copirt hatte. Dann erschienen die werth=
vollen Arbeiten des Dr. Hincks, welcher zuerst nachwies,
daß die assyrische Schrift syllabischen Charakter habe, und
die Elemente der Grammatik derselben festsetzte. An
diesen Arbeiten betheiligten sich noch weiter Fox Talbot,
Oppert und Ménant. Die jüngeren Assyriologen aber,
Lenormant, George Smith, Sayce, Schrader, Friedr. De=
litzsch u. a., bemühten sich die gefundenen Grunblagen von
neuem zu prüfen, irrige Werthe zu beseitigen und andere
hinzuzufügen oder schärfer zu fassen u. s. w. So kann
nun die Entzifferungsarbeit als abgeschlossen betrachtet
werden, und es bleibt uns nur der Wunsch, daß diesen
Männern, welche auf die schwierige Arbeit so viele Kraft
und Mühe verwenden, recht bald neues Material aus den
Ruinen der alten Kulturstätten zugeführt werden möge.

Alt-Babylonien.

---

1. Land und Leute.

„Und es begab sich, da sie aufbrachen von (oder „gen“) Morgen, fanden sie ein weites Thal im Lande Sinear, und wohneten daselbst.“ Mit diesen Worten wird uns (1 Mos. 11, 2) die erste Niederlassung der Nachkommen Noahs in der weiten, prächtigen Tiefebene berichtet, welche vom Euphrat und Tigris durchströmt wird, und welche durch ihre Kultur das wahre Morgenland für Vorderasien wie für Europa, „der erste Sitz bürgerlicher Gesellschaft und die Wiege der Kultur“ geworden ist.

Heute freilich ist jenes Land nicht mehr der hochberühmte Garten Asiens, der es vormals gewesen. Es ist jetzt eine weite, große Einöde, die nur Dorngesträuche und verkümmertes Gras trägt statt der reichen Ernten, welche einst dieselbe bedeckten. Wo in vergangenen Jahrhunderten fruchtbare Felder sich ausdehnten, welche noch zu Darius’

Zeiten neben tausend Talenten einen Tribut an Getreide
lieferten, welcher ein Drittheil von dem des ganzen Perser=
reichs betrug, ist das Land zwischen den beiden Strömen
jetzt mit einer dünnen Grasnarbe bedeckt, welche von den
Herden einzelner Wanderhirten abgeweidet wird. Der
Süden vollends ist zur Zeit der Ueberschwemmung ein
ungeheurer Sumpf, aus welchem baumhohe Gräser hervor=
ragen, in der regenlosen Zeit aber ein verdorrter, harter,
zerklüfteter Boden, der mit einer Salzkruste bedeckt ist.
Und aus diesem todten Sumpfe erheben sich einzelne un=
fruchtbare Inseln, auf welchen mehr und mehr zerfallende
Ruinen am Horizont sich abzeichnen. Verschwunden ist die
alte, hochberühmte Fruchtbarkeit, erstickt unter der todbrin=
genden Hand des Islams, der in seinem jetzigen Zustand
nur zerstören kann, wohin seine Herrschaft reicht.

In den alten Zeiten aber vereinigte sich mit der na=
türlichen Fruchtbarkeit des angeschwemmten Bodens, in
welchem Waizen, Reis und Gerste 200fachen Ertrag lieferten,
der Fleiß und die Rührigkeit der Bewohner des schönen
Landes. Wärme und Feuchtigkeit, die Hauptbedingungen
eines üppigen Pflanzenwuchses, waren in reichem Maße
vorhanden. Die tiefe Lage des Landes, die warmen Winde,
welche aus der syrisch=arabischen Wüste herüberwehten, da=
neben der große Wasserreichthum, welchen die nördlich und
östlich liegenden Berge lieferten, und welchen ein ganzes
Netz von Kanälen überall hin leitete, wo man seiner be=
durfte: das Alles machte das Land zu der unerschöpflichen

Kornkammer, als welche es uns neben dem Nilthal gerühmt wird. Jetzt erinnern nur noch einzelne, besonders im südlichen Theile des Landes befindliche Dattelwäldchen, unter welchen armselige Dörfer versteckt liegen, an diese ehemalige Fruchtbarkeit und Schönheit jener Ebene.

Doch wer waren die Völkerstämme, welche sich zuerst in diesem gesegneten Lande niederließen? Diese Frage ist schwer zu beantworten, da immer noch manches im Dunkel liegt mit Bezug auf die Ureinwohner des Landes. Jedenfalls waren sie keine Semiten, wie häufig behauptet wurde. Schon nach Herodot wußten die Griechen von westlichen und östlichen Äthiopen, d. h. solchen, welche in Afrika, und solchen, welche in Asien wohnten. Es wird uns das bestätigt durch die Völkertafel 1 Mos. 10, welche ausdrücklich den Nimrod als Nachkommen von Kusch bezeichnet, und den Anfang seines Reiches als Babylon. Aber auch die jetzt aufgefundenen Schriftdenkmäler lehren uns deutlich, daß die Sprache der Bewohner Chaldäas keine semitische war, sondern eine kuschitische, agglutinirende. An eine Kolonisation dieser Gegenden von Oberägypten aus braucht man deshalb nicht zu denken, wie das manche vermutheten. Die sämmtlichen Völkerstämme am nördlichen und westlichen Ufer des persischen Meerbusens waren kuschitischer Abstammung und dehnten sich auch noch auf der Ostseite jenes Meeres aus.

In den assyrischen Inschriften wird das Land südlich von

34° N. B. gewöhnlich das Land Kaldi oder Kalbu genannt,
aus welchem unser Chaldäa entstanden ist. Noch öfter nennen
sich schon von Anfang an die Beherrscher des Landes „Könige
von Sumer und Akkad." Sumer, aus welchem Namen das
biblische Sinear höchst wahrscheinlich abgeleitet ist, repräsen=
tirt, wie jetzt sicher festgestellt ist, den südlichsten Theil des
Landes bis an den persischen Meerbusen, der sich übrigens in
jenen alten Zeiten ziemlich weiter nach Norden erstreckte, als
heut zu Tage. Akkad aber haben wir gegen Norden,
bis zum heutigen Bagdad und darüber hinaus, zu suchen.
Die Bewohner dieser beiden Landschaften Sumer und
Akkad gehörten jedenfalls einem und demselben Volks=
stamm an, und die ältesten Denkmäler, die wir besitzen,
sind in ihrer agglutinirenden Sprache geschrieben, die
man bis jetzt meist die akkadische genannt hat, aber
auch die sumerisch=akkadische nennen kann. Sie sind auch
die Erfinder der sonderbaren Keilschrift (früher wohl auch
Pfeilschrift genannt), die unsern Sprachforschern so viel
Kopfzerbrechens gekostet hat, bis man ihre Eigenthümlich=
keiten herausgefunden hatte. Diese Eigenthümlichkeiten be=
stehen einmal darin, daß die verschiedenen Völkerstämme
wohl dieselben Schriftzeichen benützten, sie aber verschieden
aussprachen. So wurde das Zeichen für „Haus" von dem
Volk von Sumer und Akkad „ê", von den Semiten „bît"
ausgesprochen. Sobann sind die Zeichen theils Silben=
zeichen, theils Monogramme, welche mittelst eines einfachen
Zeichens oder einer Zeichengruppe ein ganzes, oft ein=,

oft zwei-, oft dreisilbiges Wort bezeichnen, wie Nebo, Babel, Merodach 2c., theils Determinative, welche angeben, daß das folgende Wort einen Gott, ein Land, eine Stadt 2c. bedeute. Die letzteren wurden wahrscheinlich beim Lesen nicht ausgesprochen.

Uebrigens waren die genannten Volksstämme von Sumer und Akkad nicht die einzigen, welche sich in dem fruchtbaren Tiefland niedergelassen hatten. Nach den alten

Fig. 1. Keilschrifttafel mit altbabylonischen Schriftzeichen.

babylonischen Traditionen, welche uns der chaldäische Priester Berosus aufbewahrt hat, fanden sich in der Ebene Sinear verschiedene Elemente zusammen. Er sagt: „Es gab in Babylonien eine Menge Menschen von verschiedenen Nationen, welche Chaldäa kolonisirt hatten." Frühe schon finden wir auch semitische Stämme im Lande, welche theils nach Nor-den auswanderten, theils in den alten Wohnsitzen blieben

und später einen beherrschenden Einfluß erlangten, sich
auch der Kultur und Schrift jenes älteren nichtsemitischen
Volkes bemächtigten, ohne jedoch ihre eigene Sprache auf-
zugeben. Ihre Kultur und Schrift verbreitete sich dann
auch nach Norden unter dem von Haus aus semitischen
assyrischen Volk.

Diese verschiedenen Völkerstämme verschmolzen jedoch
im Laufe der Zeit mehr und mehr zu dem Volke der
„Chaldäer", wie sie später genannt werden. Die Chaldäer wurden die Pioniere der menschlichen Gesellschaft auf
den Wegen der Kunst, der Literatur und der Wissenschaft,
auf deren Schultern später die Semiten und Arier stiegen,
um zu vollenden, was jene begonnen hatten. Erst die
neueste Zeit hat es klar gemacht, wie viel das Abendland
jenem Volke zu verdanken hat.

2. Religion.

Fragen wir nun, um die Bewohner des Landes Chaldäa
und ihre Geschichte näher kennen zu lernen, zunächst nach
ihrer Religion, so ist die Beantwortung dieser Frage
zugleich auch für das assyrische Volk giltig; denn die Re-
ligionen beider Völker sind im wesentlichen gleich. Die
Assyrer haben mit der Schrift und Kultur ihrer südlichen
Nachbarn auch ihre Götterlehre sich zu eigen gemacht, obwohl es nicht an manchen Verschiedenheiten fehlt. Im allgemeinen wird man wohl mit Lenormant sagen dürfen,

daß die Anschauungen und Begriffe, welche sich die Chal=
däer von ihren Göttern machten, materialistischer und sinn=
licher waren, als die der Assyrer, und daß auch der Kultus
der ersteren mehr Spuren von Unsittlichkeit zeigt, als der=
jenige der letzteren. Die Religion der alten Bewohner
Mesopotamiens zeigt uns nicht die ·Menge von Göttern,
welche wir z. B. bei den Ägyptern finden. Und wenn auf
einem der babylonisch=assyrischen Täfelchen, welches von
der Empörung im Himmel berichtet, von fünf Tausenden
die Rede ist, so waren die Chaldäer und Assyrer doch weit
davon entfernt, dieselben anzubeten; wir haben unter jenen
Tausenden bloß Engel oder Geister zu verstehen. Man
wird nicht viel über 20 Götter finden, von welchen nach=
zuweisen ist, daß sie als Götter angerufen wurden.
Auch dachten sich die Mesopotamier nach allem, was wir
von denselben hören, ihre Götter viel mehr als wirklich
bestimmt unterschiedene Personen. Jeder derselben hat seine
besondern Eigenschaften, seine besondern Geschäfte und
Ämter; sie fließen nicht in einander über, keiner nimmt
den Namen des andern an, so daß man am Ende sagen
könnte, sie seien eigentlich nur verschiedene Gestalten Eines
und desselben Gottes. Auch findet sich bei ihnen kaum
eine Spur einer Geheimlehre, keine höhere Stufe der Re=
ligion bei den Priestern und Gelehrten. Denn wäre solches
der Fall gewesen, so würden wir gewiß von Berosus, der
ja selbst zu den Priestern gehörte, etwas davon erfahren.
Aber es zeigt sich in dem, was wir noch von ihm besitzen,

keine Spur davon, daß seine religiösen Ansichten andere
waren, als die seiner Landsleute. So können wir wohl
sagen: Die Religion der Bewohner Mesopotamiens war
ein wirklicher Polytheismus, eine Anbetung mehrerer Gott=
heiten, die im Grunde genommen einander gleichgestellt
waren. Auffallend ist dabei die große Uebereinstimmung,
welche in vielen Punkten mit der Götterlehre der Griechen
sich findet, so daß man fast annehmen muß, die babylonisch=
assyrische Mythologie sei, nachdem sie schon länger festge=
stellt war, durch irgend einen auswandernden Stamm, oder
welchen Weg man sonst annehmen mag, auch in die Länder
des Mittelmeers gebracht worden.

Wollen wir nun ihre religiösen Ansichten näher kennen
lernen, so müssen wir ihr Pantheon, ihren Götterhimmel,
etwas genauer betrachten.

An der Spitze desselben stand in Chaldäa, wie in
Assyrien, ein Gott, welcher jedoch nicht als der Vater oder
Erzeuger der übrigen Gottheiten betrachtet wurde, welchem
man die höchsten Titel und Ehrennamen beilegte, und
welcher der Hauptgegenstand der Anbetung der Könige und
des Volkes war. Dieser Gott hieß in Chaldäa Jl, in
Assyrien Asur. Doch zeigt sich zwischen beiden eine ziem=
liche Verschiedenheit, so daß man sie kaum als Einen und
denselben unter verschiedenen Namen betrachten kann.

Jl, dessen Name einfach „Gott“ bedeutet (vergl. das
hebräische El), ist ein ziemlich nebelhaftes Wesen, dessen
Name nur selten vorkommt und oft selbst da ausgelassen

ist, wo mehrere „große Götter" aufgeführt werden. Auch
findet man ihn nirgends in einem Bilde dargestellt, und
sein Name wird nur selten zur Bildung von Eigennamen
verwendet, was sonst mit andern Götternamen sehr häufig
der Fall ist. Doch wird er ausdrücklich als oberster Gott
im ältesten babylonischen Göttersystem bezeugt. Besondere
Tempel scheint er nicht gehabt zu haben.

Dagegen ist Asur, der im nördlichen Reiche an die
Stelle Il's getreten ist, ausschließlich der Schutzgott der
Assyrer und ihrer Könige. Der Name Asur bezeichnete
wohl zunächst das Land, gieng dann aber auf die National=
gottheit desselben über. Und so heißen nun seine Ein=
wohner nur „seine Diener", oder „sein Volk"; ihre Heere
nennen sich „die Heerschaaren des Gottes Asur", ihre
Feinde heißen „die Feinde Asurs." In allem, was die
Könige thun, stehen sie mit ihm in Verbindung: er setzt
sie auf den Thron, befestigt sie auf demselben, verlängert
ihr Leben, schützt ihre Festungen und Heere, leitet ihre
Feldzüge, gibt ihnen den Sieg, macht ihre Namen berühmt,
mehrt ihre Nachkommen u. s. w. Was ihr Herz wünscht,
wird ihm vorgetragen, mit der Anrede: „Asur, mein Herr."
Was sie thun, geschieht Alles in seinem Dienst, für ihn
ziehen sie in den Krieg, seine Anbetung auszubreiten
schlagen sie ihre Schlachten, und wo sie ein Land unter=
jochen, da werden gewiß seine Bilder aufgestellt, und die
neuen Unterthanen müssen sich in die Gesetze Asurs fügen,
müssen ihn anbeten. Er wird gewöhnlich „der große Herr"

und „der König aller Götter" genannt. Sein Sinnbild
ist ein geflügelter Kreis, in welchem häufig auch sein Bild
eingeschlossen ist, nemlich ein Mann mit einer gehörnten
Kappe, der eben einen Pfeil abschießt, oder die Hand zum
Schlagen ausstreckt. Durch dieses Bild bezeichnen uns die

Fig. 2. Standarte mit dem Bilde Asurs.

Assyrer deutlich ihren Schutzgott als den Ewigen und All=
gegenwärtigen, als den Mächtigen und Weisen. Jenes
Sinnbild findet sich überall auch als Zeichen der königs
lichen Würde. Es ist auf die Kleider des Königs gestickt,
auf seinem Siegel eingegraben und über seinem Bilde ein=
gemeißelt. Und zwar ist diese Abbildung verschieden je
nach dem Gegenstand, welchen das Bild darstellt. Ist der
König im Krieg, in der Schlacht, so begleitet ihn Asur mit
gespanntem Bogen; kehrt er siegreich heim, so trägt er den=

selben in seiner Linken und streckt die Rechte wie grüßend aus.
Zeigt aber das Bild den König in Geschäften des Friedens, so
erscheint auf demselben gewöhnlich nur der geflügelte Kreis.

Nach Il in Chaldäa und Asur in Assyrien folgt in
beiden Ländern eine Dreiheit von Göttern, nemlich Anu,
Bel und Ea.   Sie heißen vorzugsweise „die großen
Götter", und stehen besonders bei Verfluchungen immer
voraus. Bei Anrufungen folgen ihre Namen gewöhnlich demjenigen Asurs.   Die Chaldäer betrachteten Anu und Bel als
Brüder und als Söhne Ils; diese Verwandtschaft wird in Assyrien kaum berührt. Ea dagegen steht in beiden Ländern allein.

Anu heißt „der Herr der über- und unterirdischen
Geister" und ist der Gott des Himmels.   Die Assyrer
hatten kein Sinnbild für ihn, außer dem einfachen ver-
tikalen Keil, welcher die Ziffer für 60 repräsentirt, die für
seine besondere Zahl gehalten wurde.   Im Allgemeinen
aber geschieht seiner weniger häufig Erwähnung; in königlichen Eigennamen finden wir seinen Namen fast nie, und
nur Tiglath-Pileser I. nennt sich in einer Inschrift seinen
besonderen Anbeter.   Der Hauptsitz seiner Anbetung war
Erech, das heutige Warka.

Bel ist uns bekannter, und tritt auch in der Mythologie der Babylonier und Assyrer ganz besonders hervor.
Er heißt der Vater der Götter, der Schöpfer, der mächtige
Fürst und der gerechte Fürst der Götter.   In den uns
aufbewahrten Legenden steht er fast immer an der Spitze:
er hat die Erde geschaffen, er hat die Menschen gebildet

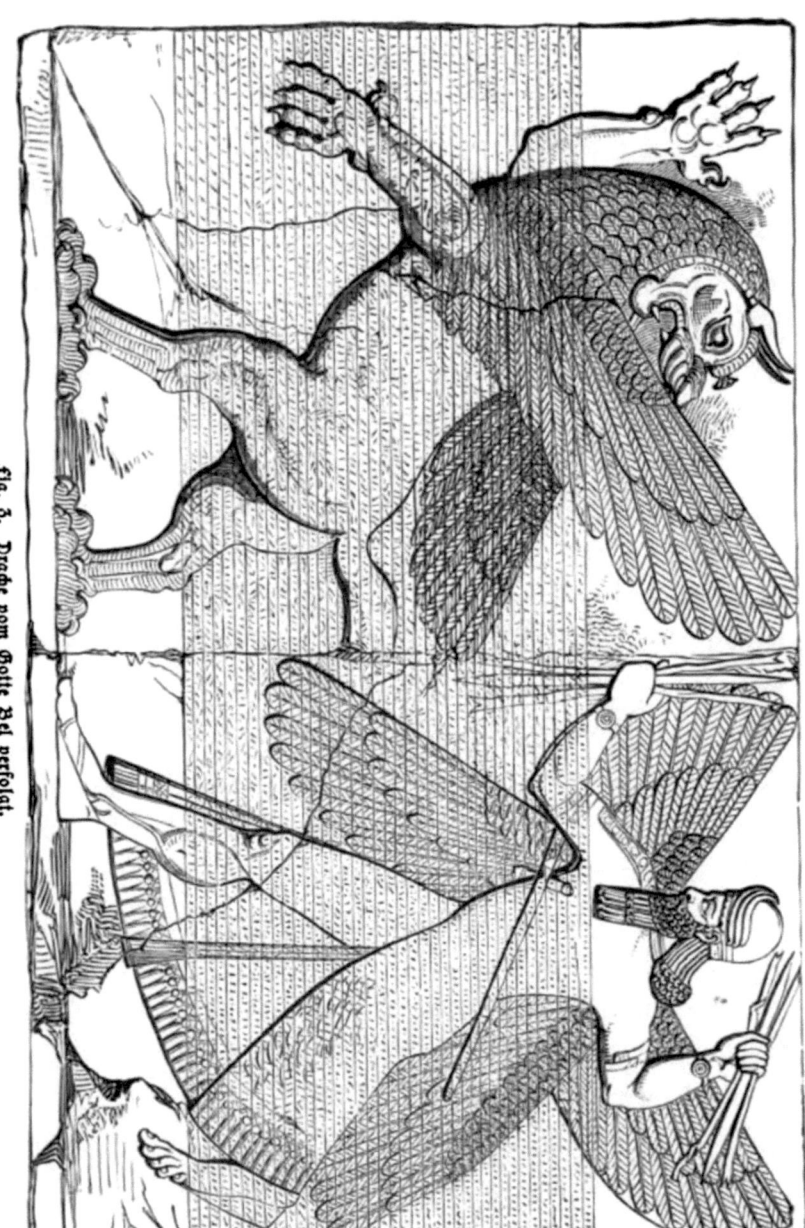

Fig. 5. Drache vom Gotte Bel verfolgt.

dadurch, daß er sein eigenes Blut mit Erde vermischte, und die Thiere ins Dasein gerufen. Er kämpft mit dem großen Drachen, und tödtet ihn nach langem Kampfe, indem er einen Blitzstrahl in sein offenes Maul schleudert. Er ist es auch, der mit Ea die Vertheidigung der Wohnung der Götter bespricht und anordnet, als die sieben bösen Geister dieselbe angreifen. Er ist „der Herr", was sein Name bedeutet, der König aller Geister, der Herr der Welt und aller Länder, der Gott des geordneten Weltganzen. Babylon und Ninive stehen unter seinem besonderen Schutz, und die letztere heißt in mehreren Inschriften „die Stadt Bels." Auch Nippur führt diesen Beinamen und war einer der Hauptsitze seiner Anbetung. Ur-Gur, einer der ältesten Könige, von welchen wir Denkmäler haben, erbaute daselbst dem Bel einen Tempel.

Ea, der dritte der großen Götter in den Götterlisten der Chaldäer und Assyrer, heißt „der König", „der Erschaffer des Weltalls", und „der Bestimmer der Schicksale." Als Gott des Meeres und der unterirdischen Gewässer, kurz alles dessen, was unter und innerhalb der Erde ist, führt er auch den Namen „König der Tiefe", „Herr der Quellen", „König der Flüsse." Wo eine schwierige Frage unter den Göttern auftaucht, da wird Ea stets von denselben um Rath gefragt, so z. B. betreffs der Vertheidigung der Götterwohnung.

In der Sage von der großen Flut spielt er eine Hauptrolle: er ist es, welcher dem Hasisadra-Xisuthros den Beschluß der Götter ankündigt, daß sie eine Sündflut kommen lassen wollen, und ihm befiehlt: „Verlasse Dein Haus und baue ein Schiff," und später hinzufügt: „Schließe nicht eher die Thür des Schiffes hinter Dir zu, als bis die Zeit kommt, da ich Dich benachrichtigen werde." Er ist es auch, der Bel Vorwürfe macht über die Sündflut, wie wir später (S. 47 ff.) hören werden. Auch macht er die Zurückfüh= rung der Istar aus dem Todtenreich möglich. Ueberall erscheint er als der weise, kluge Rathgeber, der alles wohl plant und ausführt, weshalb er auch der „Herr der uner= gründlichen Weisheit" heißt. Die früher geäußerte An= sicht, daß er wohl der von Berosus genannte Oannes sei, der als Fischmensch dem persischen Golf entstieg, und die ersten Ansiedler am untern Euphrat und Tigris in der Schrift und den Wissenschaften, in der Religion und Moral, wie im Ackerbau unterrichtete, hat allerlei Bedenkliches. Doch wird Ea auch als Schutzgott der Schifffahrt genannt.

Neben dieser ersten Dreiheit von Göttern finden wir noch eine zweite oft genannt, nämlich die Götter des Mondes, der Sonne und der Atmosphäre. Auffallend ist es, daß bei den Babyloniern wie auch Assyrern der Mond= gott Sin (akkadisch Nannar) dem Sonnengott Samas (akkadisch Babbara) stets voran geht. Die Nacht war den Bewohnern jenes Tieflandes angenehmer als der heiße Tag, in ihr konnten auch die Astronomen ihre Beobach= tungen machen und den Himmel betrachten. Daher wohl der Vorrang, den sie dem Sin beilegten. Er heißt manchmal „der

Oberſte der Götter Himmels und der Erden," der König, ja, der Gott der Götter, ſo daß er als der „Eine Gott über allen Göttern" erſcheint. Er, der Leuchtende, der in den heiligen Him= meln wohnt, ſteht in enger Verbindung mit den beiden an= dern dieſer 2. Triade. Ueberall finden wir ſeine Tempel, in Ur, Babylon, Borſippa, Kalah, Dur = Sar= rukin. Der 3. Monat, der Siban, war ihm geheiligt und an 9 Tagen der übrigen Monate waren Op= fer für ihn vorge= ſchrieben. Sein Na= me findet ſich auch ſehr häufig in Eigen=

Fig. 4. Oannes.

namen der Könige. Er wird abgebildet als ein Mann,
welcher in einem Halbmond steht, und eine hohe, ebenfalls
mit einem Halbmond gekrönte Mütze trägt.

Samas, der Sonnengott, nimmt stets die mittlere
Stelle der 2. Triade ein. Er heißt „der Richter des
Himmels und der Erde," „der Krieger der Welt," „der
Regent aller Dinge" und mit Bezug auf die Hitze und
das Licht der Sonne „der Herr des Feuers," „das Licht
der Götter," „der Regent des Tages," „der Erleuchter
Himmels und der Erde." Auch von ihm rühmen die
Könige, daß er ihnen im Krieg Hilfe leiste, mit günstigem
Auge auf die Feldzüge blicke, die Feinde des Königs ver=
nichte uud den Widerstand breche. Er ist's, der sie ver=
anlaßt, ihre Kriegswagen und Kämpfer zu sammeln, der
mit ihren Heeren auszieht, durch welchen sie ihre Besitzungen
ausdehnen und ihre Herrschaft ausbreiten. In Friedens=
zeiten macht er ihren Scepter stark und befestigt ihre Autori=
tät. Sie nahmen wohl an, daß wie der Einfluß der
Sonne alle Funktionen der Natur hervorruft, so auch
Samas denselben Einfluß auf die Menschenseele aus=
übe. Der 7. Monat, Tisri, war ihm geheiligt, und
im 2., Elul, hatte er wie Sin 9 Festtage. Hie und da
finden wir ihn mit Asur und Sin zusammengestellt. Doch
wird er sonst in der Mythologie nicht gerade häufig er=
wähnt, so daß er hierin von dem ägyptischen Sonnengott,
der die Hauptfigur des dortigen Pantheon bildet, bedeutend
abweicht. Die Hauptsitze seiner Verehrung finden wir in

Larsam und Sippar, dem biblischen Sepharvaim. In der
ersteren Stadt baute ihm Ur=Gur einen großen Tempel,
genannt E=Babbara (Bit=Samas). Besonders aber war
Sippar der Ort seiner Anbetung, weßhalb diese Stadt
bei Abydenus „Heliopolis" heißt. Sein Tempel in dem
„Sippar der Sonne" war aber auch dem Malik oder
Moloch geweiht, weßhalb die Sepharviten die Verehrung
dieses Gottes in Samaria einführten. (2 Kön. 17, 31.)

Raman, der Gott der Atmosphäre, ist der dritte dieser
Triade. Sein Name ist sehr verschieden gelesen worden;
doch sind monumental nur Raman (von unsicherer Deutung)
und Barku b. i. „Blitzgott" als Lesungen seiner Ideo=
gramme bezeugt. Er wird im A. T. Rimmon genannt, und
findet sich in den Inschriften bisweilen mit Anu und Asur
zusammengestellt, und entspricht am ehesten dem Jupiter
Tonans der Römer; er heißt der Herr der Wirbelwinde
und Stürme, der Aussender der Blitze, der Regengüsse
vom Himmel entsendet, der das Land überschwemmt, „der
Herr der Luft, welcher die Stürme wüthen läßt." Er
zerstört die Ernten und entwurzelt die Bäume; Mißwachs
und Hungersnoth und Pest als Folgen der Ueberschwemm=
ungen werden ihm zugeschrieben. Er wird gewöhnlich
dargestellt mit einem flammenden Schwert oder mit Blitz=
strahlen in seiner Hand. Er hat aber auch segenbringende
Ämter: er gibt den befruchtenden Regen und heißt beß=
halb der Wohlthätige, der Spender des Ueberflusses, der
Herr der Fruchtbarkeit. Als solcher führt er die Aufsicht

über die Kanäle, als deren Herr er genannt wird, als der
Hersteller der Werke der Bewässerung, die in Mesopotamien
von so großer Bedeutung waren.   Seine Verehrung war
wohl in den alten Zeiten Chaldäas nicht weit verbreitet;
erst später erlangte er größere Berühmtheit.

Zu diesen „großen Göttern," die wir genannt haben,
kamen noch 6 Göttinnen, die als Gattinnen derselben erscheinen.   Nur Il und Asur stehen allein.   Anu's Frau
heißt Anatu, mehr nur ein unbestimmter, weiblicher
Reflex ihres Gemahls, während die Gemahlin Bels, Belit,
sonst bekannt unter dem Namen Beltis und Mylitta, mehr
in den Vordergrund tritt.   Sie heißt auch Zir-baniti, „die
Nachkommen Schaffende" und wird die Mutter der Götter,
die große Göttin, die große Frau, die Königin der Länder
und der Fruchtbarkeit genannt.   Sie entspricht der phry-
gischen Cybele, der griechischen Rhea und der Magna Mater
oder Bona Dea der Römer.   Manchmal hat sie auch die
Attribute der Bellona und Diana, welche bei den Kriegen
und Jagden den Vorsitz führt.   Ihre Anbetung war sehr
weit verbreitet, fast in allen Städten finden wir ihre
Tempel. Ea's Gemahlin hieß Dav-kina oder Nin-kigal,
die Königin des Hades, die Herrin des Hauses der Todten.
Die Gemahlin Sin's führt keinen besonderen Namen, und
erscheint nur unter der Benennung „die große Frau,"
während diejenige des Samas Gula oder Anunit heißt
und als große Göttin aufgeführt wird.   Doch führt den
Namen Anunitum auch die Göttin Istar als Morgenstern.

Zuletzt wird noch Sala genannt, die Frau des Raman, deren gewöhnlicher Titel sarratu (Sarah), die Königin, ist, ohne daß ihr ein bestimmter Charakter beigelegt wurde.

Auf diese „großen Götter" folgen nun noch fünf, welche den Planeten Saturn, Jupiter, Mars, Venus und Merkur entsprechen, nämlich Nineb (wohl eins mit Adar), Marduk (Merodach), Nergal, Istar und Nabu (Nebo).

Nineb oder Adar, den Gott des Planeten Saturn, finden wir in Babylon und in Assyrien angebetet. Er heißt „der Kämpfer," der Herr der Krieger, „welcher die Feinde niederwirft," „der Ausrotter der Rebellen," „der mächtige Herr, dessen Schwert gut ist." Im Propheten Amos (5, 26) kommt er unter seinem Beinamen Sikkuth vor, was dem akkadischen Sakkut entspricht und „der das Haupt abschlagende," besser vielleicht „der oberste Ent= scheider" bedeutet. Er ist der Gott des Krieges und der Jagd, und die meisten assyrischen Könige erkennen ihn als denjenigen an, welcher ihnen am meisten Hilfe leistet, be= sonders im Kampfe gegen Rebellen. Man glaubt, daß die geflügelten Stiere mit Menschenköpfen, welche eine so her= vorragende Stelle in den assyrischen Bauten spielen, die Sinnbilder Ninebs sind.

Merodach nimmt als Stadtgott Babylons bei den Chaldäern eine hervorragende Stelle ein. Sie stellten ihn neben Anu, Bel und Ea, und weihten ihm den größten ihrer Tempel in Babylon. Es scheint sogar, daß die späteren Babylonier den Namen Bels und seine Würde

auf ihn übertragen haben. Seine gewöhnlichen Titel sind:
der Große, der Fürst, der große Herr, der Fürst der Götter,
der erhabene Gott, auch der Richter, der Älteste, welcher
die Götter richtet, der älteste Sohn des Himmels. Merodach
heißt auch der Herr über die Gesammtheit der Menschen;
er geht auf Erden umher, und sieht sich um, wo immer
Noth und Krankheit jene betroffen, und wendet sich dann
an seinen Vater Ea, um von diesem zu erfahren, wie Hei=
lung zu schaffen sei. Die späteren Könige, z. B. Nebu=
kadnezar, nennen ihn sogar den großen Herrn der Ewig=
keit, den Herrn aller Wesen, den Gott der Götter, und häufen
auf ihn die höchsten Titel, so daß er fast der ausschließliche
Gegenstand ihrer Anbetung wird. In Assyrien kommt er
in den Inschriften viel seltener vor, doch auch da manchmal
mit Asur in Verbindung. Der 8. Monat (Marcheschvan)
war ihm geheiligt, und im 2. hatte er drei Festtage.

Nergal, der große Führer oder der große Held, der
Gott des Planeten Mars, war fast ausschließlich Kriegs=
gott und führt die Titel „König der Schlacht," „der Zer=
störer," „der Kämpfer unter den Göttern." Auf den Feld=
zügen zieht er den Königen voran und hilft ihnen die
Feinde zersprengen. Auch bei der Jagd leiht er ihnen
seinen Beistand, so daß er später sogar Nineb überflügelt
und der Hauptpatron der Jäger wird. Der König Asur=
banipal schreibt ihm ausschließlich alle seine Erfolge bei
der Jagd zu. Sein Bild ist der geflügelte Stier=
koloß, welchen man stets an den Eingängen der

königlichen Paläſte aufgeſtellt findet (S. 115). Nach den In=
ſchriften war er der Stadtgott von Kutha (vgl. 2 Kön. 17, 30).
Die Ruinen von Kutha finden Einige in den gewaltigen
Trümmerhaufen Tell Ibrahim nicht weit öſtlich von Babylon.

Iſtar iſt die Aſtarte oder Aſchtoreth der Phönizier
und Hebräer. Sie iſt die Göttin des Planeten Venus und
wie die griechiſche Aphrodite und die lateiniſche Venus die
Königin der Liebe und Schönheit, welche in eine Menge
Liebesabenteuer verſtrickt iſt. In den Izdubar=Legenden
macht ſie auch dieſem Helden den Hof, wird aber abge=
wieſen, indem er ihr vorhält, daß Alle, welchen ſie bis
jetzt ihre Gunſt zugewendet, ein ſchlimmes Ende genommen
haben. Es iſt nicht daran zu zweifeln, daß ihr in Chaldäa
auf ſehr unkeuſche Weiſe gedient wurde, wie es uns Hero=
bot erzählt und auch Baruch 6, 43 geſagt wird. Sie ſtellt
ſich indeſſen unſern Augen unter doppelter Geſtalt dar:
als Belit, Göttin des Abendſterns, iſt ſie die eben ge=
ſchilderte üppige, ſinnliche Göttin, als Anunit, Göttin des
Morgenſterns, hat ſie auch einen edleren, männlicheren
Charakter. Als ſolche entſpricht ſie zugleich der Bellona
und heißt „Königin des Sieges“, „Göttin des Kriegs,
welche die Schlachten anordnet und vor dem Angriff ſchützt“.
Von den aſſyriſchen Königen wird ſie nur als Göttin des
Kriegs neben Aſur genannt, ihnen beiden ſchrieben ſie ihre
Siege und Erfolge zu. Der 6. Monat, Elul, war ihr geweiht.
Der Name Iſtar ſcheint nichtſemitiſchen Urſprungs zu ſein
und etwas wie „Lichtbringerin“ zu bedeuten.

Nebo, der Gott Merkurs, hat vor Allem das Lernen, die Erkenntniß unter seiner Vorsorge. Ueberall heißt er der Gott, welcher Verstand besitzt, lehrt und unterweist. Von den Täfelchen in der Bibliothek zu Ninive ist gesagt, sie enthalten die Weisheit Nebos, weshalb er auch „der göttliche Tafelschreiber" genannt wird und als Erfinder der Schreibkunst gilt. Auch auf ihn werden, wenn er allein genannt ist, wie auf andere der niedern Götter, Titel übertragen, welche ihn als einen der höchsten erscheinen lassen, und nur daraus, daß er oft in den Listen der Götter ausgelassen, und — wenn genannt — stets nach den sogenannten „großen Göttern" eingereiht wird, können wir schließen, daß er doch nicht in die vorderste Reihe gehört. In alten Zeiten war seine Anbetung ziemlich beschränkt; sein Haupttempel stand in Borsippa, dem heutigen Birs=Nimrud.

Auch diese Planetengötter werden manchmal mit weiblichen Gottheiten in Verbindung gesetzt: Nebo mit der Urmit oder Tasmit, Nergal mit der Laz, Merodach mit der Zirbanit, die aber auch als Gattin Bels angeführt wird sowie als die Ninebs, obwohl dieser sonst der Sohn des Bel und der Beltis heißt. Istar erscheint in einzelnen Fällen als Gemahlin Nebo's.

Auch sonst treffen wir noch einige Namen von Göttern und Göttinnen an, z. B. eine Göttin der Träume, Papsukal, den Boten der Götter, Dagan, Martu u. s. w., von welchen aber einzelne nur Beinamen der schon genannten Götter sind.

Die Chaldäer und Assyrer stellten ihre Götter unter Menschengestalt dar, mit Ausnahme des Nineb und Nergal, welche — wie bereits bemerkt — unter dem Bilde geflügelter Stiere und Löwen mit Menschenköpfen erscheinen, mit welchen die Bilder der Cherubim Ezechiels Ähnlichkeit haben. Auch ein Bild mit dem Leib eines Menschen und dem Kopf eines Adlers (Fig. 5) finden wir häufig auf Siegelcylindern u. s. w. Englische Assyriologen halten es für dasjenige des Nisroch, der 2 Kön. 19, 37 genannt wird, und dessen Name — nach Schrader — „der Spender" oder „der Gnädige" bedeutet. Es ist aber doch eher das Bild eines Genius oder Schutzgeistes des Königs. Im allgemeinen findet sich in den Darstellungen der Götter Chaldäas und Assyriens durchaus nichts Häßliches oder Groteskes; sie erscheinen so, daß sie dem Beschauer Ehrfurcht einflößen mußten, und zeigen das Bild ruhiger Kraft und Majestät. Die Bilder waren aus Stein oder Metall gearbeitet, und wurden in Tempeln angebetet, welche, wenigstens in Babylon, nichts sehr Großartiges hatten, sondern gewöhnlich nur eine kleine Kapelle, ein kleines Zimmer bildeten, das aber meist den obersten Stock eines hohen, 3—7 Stockwerke zählenden Thurmes bildete. Jedes dieser Stockwerke war kleiner als das unter ihm befindliche, und konnte auf Treppen erstiegen werden, welche außen angebracht waren. In Assyrien dagegen scheinen — nach den Ausgrabungen Rassams in Nimrud und Balawat — die Tempel zum Theil wirkliche Prachtbauten gewesen zu sein.

Fig. 5. Adlerköpfiger Genius.

Die Anbetung der Götter geschah, wie gewöhnlich im Alterthum, durch Gebet, Lobpreisung und Opfer. Die Gebete wurden theils für die Bittenden selbst, theils für andere dargebracht. Besonders sind die Fürbitten für den König sehr häufig. Einer bittet auf einem Täfelchen folgendermaßen für denselben:

> „Lange Tage,
> Dauernde Jahre,
> Eine starke Waffe,
> Lange Regierung,
> Ausgedehnte Jahre des Ueberflusses,
> Den Vortritt unter den Königen:
> Gewähret dem König, meinem Herrn,
> Der solcherlei
> Seinen Göttern gegeben (hat).
> Die ausgedehnten und weiten Grenzen
> Seines Reiches
> Und seiner Herrschaft
> Möge er hinausrücken und ergänzen!
> Mit der Herrschaft über die Könige,
> Mit königlicher Autorität und Gewalt
> Möge er zu grauen Haaren kommen
> und zu hohem Alter!
> Und nach dem Leben dieser Tage
> Bei den Festen der Silberberge, den himmlischen Höhen,
> Der Wohnung der Seligkeit,
> Und in dem Lichte der seligen Gefilde
> Möge er wohnen und führen ein Leben,
> Ewig und heilig,
> In der Gegenwart der Götter,
> Welche Assyrien bewohnen!"

Merkwürdig ist bei diesen Bitten das tiefe Gefühl der Sündhaftigkeit, welches sich bei den alten Chaldäern und

Affyrern zeigt. Alles Unglück und Elend, alle Schmer-
zen und Krankheiten, selbst der Tod ist ihrer Ansicht nach
ein Fluch der Sünde, eine Strafe der Götter für Unge-
horsam und Gottlosigkeit; die Sintflut ist auch ihnen
eine Sündflut. So lesen wir in einem altbabylonischen
Bußpsalm die folgenden Verse:

> „O Herr, meiner Sünden sind viel,
> Groß sind meine Uebertretungen. —
> Der Herr im Zorn seines Herzens hat mich gezüchtigt,
> Gott im Grimm seines Herzens hat mich heimgesucht.
> Ich suchte nach Hilfe, aber Niemand faßte mich bei der Hand!
> Ich weinte, aber man nahte sich mir nicht!
> Ich schrie laut, aber keiner hörete mich!
> O Herr, stürze nicht deinen Knecht!
> In die Wasser des Sturmes geworfen, fasse ihn bei der
>   Hand!
> Die Sünden, die ich begangen, wende in Gerechtigkeit!
> Die Missethat, die ich vollbracht, entführe der Wind!
> Meine vielen Schlechtigkeiten zerreiße gleich einem Kleid!"

Dann folgt ein Gebet, daß diese Sünden möchten
vergeben werden, wie ein Vater und eine Mutter sie vergibt.

Lobpreisung findet sich noch öfter als Gebet und Für-
bitte. Wir führen hier nur das Fragment eines Liedes
an Samas an, welches sich in der Chaldäischen Genesis,
herausgegeben von Delitzsch, findet:

1. „O Herr, Erleuchter der Finsterniß, der du öffnest
   das dunkele Antlitz . . . .
2. Barmherziger Gott, der aufrichtet den Gebückten (?),
   schützet den Schwachen,
3. Nach deinem Licht schauen aus die großen Götter,
4. Die Geister der Erde, sie alle blicken auf zu deinem Antlitz.

5. Die Sprache des Lobpreises (?) wie Ein Wort
   regierst du,
6. Die Schar ihrer Häupter suchet des Sonnengottes Licht,
7. Wie ein . . . . lässest du dich nieder freudig und
   wohlgemuth,
8. Du bist das Licht der fernen Himmelssäume,
9. Der weiten Erde Panier bist du.
10. O Gott! es blicken zu dir auf und freuen sich die
    weithin wohnenden Menschen.“

Opfer begleiteten stets diese Gebete und Lobpreisungen.
Jeder Tag war irgend einer Gottheit oder mehreren ge=
weiht, und irgend ein Opfer mußte jeden Tag von dem
Könige dargebracht werden. Wir dürfen wohl annehmen,
daß seine Unterthanen diesem frommen Beispiel folgten.
Die gewöhnlichen Opferthiere waren Stiere, Ochsen, Schafe
und Gazellen. Doch konnte überhaupt irgend etwas Werth=
volles geopfert werden. Auch Trankopfer von Wein finden
wir häufig erwähnt.

Der Glaube an böse Geister und ihren unheilbringen=
den Einfluß war unter den Babyloniern sehr weit ver=
breitet: Krankheiten und Unglücksfälle wurden ihnen zuge=
schrieben, und gegen dieselben halfen nur Talismane und
Zaubersprüche, welche man an dem Leibe des Kranken
oder an den Wänden des Zimmers befestigte, oder an
seinem Lager aussprach. Solcher Zaubersprüche sind uns
eine große Menge überkommen. Wir lesen z. B.:

„Den brennenden Geist der Eingeweide, welcher den Menschen
    verzehrt,
Den Geist der Eingeweide, der Uebles wirkt,

> O Geist des Himmels, beschwöre ihn,
> O Geist der Erde, beschwöre ihn! —
> Möge Nin=Kigal (Göttin der Unterwelt), das Weib des
>   Nin=azu,
> Ihr Angesicht anderswo hinwenden!
> Möge der schädliche Geist ausfahren
> Und seitwärts sich niederlassen!
> Möge der gnädige Cherub und der gnädige Dämon
> Sich auf seinen Körper setzen!" u. s. w.

Dabei wurden kleine Bilder des Ea und Marduk rechts und links von der Thüre aufgestellt, damit die bösen Geister sich vor ihnen scheuen.

Wenn solche Zaubersprüche nichts halfen, so nahm man seine Zuflucht zum mamit, das nach Ansicht einiger Gelehrten ein als Amulet zu tragender Zauberspruch war. Wir lesen auf einem Täfelchen:

> „Nimm ein weißes Tuch. In dasselbe lege das mamit,
> In des Kranken rechte Hand.
> Und nimm ein schwarzes Tuch,
> Und binde es um seine linke Hand.
> Alle die bösen Geister
> Und die Sünden, die er begangen,
> Werden ihren Halt an ihm verlassen
> Und nicht mehr zurückkehren."

Daß die alten Chaldäer und Assyrer an die Unsterb= lichkeit der Seele glaubten und an ein Fortleben nach dem Tode, und zwar der Frommen in einer Wohnung der Seligkeit, und der Gottlosen in einer Art Hades oder Hölle, liegt zwar nicht so deutlich zu Tage wie bei den Ägyptern; doch finden sich manche Spuren davon. Die eine ist in dem oben angeführten „assyrischen Königspsalm" enthalten; andere werden wir noch anführen. Nach ihrer Ansicht geht der Fromme, nachdem er gestorben, von den Schutzgöttern begleitet, in die Regionen der Götter. Dort nimmt er ein stärkendes Mahl ein aus heiligen Gefäßen und erfrischt sich an himmlischem Wasser, um sich so zu dem Schluß= gericht vorzubereiten, das mit seiner völligen Seligkeit endet. Spuren davon finden sich in den Fürbitten für Sterbende, z. B.

> „Möge die Sonne ihm Leben geben
> Und Merodach ihm eine Wohnung der Seligkeit schenken."

Oder:

> „Möge er emporsteigen zur Sonne, der höchsten Gottheit!
> „Möge die Sonne, die höchste Gottheit, seine Seele auf=
> nehmen in ihre gnädigen Hände!"

Auch dürfen die verstorbenen Frommen an den Mahl= zeiten der Götter theilnehmen und vor ihrem Angesicht in süßer, ungestörter Ruhe wohnen.

Ihr Todtenreich aber, der Aufenthalt der Gottlosen, im Akkadischen Kur-nu-gi genannt, ist ein düsterer, ab= schreckender Ort, dessen Herrin Nin-ki(n)gal heißt. Dieses Kur-nu-gi ist ihnen

> „Das Haus, dessen Eingang ist ohne Ausgang.
> Die Straße, deren Hinweg ist ohne Heimweg,
> Das Haus, dessen Bewohner abgeschlossen sind vom Licht,
> Der Ort, da Staub ihre Nahrung und ihre Speise Koth.
> Licht schauen sie nicht, in Finsterniß wohnen sie,

Und sind gleich Vögeln in ein Gewand mit Flügeln gekleidet.
Ueber Thür und Riegel ist ausgebreitet Staub."

Von großer Wichtigkeit für die Erkenntniß und Beur-
theilung der religiösen und sittlichen Anschauungen der
alten Chaldäer wie auch für ihre früheste Geschichte, sind
die von George Smith aufgefundenen und, so weit sie
erhalten sind, übersetzten „Izdubar-Legenden."

Diese Legenden wurden jedenfalls nicht später als ums
Jahr 2000 v. Chr., vielleicht noch früher verfaßt, während ihr
Inhalt lange vorher in mündlicher Sage mag bestanden
haben. So weit man aus den sehr lückenhaften zwölf
Tafeln, auf welche sie geschrieben waren, und welche theilweise nur erst bruchstückweise wieder aufgefunden sind,
schließen kann, ist ihr Inhalt folgender.

1. Tafel: Sie beginnt, so weit man aus den aufgefundenen Bruchstücken ersehen kann, mit einer Beschreibung der Leiden, welche über die Stadt Erech hereinge-
brochen sind in Folge ihrer Unterwerfung unter die elamitischen Eroberer. Erech war damals die Hauptstadt Babyloniens; sie hatte aber ihren Feinden nicht widerstehen,
oder — wie die Tafel sagt — „ihr Haupt nicht vor den Feinden
erheben" können. Nun tritt Izdubar auf, der aus der Stadt
Marad stammt, und dessen Ahn Hasisadra (von Berosus Xisuthros genannt) gewesen. Er hat sich nach den von ihm vorhandenen Darstellungen zuvor schon durch Besiegung wilder
Thiere hervorgethan. George Smith hält ihn (und ihm stimmen
die meisten Assyriologen bei) für niemand anders als den

biblischen Nimrod; in der That deuten eine Menge Züge
auf ihn hin. Ueber die angeführte Eroberung Südbabyloniens
durch die Elamiten werden wir in der Geschichte Näheres hören.

2. und 3. Tafel: Izdubars Traum, in welchem
er die Sterne des Himmels auf sich herabfallen sieht, und
ein schreckliches Wesen ihm naht. Er macht nun demjenigen, welcher den Traum deuten kann, große Versprech-
ungen. Man wendet sich an Eabani (d. h. Ea ist mein
Erzeuger), eine Art Satyr oder Faun, der im Rufe stand,
die Geheimnisse der Natur zu kennen, und bittet ihn, nach
Erech, der Residenz Izdubars, zu kommen. Da er über
die Forderung, seinen Waldaufenthalt zu verlassen, erzürnt
ist, so redet ihm der Gott Samas zu, dem Ruf zu folgen.
Auch er verspricht ihm reiche Belohnungen und Ehren von
Seiten Izdubars:

> „Izdubar soll Freundschaft mit dir schließen,
> Soll dich ruhen lassen auf stattlichem Lager,
> Auf ein schönes Lager soll er dich setzen;
> Er wird dich sitzen lassen auf einem behaglichen Sitz, einem
>   Sitze zur Linken.
> Die Könige der Erde sollen deine Füße küssen.
> Er soll dich bereichern und die Männer von Erech schweigen
>   machen vor dir.
> Er soll kleiden deinen Leib in Gewänder und . . . . .“

Nochmals wird der Jäger Zaidu und zwei Frauen an
Eabani gesandt, und ihnen gelingt es endlich, ihn zum Mit-
gehen zu bewegen. Von der Erzählung der Festlichkeiten,
welche bei seiner Ankunft in Erech veranstaltet wurden,

find nur einige Bruchstücke vorhanden; ebenso von dem
darauf Folgenden, was G. Smith so ergänzt, daß Izdubar
einen Wüstenlöwen, welchen Eabani mitgebracht, erschlagen,
und sich dadurch als Held gezeigt habe, worauf Eabani
Freundschaft mit ihm schloß, und sein unzertrennlicher Begleiter wurde.

Von der 4. und 5. Tafel sind nur wenige Bruchstücke vorhanden. Nach dem Vorhandenen zu schließen,
wurde auf denselben erzählt, wie Izdubar und Eabani mit
einander wilde Thiere erlegten, und sich durch Opfer an
die Götter zum Kampfe gegen den Tyrannen Humbaba
vorbereiteten, welcher in einem Palast wohnte, der mit Cedern-
und Cypressenwäldern umgeben war. Sie erbrechen das
Thor zum Park, bringen in seine Wohnung ein, tödten
ihn und nehmen ihm die Krone, worauf Izdubar als na-
tionaler Fürst eingesetzt wird.

Die 6. und 7. Tafel erzählt, wie Izdubar sich in
Erech die Krone aufgesetzt habe. In den gewaltigen Helden
und Befreier des Landes verliebt sich nun die Göttin Istar,
und bietet sich ihm zur Gemahlin an, mit der Verheißung
von glänzenden Reichthümern und großen Ehren. Sie
sagt ihm: „Sei mein Gemahl! Du sollst mein Mann sein
und ich dein Weib. Ich will dich fahren lassen auf einem
Wagen von Gold und Edelstein; die Könige, die Fürsten
und die Herren sollen dir unterthan sein und beine Füße
küssen." Aber Izdubar weist sie ab, indem er ihr vor-
wirft, daß Alle, welche sie mit ihrer Liebe beglückt habe,

ein jähes und schreckliches Ende genommen. Darüber er=
zürnt, begibt sich Istar zu ihrem Vater Anu, klagt ihm
ihre Abweisung und verlangt von ihm, er solle ihr einen
gewaltigen Stier erschaffen, durch welchen sie an Izdubar
Rache nehmen will. Anu thut nach ihrem Wunsch; aber
Izdubar und Eabani erschlagen den Stier und weihen das
erlegte Ungethüm dem Sonnengott Samas, worauf Istar
den Fluch über den ersteren ausspricht. Da der Göttin
die Rache nicht gelungen, steigt sie in die Unterwelt hinab,
um die Höllenmächte gegen Izdubar aufzubieten. Von
dieser Tafel stammt die Beschreibung der Hölle, welche
wir oben (S. 41) gegeben. Sie durchschreitet die 7 Thore, und
wird vor die Königin der Unterwelt und des Todes ge=
führt. Nun gerieth aber auf der Oberwelt in Folge der
Abwesenheit der Göttin der Liebe Alles in Unordnung,
weshalb Ea sie wieder heraufholen läßt.

Die 8., 9. und 10. Tafel: Da die Rachegedanken
der Istar sich nicht ausführen lassen, so legt sich ihre Mutter
Anatu ins Mittel und schickt Izdubar eine ekelhafte Krank=
heit, wahrscheinlich den Aussatz. Diese Qual wird noch
dadurch erschwert, daß sein Freund Eabani getödtet wurde.
Klagend über sein Mißgeschick verläßt er sein Land, um
seinen Ahn Xisuthros aufzusuchen, der wegen seiner Fröm=
migkeit zu den Göttern entrückt war, und bei welchem er
Heilung zu finden hofft. Endlich gelangt er durch die
große Sandwüste südlich vom Euphrat in eine Gegend,
welche mit glänzenden, prächtigen Bäumen besetzt ist, deren

Früchte aus Edelsteinen bestehen, und darnach an das Wasser, welches die Wohnstätte der Seligen umgibt. Der Bootsmann Urubel (Knecht des Bel) fährt ihn hinüber ans andere Ufer, wo Xisuthros ihn erwartet und ihm eine ausweichende Antwort gibt.

Die 11. und 12. Tafel:*) Izdubar fragt nun Xisuthros, wie er unsterblich geworden sei. Dieser erzählt ihm hierauf die so merkwürdige Sintflutsage. Nachdem er berichtet, wie ihm Ea den Befehl gegeben habe, ein Schiff zu bauen, fährt er fort:

„Da baute ich denn das Schiff und versah es mit Nahrungsmitteln. Ich theilte sein Inneres in .... Abtheilungen, ich sah nach den Fugen und füllte sie aus; 3 Saren**) Erdpech goß ich über seine Außenseite, 3 Saren Erdpech über seine Innenseite.

„Alles was ich besaß, nahm ich zusammen und brachte es auf das Schiff, all mein Gold, all mein Silber und Samen des Lebens jeglicher Art, all mein männliches und weibliches Gesinde, das Vieh des Feldes, das Wild des Feldes, auch meine nächsten Freunde — sie alle brachte ich hinauf. Als nun der Sonnengott die bestimmte Zeit heranbrachte, da sprach eine Stimme: „Am Abend werden die Himmel Verderben regnen, steig ein in das Schiff und

---

*) S. Dr. Paul Haupt, Der keilinschriftliche Sintflutbericht. Leipzig 1881.

**) Sar bezeichnet sonst die Zahl 3600, hier offenbar ein großes Hohlmaß.

schließe die Thüre hinter dir zu!" — Mit Bangen erwartete
ich den Sonnenuntergang an diesem Tage, dem Tage, da
ich meine Fahrt antreten sollte.   Furcht hatte ich, doch
stieg ich ein in das Schiff und schloß die Thüre hinter
mir zu.   Dem Buzurkurgal, dem Steuermann, übergab
ich den gewaltigen Bau sammt seiner Ladung.

Fig. 7. Xisuthros (Noah) in der Arche.
Nach einem babyl. Cylinder.

„Da erhob sich .... dunkles Gewölk, in dessen
Mitte der Sturmgott Raman seinen Donner krachen ließ,
während Nebo und Serru auf einander losschreiten.   Es
schreiten die Thronträger über Berg und Thal, die Wirbel=
winde entfesselt der gewaltige Pestgott, der Gott Abar läßt
unaufhörlich die Kanäle überströmen, die Götter des großen
(unterirdischen) Wassers bringen gewaltige Fluten herauf,
die Erde lassen sie erzittern durch ihre Gewalt, des Sturm=
gotts Wogenschwall steigt bis zum Himmel empor: alles
Licht ward verwandelt in Finsterniß.

„Der Bruder sieht nicht nach dem Bruder, die Menschen
kümmern sich nicht mehr um einander.   Im Himmel selbst
fürchten sich die Götter vor der Sintflut, flüchten hinauf

in den (obersten) Himmel des Gottes Anu; wie ein Hund auf seinem Lager kauern sich die Götter an dem Gitter des Himmels nieder."

Istar beklagt sich mit lauter Stimme und die übrigen Götter weinen mit ihr. „Sechs Tage und sieben Nächte behielt Wind, Flut und Sturm die Oberhand. Am 7. Tage aber legte sich die Sintflut, die einen Kampf ge= kämpft hatte wie ein gewaltiges Kriegsheer; das Meer zog sich in sein Bett zurück, und Sturm und Flut hörten auf.

„Ich aber durchfuhr das Meer, laut klagend, daß die Wohnstätten der Menschen in Schlamm verwandelt worden waren; wie Baumstämme trieben die Leichen umher. . . Nach dem Lande Nizir steuerte das Schiff. Der Berg des Landes Nizir hielt das Schiff fest und ließ es nicht mehr weiter. So wartete ich sechs Tage lang. Als aber der siebente herankam, da nahm ich eine Taube heraus und ließ sie fliegen. Die Taube flog hin und her; da aber kein Ruheplatz da war, so kehrte sie wieder zum Schiffe zurück. Darauf nahm ich eine Schwalbe heraus und ließ sie fliegen. Die Schwalbe flog hin und her, da aber kein Ruheplatz da war, so kehrte sie wieder zum Schiffe zurück. Da nahm ich einen Raben heraus und ließ ihn fliegen. Der Rabe flog fort, und als er die Abnahme des Wassers sah, kam er wieder heran, indem er vorsichtig durch das Wasser watete, aber kehrte nicht wieder zurück.

„Da ließ ich Alles nach den vier Winden heraus. Ein Opfer brachte ich dar und errichtete einen Altar auf

dem Gipfel des Berges. Die Götter sogen ein den süßen
Duft und schaarten sich wie Fliegen um den Opfernden.

„Darauf kam die hehre Göttin (Istar) heran und
hob in die Höhe die großen Bogen (?), die ihr Vater, der
Himmelsgott Anu, geschaffen hatte.“ Sie fordert die Götter
auf, um den Altar sich zu sammeln.

Bel kam auch herzu und wurde zornig, daß der Flut
Einhalt gethan worden war. Ea machte ihm Vorwürfe,
daß er so unüberlegt gehandelt und die Sintflut ange=
richtet habe. Er solle den Sünder seine Sünde, den Misse=
thäter seine Missethat büßen lassen, ihn aber nicht ver=
tilgen. Er solle, anstatt wieder eine Sintflut anzurichten, lieber
Löwen und Hyänen kommen lassen und die Menschen ver=
ringern, oder eine Hungersnoth und die Pest, damit diese
das Land entvölkern und die Menschen vertilgen. Bel
kam nun zur Besinnung, machte mit Xisuthros einen
Bund, und sagte ihm, er solle mit seinem Weibe zu den
Göttern erhoben werden und in der Ferne an der Mün=
dung der Ströme wohnen.

Dies ist die Sage der Babylonier über die große
Flut. Das Uebereinstimmende und Abweichende derselben
von der biblischen Erzählung werden die Leser selbst
herausfinden. Als besondere Merkwürdigkeit, die sich in
den älteren Uebersetzungen nicht findet, heben wir noch
hervor, daß nach dem eben Angeführten Paul Haupt auch
eine Andeutung des Regenbogens in dem Keilschrifttext
finden zu können glaubt.

Nach dieser Erzählung von der Sintflut ließ Xisu=
thros den Izdubar gehen. Wie es scheint, mußte der
Fährmann ihn ins Meer tauchen, wodurch sein aussätziger
Leib sich verjüngte und wieder gesund wurde. Er kehrt
nach Erech zurück und stellt nochmals eine Trauerklage um
seinen Freund an. Auf seine Bitte befiehlt Ea, daß die
Seele Eabani's aus der Unterwelt in das Land der
Seligen emporsteigen solle. Zum Schluß folgt dann die
Beschreibung des feierlichen Begräbnisses des Helden.

Von gleicher Wichtigkeit für die Geschichte und My=
thologie der alten Bewohner Chaldäa's sind auch noch
die Bruchstücke der Tafeln, welche die Schöpfungs=
geschichte, den Sündenfall u. a. erzählen, von denen
aber bis jetzt leider so wenig gefunden wurde, daß nur
einiges angeführt werden kann.

Das erste Bruchstück beginnt:

> „Zur Zeit da droben keinen Namen trugen die Himmel,
> Drunten die Erde einen Namen nicht hatte (d. h. als
>   weder Himmel noch Erde da waren) —
> Der Ocean ward ihr anfänglicher Erzeuger,
> Die Herrin Tiamat (das Chaos) ward die Gebärerin ihrer
>   Aller.
> Ihre Wasser flossen in Eins zusammen,
> Aber ein Strauch war nicht gewachsen, eine Blume nicht
>   aufgesproßt.
> Als die Götter noch nichts hatten hervorgehen lassen,
> Ein Name nicht genannt war und Ordnung nicht existirte —
> Auch die großen Götter wurden geschaffen.....“

Andere Bruchstücke, deren Uebersetzung jedoch große

Schwierigkeiten bietet, handeln von der Erschaffung der
Gestirne, der Thiere und des Menschen. Anu erschafft
die Gestirne, stellt sie in Sternbilder zusammen und be=
stimmt sie dazu, daß sie auf die Erde scheinen und durch
ihren regelmäßigen Lauf zur Theilung des Jahres, der
Tage und Monate beitragen.

Ueber die Schöpfung der Thiere und des Menschen
sind die bis jetzt gefundenen Aussprüche noch zu lückenhaft,
als daß wir Näheres anführen könnten.

Es finden sich auch einzelne Bruchstücke, welche sich
auf den Fall des Menschen und den darauffolgenden Fluch
beziehen, aus welchen wenigstens so viel hervorgeht, daß
sie den ersteren als eine Folge des Hochmuths betrachteten.

Fig. 8. Genien vor dem Lebensbaum knieend.

Merkwürdig ist dabei, daß auf den alten chaldäischen
Abbildungen nicht bloß ein von Cherubim bewachter
Lebensbaum, sondern auch der Baum der Erkenntniß, mit

einer Schlange im Hintergrunde, vorkommt. Ebenso
möchten wir hier noch bemerken, daß die Eintheilung der
Woche in sieben Tage von den Chaldäern stammt, und daß
auch sie schon den 7. Tag als Ruhetag kannten und wie
die Israeliten „Sabbat" nannten, mit der bestimmten
Erklärung: „Tag der Ruhe des Herzens."

Fig. 9. Das erste Menschenpaar unter dem Baum der Erkenntniß.
Nach einem babylonischen Cylinder.

Führen wir noch an, daß sich auch das Bruchstück
einer Tafel fand, auf welchem — wenigstens nach George
Smith's Uebersetzung und Deutung — über den Frevel
der Menschen geklagt wird, daß sie einen großen Bau
aufzuführen sich vornehmen, und daß die Götter diesen Plan
zu Schanden machen durch Verwirrung ihrer Sprache,
wobei ausdrücklich Babylon als der Schauplatz genannt
wird: so haben wir die Hauptpunkte aufgeführt, welche uns
zur Zeit die Sagen der alten Chaldäer enthüllen, so weit
sie mit den biblischen Erzählungen in Verbindung stehen.

Aber schon diese so lückenhaften Ueberreste zeigen
uns den großen Reichthum, die Mannigfaltigkeit und

Wichtigkeit der Literatur dieser alten Völker, welche allerdings durch ihre Nachfolger, die Assyrer, nicht wesentlich vermehrt wurde. Diese begnügten sich damit, die alten Literatur= denkmäler von Neuem abzuschreiben und, soweit sie in der nichtsemitischen Sprache verfaßt waren, mit assyrischer Interlinearübersetzung zu versehen; sie selbst liefern uns nur noch Inschriften geschichtlichen und geographischen Inhalts.

3. Künste und Wissenschaften.

Wir haben oben schon von der Schrift der alten Chaldäer gesprochen, und wollen nur noch Folgendes beifügen:

Das Hauptmaterial, auf welches man schrieb, waren Backsteine und Thontafeln. Die ersteren enthalten gewöhn= lich nur den Namen des Herrschers, welcher das betreffende Gebäude, und Angabe des Zweckes, zu welchem er es auf= geführt hat. So findet man z. B. auf den Backsteinen in den Ruinen von Ur häufig die Aufschrift: „Urgur, König von Ur, Erbauer des Tempels des Mondgottes." Diese Inschriften stehen gewöhnlich in der Mitte des Backsteins und wurden wohl mit einem Stempel ein= gedrückt.

Die Thontafeln dagegen sind von verschiedener Größe, Länge und Breite. Sie sind eng beschrieben, manchmal in der Mitte mit dem Abdruck eines Siegels versehen, das gewöhnlich die Form eines Cylinders hatte und über das Täfelchen gerollt wurde. Nachdem sie beschrieben waren, wurden sie in Öfen gebrannt oder bloß getrocknet. Neben diesen Inschriften auf Backsteinen und Thontafeln finden sich solche, welche — wie schon gesagt — auf Siegel eingegraben sind. Diese cylindrischen Siegel bestehen meist aus irgend einem edeln Stein, selten aus Metall.

Außer der Schrift müssen wir von den Künsten dieser ersten Ansiedler im untern Mesopotamien vor Allem ihre Baukunst betrachten. Dieselbe war natürlicher Weise in der frühesten Zeit nicht gerade sehr entwickelt. Ihre ersten Wohnungen mögen wohl Hütten gewesen sein, wie sie theilweise jetzt noch in jenen Gegenden vorkommen, Hütten mit Pfosten aus Palmbäumen, die Wände mit Schilf durch= flochten und mit Lehm bestrichen. Bald aber gingen sie weiter, da die Anbetung ihrer Götter Tempel erforderte, welche der Würde derselben entsprechen sollten. Während nun andere Völker zum Stein griffen, als dem dauer= haftesten Baumaterial, fehlte dieser in Chaldäa gänzlich. Wohl hätten sie nun südlich von ihrem Lande, an der Nordostgrenze Arabiens, einen grobkörnigen Sandstein finden können; aber der Transport desselben wäre zu schwierig gewesen. So griffen sie denn zu dem nächst= liegenden, in dem aufgeschwemmten Lande in reicher Fülle vorhandenen Material, zum Lehm, welchen sie in Backsteine formten, und entweder nur an der heißen Sonne des Südens trockneten oder auch in Öfen brannten. Ge=

wöhnlich machten sie es nun so, daß sie zur Hauptmasse
des Baues getrocknete Backsteine verwendeten, dieselbe dann
aber außen mit gebrannten bekleideten, oft bis zu einer
Dicke von fast 3 m. Diese Backsteine sind theils gelblich
weiß, theils schwarz=blau, theils roth, gewöhnlich von ziem=
lich quadratischer Gestalt, 2—3 Zoll dick, 11—15 Zoll lang
und breit. Außer diesen aber verfertigten sie auch drei=
eckige, welche sie an den Ecken, und keilförmige, welche sie
zu Gewölben verwendeten. Um einem Bau aus getrockneten
Backsteinen mehr Festigkeit zu geben, legten sie je nach
4—5 Fuß eine Lage von in einander geflochtenem Schilf.
Auch brachten sie an solchen Mauern dicke Strebepfeiler
von gebrannten Backsteinen an, meist bis zu halber Höhe
des Baues. Zur festeren Cementirung dieser Backsteine
verwendeten sie entweder Lehm, der mit gehacktem Stroh
vermischt war, oder Erdpech, welches sie darüber gossen,
und welches die Backsteine so fest verband, daß sie heute
noch nur schwer zu trennen sind.

Nach den Ueberresten des Tempels in Ur (Mugheir)
zu schließen, stand derselbe auf einer Plattform, welche sich
etwa 6 m über den Boden erhob. Auf dieser stand das
erste Stockwerk, 56,6 m lang, 38 m breit, die Ecken genau
nach den vier Himmelsgegenden gerichtet, wie wir das bei
allen Tempelbauten und bei den Stadtmauern finden.
Dieses Stockwerk ist jetzt noch etwa 7,7 m hoch, muß aber
wenigstens 11 m gehabt haben. Die Mauern sind von ge=
trockneten Backsteinen, außen mit gebrannten verkleidet;

jede Langseite hat 9, jede schmälere 6 Strebepfeiler, Alles mit Erdpech cementirt. Auf der nordöstlichen Seite führte eine Treppe, über 2 m breit, auf die Höhe des Stockwerks, wahrscheinlich auch eine auf der südöstlichen. Schmale, schieß=schartenähnliche Oeffnungen sind in den Mauern gelassen, um der Luft Zugang zu verschaffen und so das Gebäude trocken zu erhalten. Auf diesem ersten Stockwerk stand ein zweites, nahezu eben so hoch, aber nur etwa 34 m lang, 21,4 m breit, jedoch nicht genau in die Mitte des untern gestellt, sondern etwas gegen Nord=Westen gerückt. Nach den Aussagen der Araber soll auf diesem zweiten Stockwerk noch ein drittes, viel kleineres gestanden haben, wohl die eigentliche Wohnung des Gottes, welche bei späteren Bauten aufs reichste ausgeschmückt und verziert war. Derartige pyramidenförmige Bauten von 3—7 Stockwerken, von welchen jedes folgende kleiner war als das unter ihm be=findliche, fanden sich häufig neben den Tempeln, wenn sie nicht die Stelle derselben vertraten. Ihr Name war Zig=gurat. Nur in einem alten Tempel zu Abu=Scharein hat man noch Reste einer Marmortreppe gefunden, welche von der Plattform auf das 1. Stockwerk führte.

Demnach scheinen die Tempel der alten Chaldäer wohl etwas Großartiges, aber keine besondere architektonische Schönheit gehabt zu haben. Nirgends finden sich äußere Verzierungen, ausgehauene Ornamente u. dgl. Was man von ersteren gefunden hat, scheint im Innern angebracht gewesen zu sein. Kupferne Nägel, blau=emaillirte Ziegel,

Achat=, Alabaster= und Marmorstücke, schön geschnitten und
polirt, fanden sich wohl nur an den innern Wänden.

Die Privathäuser waren, nach den wenigen Ueber=
resten zu schließen, die man bis jetzt gefunden hat, sehr
einfach und schmucklos gebaut, mit dicken Mauern und
mehr langen als breiten Räumlichkeiten, deren Decke durch
Balken von Palmbäumen gebildet wurde, welche auf den
Langseiten ruhten.

Ihre Todten beerdigten die Babylonier theils in Ge=
wölben, welche aus Backsteinen gebaut waren, theils in
Plattformen, welche auf künstliche Weise drainirt wurden.
Der Leichnam lag entweder unter einem thönernen Ge=
fäß, das mit einem großen länglichen Schüsseldeckel Ähn=
lichkeit hat, oder in zwei großen irdenen Gefässen, die
großen Glasglocken gleichen und die an ihren offenen Enden
in einander geschoben oder an einander gekittet wurden.
Der Kopf des Leichnams ruht immer auf einem an der
Sonne getrockneten Backstein, und neben ihm findet man
allerlei Gefässe zu Trank und Speise. Sie hatten einzelne
Plätze, an welchen sie mit besonderer Vorliebe ihre Todten
begruben. So findet man z. B. bei Mugheir, Warka und
Tel=el=Lahm ungeheure Todtenfelder.

Schon aus der Verfertigung dieser großen Thongefäße
von nahezu 1 m Tiefe, welche sie als Särge benützten, er=
hellt, daß die alten Chaldäer in der Töpferkunst
es ziemlich weit gebracht hatten. Das zeigen aber auch
ihre Trinkgefäße, ihre Lampen und andere Geräthe, welche

zum Theil mit schöner Glasur versehen sind. Außerdem finden sich noch einzelne Tafeln mit modellirten Figuren in halb erhabener Arbeit. Daß auch ihre Gravirkunst schon ziemlich weit vorgeschritten war, zeigen uns die cylindrischen Siegel, von welchen wir schon gesprochen haben. Sie waren meist aus Serpentin, Jaspis, Chalcedon 2c. gefertigt, der Länge nach durchbohrt und mit einer beweglichen metallenen Achse versehen, an welche sich ein Handgriff anschloß, mittelst dessen sie über die Thontafeln hingerollt werden konnten. Wenn wir dazu nehmen, daß die bis jetzt aufgefundenen steinernen und bronzenen Instrumente ziemlich roher Natur waren, so müssen wir uns um so mehr wundern über das, was sie damit zu Stande brachten.

Mit Bezug auf die Metallurgie erscheinen uns die alten Chaldäer allerdings noch auf der Stufe der Kindheit. Doch zeigen auch ihre Schmucksachen aus Gold, Kupfer, Zinn, Blei und Eisen schon ziemlich guten Geschmack. Die Verfertigung der Bronze war ihnen ebenfalls geläufig.

Ueber die Textil-Industrie, d. h. die Spinnerei, Weberei, Wirkerei der alten Chaldäer haben wir nach den vorhandenen Nachrichten keine genaue Kenntniß, und Ueberbleibsel derselben sind bei der leichten Zerstörbarkeit solcher Stoffe keine zu finden. Nur aus den Abbildungen der Könige und anderer Personen, die wir noch besitzen, läßt sich schließen, daß sie in solcher Industrie müssen ziemlich weit vorangeschritten gewesen sein. Und auch daraus, daß schon zu Josua's Zeiten ein „schöner babylonischer Mantel"

die lüsternen Blicke Achans reizte, wird wohl der Schluß
gestattet sein, daß auch die älteren Chaldäer in dieser In=
dustrie nicht ungeschickt waren, und daß eben jene pracht=
voll gestickten Kleider der assyrischen Könige auf diese chal=
däische Kunst als auf ihre Grundlage hinweisen.

Fig. 10. Assyrische Königstrachten.

Von den wissenschaftlichen Bemühungen und Fort=
schritten der alten Chaldäer ist uns, soweit sie nicht die
Mathematik und Astronomie betreffen, bis jetzt nicht viel
bekannt geworden.

Mit Bezug auf die Medicin hat man früher ge=
glaubt, sie hätten sich überhaupt keiner Arzneimittel bedient,

sondern bei ihren Kranken ausschließlich nur Amulete und Zauberformeln angewendet. Dem ist jedoch nicht so. In den Records of the Past wird uns das folgende Recept mitgetheilt:

„Gegen Hautausschlag und Geschwulst, welche den Körper plagen:

Fülle ein Gefäß, welches Arzneistoffe enthalten hat, mit Wasser von einer unerschöpflichen Quelle,

thue in dasselbe eine Wurzel von . . . ., ein . . . ., etwas Dattelzucker, etwas Wein und etwas bittern Meth;

füge noch hinzu etwas . . . .

sättige es mit reinem Wasser (und)

gieße auf dasselbe das Wasser des kranken Menschen;

schneide Ried auf einer etwas erhöhten Wiese,

schlage ein wenig Dattelzucker mit etwas reinem Honig,

füge ein wenig süßes Oel hinzu, das von den Bergen kommt, —

und reibe (mit dieser Salbe) den Körper des kranken Menschen siebenmal ein."

In der großen Bibliothek Asurbanipals, die jetzt im Britischen Museum geborgen ist, hat man auch eine sehr große Zahl von Täfelchen gefunden, welche sich auf die Sprachwissenschaft beziehen. Es ist das auch wohl erklärlich bei den großen Schwierigkeiten, welche die Keil=schrift bot, und die eben deshalb ein langes Studium er=forderte, wie etwa jetzt die chinesische Schrift und Sprache. Unter jenen Täfelchen finden sich solche, welche sich mit der Grammatik, dem Sprachbau und den Formen des akkadisch=sumerischen Idioms beschäftigen. Wieder andere sind Theile eines Wörterbuches, welches die Wörter eben jener

alten Sprache durch affyrifche Wörter wiebergibt unb er-
flärt, ober geben fie Verzeichniffe der befonderen ibeographi-
fchen Ausbrücke, welche in den femitifchen wie nichtfemi-
tifchen Keilfchrifttexten üblich find. Sie zeugen von fehr
eingehendem Intereffe der fpäteren affyrifchen unb babylonifchen Könige für Archäologie, unb von der Mühe,
welche fie fich gaben, die Schriftbenkmäler ihrer Vorgänger
aufzufinden, zu ftubiren unb auch ihren Zeitgenoffen zugänglich zu machen. Drückt es doch Afurbanipal als feine Ab-
ficht aus, baß er biefe Offenbarungen bes Gottes Nebo,
bes Gottes der höchften Weisheit, habe auf Tafeln fchreiben
unb ordnen unb in feinem Palafte aufftellen laffen „zur
Anficht unb zum Lefen für meine Unterthanen".

Indem wir die Bruchftücke übergehen, welche fich mit
der Gefetzeskunde, der Mythologie, der Gefchichtsforfchung
unb den Naturwiffenfchaften befchäftigen, wobei fie mit
Bezug auf bie letzteren eine wiffenfchaftliche Nomenklatur
anwendeten, welche mit der von Linné eingeführten manche
Ähnlichkeit hat, wenden wir uns zu den Wiffenfchaften, in
welchen fie wirklich Großes geleiftet haben, zur Mathematik unb Aftronomie.

Ihre Mathematik zeigt uns eine ganz merkwürdige,
gefchickte Verfchmelzung des Dezimal-Syftems mit dem buo-
bezimalen, indem fie gewöhnlich die Zahl 60 als Theiler
unb als Faktor verwendeten. Unb was man dem fran-
zöfifchen Meterfyftem nachrühmt, baß alle feine Längen-,
Flächen- unb Körpermaße, wie die Gewichte auf einem

und demselben Längenmaß beruhen, das hatten die alten Chaldäer schon vor 4000 Jahren. Eine Elle von 525 mm war die Grundlage aller ihrer Maße. Diese Elle wurde in 60 Linien getheilt, welche den 60 Minuten des Grades entsprechen. Diese Elle mit 360, d. h. mit der Zahl der Grade des Kreises multiplizirt, gab die Stadie = 189 m, das Maß des Weges. Der Fuß stand im Verhältniß zur Elle wie 3 : 5, faßte also 36 Linien oder 315 mm. Das über diesem Fuß konstruirte Quadrat ist die Grundlage aller Flächenberechnung und der aus diesem Fuß gebildete Würfel (= 31,5 l) das Grundmaß aller Körpermaße. Das Gewicht eines solchen mit Wasser gefüllten Würfels (= 30,650 kg) bildet das Fundamentalgewicht, das Talent, welches wieder in 60 Theile getheilt wurde (= 510,83 gr), die Mine à 60 Drachmen (= 8,513 gr). 60 Talente bilden 1 soss, 600 Talente 1 ner, 3600 Talente = 1 sar.

Daß sie nun ihre Schriftzeichen auch ganz geschickt zur Mathematik verwendeten, zeigen uns zwei Tafeln, welche Loftus 1854 in Senkereh fand und deren eine z. B. die folgenden Zeilen (von uns in arabische Ziffern umgesetzt) bietet:

Soße.	Einheiten.		Soße.	Einheiten.
43 +	21 = 51^2		52 +	16 = 56^2
45 +	4 = 52^2		54 +	9 = 57^2
46 +	49 = 53^2		56 +	4 = 58^2
48 +	36 = 54^2		58 +	1 = 59^2
50 +	25 = 55^2		60	= 60^2

Ganz ähnliche Tabellen finden sich über die Aufgangs=
zeiten der Venus, des Jupiter und des Mars, sowie Ver=
zeichniffe der Mondsphasen von Tag zu Tag durch den
ganzen Monat. Sie bestimmten den täglichen mittleren
Lauf des Mondes; und durch die Periode von 223 Mond=
wechseln, welche ihnen bekannt war, gelang es ihnen, die
Mondfinsterniffe vorherzusagen. Die erste, von welcher
wir wissen, daß sie von ihnen berechnet wurde, ist die vom
30. März 721 v. Ch., und ihre Berechnungen weichen nur
um einige Minuten von den unsrigen ab. Die Sonnen=
finsterniffe dagegen, weil schwerer zu berechnen, haben sie
nicht vorausgesagt, aber genau beobachtet, z. B. die vom
2. Juli 930 und vom 13. Juli 809 v. Chr.

Die Eintheilung der Ekliptik in 12 gleiche Theile
stammt von ihnen, ebenso die des Kreises in 360 Grade,
des Grades in 60 Minuten, und der Minute in 60 Se=
kunden, sowie die Erfindung der Sonnenuhr. Ein Cyklus
von 43 200 Jahren, welche sie für die Zahl der Präzession
der Tag= und Nachtgleichen hielten, wurde von ihnen
als ein Tag des Lebens des Weltalls angesehen. Dieser
Cyklus ist allerdings zu lang und beträgt nur 26 000 Jahre,
weil die Chaldäer die jährliche Präzession zu 30'' annah=
men, während sie in Wahrheit 50'' beträgt. Aber sie haben
gewiß Alles geleistet, was man ohne optische Instrumente
leisten kann. Jenen Welttag theilten sie in 12 sar oder
Weltstunden (1 == 3600 Jahr), jede zu 6 ner à 600 Jahr,
und 1 ner in 6 soss oder Weltminuten à 60 Jahr, so daß

damit jedes Jahr zu einer Sekunde der großen chronolo=
gischen Periode wurde.

In ihrem bürgerlichen Leben rechneten sie zwar nach
Mondjahren, kannten aber ganz wohl das Sonnenjahr zu
365 Tagen und 4 Stunden. Ihre Monate hatten theils
30, theils 29 Tage. Das religiöse Jahr begann mit dem
Monat Nisan, zur Zeit der Frühlings=Tag= und Nachtgleiche,
das bürgerliche mit dem Monat Tisrit (Tisri), mit der
Herbst=Tag= und Nachtgleiche. Einige vermuthen, es habe
dieses seinen Grund in dem Glauben, daß die Schöpfung
der Welt zur Zeit der letzteren vollbracht worden sei. Die
Juden haben die Namen ihrer Monate von den Chaldäern
entlehnt, wie folgende Zusammenstellung zeigt.

Babylonische Monats= namen.	Jüdische.	Tage.	Nach unserem Kalender.
1. Mon. Nisanu	Nisan	30	Mitte März—April.
2. „ Aru	Jyhar	29	„ April—Mai.
3. „ Sivanu	Sivan	30	„ Mai—Juni.
4. „ Duzu	Tammuz	29	„ Juni—Juli.
5. „ Abu	Ab	30	„ Juli—August.
6. „ Ululu.	Elul	29	„ Aug.—Sept.
7. „ Tisritu	Tisri	30	„ Sept.—Okt.
8. „ Arach=Samna	Marchesvan	29	„ Okt.—Nov.
9. „ Kis(i)livu	Kislev	30	„ Nov.—Dez.
10. „ Tebitu	Tebet	29	„ Dez.—Jan.
11. „ Sabatu	Sebat	30	„ Jan.—Febr.
12. „ Abdaru	Adar	30	„ Febr.—März.

Um nun das Mondjahr in Uebereinstimmung mit dem Stand der Sonne zu erhalten, wurde je im 4. Jahr ein Monat eingeschaltet, Magru sa Abbari genannt, und im 8. Jahr zwei Monate, der eine nach Abbar, der andere, Magru sa Ululi genannt, nach dem 6. Monat. Wann diese Einschaltung stattfinden mußte, ersehen wir aus einem astronomischen Täfelchen, auf welchem sich die Stelle findet:

„Wenn am 1. Tage des Monats Nisan der Stern der Sterne und der Mond parallel stehen, so ist das Jahr richtig (oder normal);

Wenn am 3. Tage des Monats Nisan der Stern der Sterne und der Mond parallel stehen, so ist dieses Jahr voll (d. h. es hat 13 Monate)."

Sie beobachteten also einen gewissen Stern, den sie den Stern der Sterne nannten; stand dieser schon am 1. Nisan mit dem Mond parallel, so war kein Schaltmonat nöthig; war dies aber erst am 3. Nisan der Fall, dann mußte ein Monat eingeschaltet werden.

Die Zeichen des Thierkreises waren bei den Chaldäern:

1. der Widder oder Iber;
2. der Stier, manchmal mit Flügeln und einem Menschenkopf;
3. die Zwillinge, zwei kleine männliche Figuren über einander;
4. der Krebs oder Hummer;
5. der Löwe, einen Stier verzehrend;
6. die Schützin (Jungfrau);

7. die Scheren des Skorpions;

8. die Wage (?);

9. der Pfeil oder der Schütze;

10. die Ziege, manchmal mit einem Fischschwanz;

11. der Wassermann, gewöhnlich mit einem Gefäß,
    aus welchem Wasser fließt;

12. der Fisch oder die Fische.

Daß die Astronomen Chaldäas fleißig den Himmel
beobachteten, ersehen wir aus verschiedenen noch vorhandenen
Berichten, welche sie dem König abstatteten über das Aus=
sehen der Sonne, des Mondes und der Sterne, mit astro=
logischen Bemerkungen und Vorhersagungen. Einer dieser
Berichte lautet:

> „Der Mond sammelte einen **tarbaz** (sonst „Hof") und
>   Mars trat in ihn —
> Vernichtung des Viehstandes; im ganzen Lande
> Wird die Dattelternte mißrathen,
> Und das Westland (Phönizien=Kanaan) wird verringert."

Auf einer anderen Tafel heißt es:

> „Am 14. Tag wurden Sonne und Mond
> Miteinander gesehen —
> Treu und Glauben; das Herz des Landes wird fröhlich,
> Freude zieht ein im Herzen seiner Bewohner.
> Die Götter des Landes Akkad
> Sinnen auf Gunstbezeugung.
> Mond und Sonne begegneten (?) sich —
> Der König des Landes thut weit auf die Ohren (d. h. er
>   empfängt Offenbarungen).
> Bericht des Ablua."

Noch eine andere ausführlichere lautet:

> „An den König, meinen Herrn, dein Knecht Abil=istar.
> Heil dem König, meinem Herrn!
> Möge Nebo und Merodach
> Den König, meinen Herrn, segnen! Lange Tage,
> Gesundheit des Leibes und Freude des Herzens mögen
>   die großen Götter
> Dem König, meinem Herrn, gewähren! Mit Bezug auf
>   die Mondfinsterniß,
> Wegen welcher der König, mein Herr, zu mir sandte:
>   In den Städten Akkad,
> Borsippa und Nippur Beobachtungen
> Wurden gemacht; und dann in der Stadt Akkad
> Sahen wir einen Theil . . . . .
> Die Beobachtung wurde gemacht und die Finsterniß fand statt.
> Ich machte die Beobachtung . . . . .
> Und sende dies zu dem König, meinem Herrn.
> Und was ich mit meinen Augen sah, an den König, meinen
>   Herrn,
> Sende ich es. Diese Mondfinsterniß,
> Welche stattfand, bezieht sich auf die Länder
> Mit allen ihren Göttern. Ueber Syrien
> Endet sie, das Land Phönizien,
> Der Hethiter und des Volkes von Chaldäa.
> Aber dem König, meinem Herrn, bringt sie Freude, und
> Nach der Beobachtung wird sie
> Kein Unglück über den König, meinen Herrn, bringen.“

Doch nicht bloß die Gestirne hatten die Priester zu beobachten, sondern auch das Steigen der Wasser des Flusses. So berichtet eine Tafel in akkadischer und semitisch=babylonischer Sprache Folgendes:

> „Im Monat Nisan, am 2. Tag, ein Kaspu (2 Uhr oder
>   2 Stunden) in der Nacht

Kommt der Amil-urgal näher, und das Wasser des Flusses
     beobachtet er;
Vor das Angesicht Bels tritt er und mißt, und vor dem
     Angesicht Bels
Bezeichnet er es und spricht sein Gebet zu Bel also:
O Herr, der in seiner Macht nicht seinesgleichen hat,
O Herr, guter Fürst, Herr der Welt!
. . . . . .
Denen, welche sich niederwerfen, gib du Gunst,
Antworte dem Menschen, welcher deine Macht preist.
. . . . . .
Ergreife die Hände, welche zu dir sich heben,
Schenke deiner Stadt Babylon deine Gunst!
Zu deinem Tempel Esagila neige dein Angesicht,
Und schenke Segen den Söhnen Babylons und Borsippas!"

Das ist es, was wir in Kürze über die Religion,
Kunst und Wissenschaft der alten Chaldäer mitzutheilen
vermögen. Es ist freilich im Ganzen lückenhaft und bedarf noch mancher Ergänzung. Aber diese kann eben nur
kommen, wenn noch umfassendere Ausgrabungen in den
Ruinen des Landes vorgenommen werden. Jedenfalls ist
schon hieraus zu ersehen, daß dieses alte Volk in fast
allen Zweigen der Kultur und Civilisation eine ziemlich
hohe Stufe erstiegen hatte, und daß ihm das Abendland
viel mehr zu verdanken hat, als man bis jetzt glaubte.
Wenden wir uns nun zu seiner

4. Geschichte.

Auch auf diesem Gebiete ist allerdings noch vieles
gar dunkel und unaufgehellt, da die Ausgrabungen in

dem unteren Mesopotamien bisher wenigstens bei weitem
nicht die reiche Ausbeute für den Geschichtsforscher geliefert
haben, als jene in Assyrien. Und es ist nur durch diese
möglich geworden, auch mit Bezug auf die chaldäische Ge=
schichte Einzelnes festzustellen und so einen Anhalt zu bekommen
für weitere Bestimmungen.

Berosus (Berossos), ein Priester am Tempel des Bel
zu Babylon, schrieb ums Jahr 280 v. Chr. eine Geschichte
seines Landes, von welcher jedoch nur noch einzelne Bruch=
stücke vorhanden sind. Wir übergehen das, was er über
die Könige Babylons vor der Flut sagt, da seine An=
gaben gar zu sagenhaft sind. Die erste Dynastie nach der
Flut, die er als chaldäische bezeichnet, enthält 86 Könige
die 34 080 Jahre regiert haben sollen. Letztere Zahl müssen
wir wohl unter demselben Lichte betrachten, wie die An=
gabe des Manetho über die Dynastie der Götter und
Halbgötter in Ägypten. Dagegen wird sich wohl die
Zahl der Könige bestätigen, da in neuester Zeit Hormuzd
Rassam ein Königsverzeichniß aufgefunden hat, das in
der ersten Kolumne die Worte enthält: „dies sind die
Könige nach der Flut," und das gegen 100 Namen auf=
weist. Da wir aber noch nichts Näheres darüber besitzen,
so müssen wir uns auf das beschränken, was bis jetzt
aufgefunden wurde.

Die Bibel erzählt uns (1 Mos. 10, 8): „Kusch zeugete
Nimrod. Dieser fing an, ein gewaltiger Herr zu wer=
den im Lande, und war ein gewaltiger Jäger vor dem

Herrn. Daher spricht man: das ist ein gewaltiger Jäger vor dem Herrn wie Nimrod. Und der Anfang seines Reiches war Babel, Erech, Akkad und Kalneh im Lande Sinear."

Als die südlichste unter den Städten Chaldäas finden wir Eridu, jetzt Abu-Schahrein genannt. Sie hat das Aussehen einer Festung, mit hohen Mauern umgeben, auf einer Plattform gelegen, welche durch eine 20 Fuß hohe Mauer gebildet wird. Das Pflaster dieser Plattform besteht aus gebrannten Ziegeln mit Inschriften. Das Gebäude darauf hat die Form einer 70 Fuß hohen Pyramide, welche mittelst getrockneter Backsteine gebaut, und außen mit einer 5 Fuß dicken Schicht gebrannter Backsteine verkleidet war. Nur noch gegen S.-O. ist ein Theil in gutem Zustand. Auf einer Treppe von Marmor konnte man das obere Stockwerk ersteigen, welches flach war und auf welchem ein Heiligthum stand. Man findet dort noch allerlei Schmuckgegenstände aus Gold, Marmor, Achat u. s. w. Im südlichen Theil hat Taylor einige Zimmer gefunden, welche mit einer Lage von Gyps und mit rothen, schwarzen und weißen Linien, je drei Zoll breit, bedeckt waren. In einem andern Zimmer ist auf dem Gyps die roh gemalte Figur eines Mannes zu sehen, welcher einen Vogel auf der Hand hält. Eridu war offenbar eine bedeutende Stadt; doch nennen sich die Herrscher derselben nicht Könige, sondern Patesi (assyr. issakku).

Fast unter derselben geographischen Breite, nur ein klein wenig nördlicher, aber ziemlich gegen Westen, lag am

rechten Ufer des Euphrat, jedoch nicht unmittelbar an dem=
selben, das alte Ur, der ursprüngliche Wohnsitz der Familie
Abrahams. Es heißt jetzt Mugheir, von dem Erdpech, mit
welchem seine Gebäude cementirt sind. Auch Ur zeigt die
Ruinen eines alten Thurmes von etwa 70 Fuß Höhe, aus
breiten Backsteinen gebaut. Taylor fand daselbst auch
emaillirte Backsteine und Inschriften des Königs Nabonid,
welcher die zerfallenen Tempel jener Stadt wiederherstellte.
Noch vor 50 Jahren soll auf dem obersten Theil der Ruine
eine Art Kammer zu sehen gewesen sein. Das Ganze
bildete einen Tempel, jedenfalls einen der ältesten. Die
Bewohner Ur's waren sehr rührige, handeltreibende Leute;
ihre Schiffe werden in einem Vokabular genannt.

Nordwestlich von Ur, auf der linken Seite des Euphrat
lag Larsam (Elassar), jetzt Senkereh, an einem großen
Sumpfe. Die Ruinen der Stadt haben einen beträchtlichen
Umfang und sind etwa 70 Fuß hoch. Der Haupttheil der
Ruine ist 320 Fuß lang und 220 Fuß breit, von einer
4 Fuß dicken Mauer eingeschlossen, deren Backsteine den
Namen Nebukadnezars tragen, welcher den dortigen Tempel
wiederherstellte. Loftus fand daselbst mehrere Thon=
cylinder, auch ein sehr altes Grab, auf dessen Backsteinen
sich der Name Ur=Gur („Diener der Göttin Gur") findet,
woraus hervorgeht, daß der untere Theil sehr alt, der
obere aber von Nebukadnezar wieder aufgebaut worden
sein muß. Es scheint, als habe diese Stadt die Zerstörung
Babylons überdauert; wenigstens ist sie noch unter Kam=

byses als blühender Ort aufgeführt. Hier wurde vor allen andern Göttern Samas verehrt.

Noch einige Meilen weiter gegen Nordwest, ebenfalls auf dem linken Ufer des Euphrat, jedoch auch etwas von ihm entfernt, lag das obengenannte Erech, von den Chaldäern Uruk genannt, jetzt Warka. Seine Ruinen sind nur vom November bis März zugänglich, da sie in der andern Zeit von Wasser oder Sumpf umgeben sind. Loftus hat dort Ausgrabungen veranstaltet. Der Haupttheil der Ruinen dieser Stadt, Buwarije genannt, enthält die Grundmauern eines Thurmes, welcher über 200 Fuß hoch gewesen sein muß. Er bildete augenscheinlich den östlichen Winkel einer großen Umwallung von 300 Fuß Länge und 270 Fuß Breite, die Ecken derselben, wie überall, gegen die 4 Hauptpunkte der Windrose gerichtet. Früher müssen auf dieser Erhöhung zwei Tempel gestanden haben, dem Anu und der Beltis geweiht. Der nordwestliche Theil der Ruinen heißt Wuswas, eine Terrasse von 650 Fuß Länge und 500 Fuß Breite. Das Hauptgebäude dieser Ruine war äußerlich ziemlich verziert, so daß die Backsteine ein= und ausspringende Winkel bildeten. In den Ruinen wurden viele Thontafeln mit Inschriften gefunden, die sich aber zum größten Theil auf privatrechtliche Gegenstände beziehen, sodann eine Menge Gräber, woraus zu schließen ist, daß diese Stadt einst eine ungeheure Nekropolis für das ganze Mesopotamien gewesen sein muß. Die Stadt war ferner der Sitz einer großen Gelehrtenschule, und aus ihren Archiven hat

Asurbanipal seine Bibliothek vornehmlich geschöpft. Neben
sehr alten Inschriften finden sich daselbst auch neuere bis
zu den Zeiten der Seleuciden herab, was klar beweist,
daß diese Stadt viele Jahrhunderte lang sehr berühmt
gewesen sein muß; es werden besonders auch ihre pracht=
vollen Haine voll entzückender Schönheit gerühmt.

Auf dem linken Ufer des Euphrat, etwa 13 Meilen
nördlicher als Babylon, lag die Doppelstadt S i p p a r und
A k k a b , durch einen Kanal von einander getrennt, der
vom Euphrat in den Tigris führt. Manchmal findet sich
auch für die nördlichere der Name Sippar=sa=Samas, für
die andere Sippar=sa=Anunit, nach ihren Hauptgöttern.
Ebenso kommt Akkad auch unter dem Namen Agade vor.
Meist aber scheint man doch beide Städte unter dem Namen
Sippar zusammengefaßt zu haben. Jetzt zeigt nur noch
ein Trümmerhügel, der bei den Arabern den Namen Sifeira
führt, ihre einstige Lage und Bedeutung. Die Erklärung
des Namens als „Bücherstadt" ist dem Sinne nach recht
passend, läßt sich aber nicht halten.

Die berühmteste Stadt des Landes, B a b y l o n, führt
in den ältesten Inschriften den Namen Tintira „Lebens=
hain", in welchem wir doch vielleicht auch einen Anklang
an die Paradiesessage erblicken dürfen. In einigen akka=
dischen Inschriften heißt sie Ka=dingira „Pforte Gottes",
und aus diesem Namen ist derjenige geworden, den sie ge=
wöhnlich führt; denn Bab=ilu ist nichts anderes, als
Ka=dingira ins Semitische übersetzt. Sie erhält auch

die Zunamen „die hochgewaltige" und „die Stadt Merobachs."

Bis jetzt hat man nur erst wenige sehr alte Denkmäler
gefunden, vielmehr zumeist nur neuere. Die Stadt wurde von
Nebukadnezar ganz neu aufgebaut; beinahe alle Backsteine,
welche man bislang entdeckte, tragen seinen Namen. Dennoch ist sie, wie allgemein bekannt ist, sehr alt. Aber
längere Zeit hören wir von ihr gar nichts, während im
Süden Reiche entstehen, sich bekämpfen und untergehen.
Später wurde sie Hauptsitz der chaldäischen Könige, dann
von Sanherib gänzlich zerstört, von Asarhaddon wieder
aufgebaut, von Nebukadnezar vergrößert und verschönert,
bis zuletzt die Perser und Meder ihre Macht gänzlich
brachen.

Von einem der ältesten Könige Babyloniens hat George
Smith im Jahre 1874 ein Dokument veröffentlicht. Dieser
König nennt sich „Agu-kak-rime, Sohn des Tassi-Gu-
rubar (?), glänzender Sproß des Sukamunu", und seine
Titel lauten: „König des weit ausgedehnten Babylonien,
König von Kassu und Akkad, König von Padan und
Alman, König der Guti, König der vier Himmelsgegenden."
Er erzählt, daß er die Bilder des Marduk und der Zarbanit,
welche in das ferne Land Chani weggeführt worden waren,
wieder geholt und den Tempel des Bel in Babylon her-
gestellt habe, der aber schon lange Zeit vor ihm bestanden.

Allein über seine Regierungszeit läßt sich nichts Näheres
bestimmen. Ob auch Sagaraktias, dessen Zeit sich annähernd

festseßen läßt, dieser Dynastie angehörte, ist noch in Frage
gestellt. Es hatte sich in Babylon die Kunde erhalten, er
habe wichtige Tafeln verfassen lassen; nach diesen suchte
Nabonid, der leßte König von Babylon, und fand sie auch
zum Theil. Von einer derselben gibt er folgende Über=
seßung:

„Sagaraktias, der wahre Hirte, der Große, der
Erhabene, König von Babylon, bin ich.

„Als Samas und Anunit zur Herrschaft über
die Länder meinen Namen beriefen, mit der Hoheit
über alle Völker mich belehnten — zu jener Zeit
that ich solches: E=Babbara, der Tempel des Samas,
meines Herrn, zu Sippar und E=Ulbar, der Tempel
der Anunit, meiner Herrin, deren Mauer seit der
Regierung Zabums im Laufe der Zeit eingefallen
war — ihre Mauer riß ich nieder, ihr Fundament
legte ich bloß, ihren Schutt räumte ich fort, nur ihr
Allerheiligstes beließ ich; ihre Wände vollendete ich,
ließ ausfüllen ihr Fundament, ihren ... brachte ich
wieder an ihren Ort, seinen .... machte ich mehr
denn zuvor. Auf Jahre hinaus mögen Samas und
Anunit, möge ob meiner frommen Thaten sich freuen
ihr Herz, und sie mögen meine Tage verlängern,
mögen erneuern ein Leben in Jubel und Wonne, Jahre
des Überflusses mögen sie als Geschenk schenken,
Recht und Gerechtigkeit, Gehorsam und Zucht —
mögen sie walten lassen im Lande!“

Nabonid fügt hinzu: „Diese Tafel des Sagarattias, Königs von Babylon, eines alten Königs, welcher E-Ulbar von Sippar als Wohnung der Anunit gebaut, seinen Grundstein gelegt hatte, fand ich u. s. w." Ein anderer altbabylonischer König, chronologisch ebenfalls noch nicht sicher bestimmbar, ist **Ur-Gur** (so liest Delitzsch den Namen; andere: Ur-bagas und Urukh). Obwohl er sich gewöhnlich König der Stadt Ur nennt, scheint er doch der Beherrscher des ganzen Chaldäas gewesen zu sein, so daß die andern Städtekönige nur den Rang von Vicekönigen einnahmen. Er ist ein gewaltiger Baumeister gewesen; und obwohl seine Bauten den Pyramiden Ägyptens nicht gleichkamen, so waren sie doch von ungeheurem Umfang. Von welcher Bedeutung die Ruinenhügel in Buwarije sind, haben wir schon gehört. Und wie dort, so hat er sich auch in andern Städten durch großartige Bauten verewigt.

Eine seiner Inschriften lautet:

„Dem Gotte Sin, dem Licht (?) des Himmels, dem ersten Sohne Bels, seinem König, hat Ur-Gur, der Mannhafte, der Gewaltige, König von Ur, diesen Tempel, das Haus an dem er Gefallen hat, erbaut."

Auch dem Bel, der Nana, dem Samas und der Beltis hat er in verschiedenen Städten Tempel errichtet. Diese sollen wohl einfach gewesen sein, aber doch manche Verbesserungen zeigen und so erkennen lassen, daß seine Zeit schon zu einer etwas fortgeschritteneren in der Civilisation gehörte. Auch die Anwendung von Drainirungsarbeiten, um die Feuchtigkeit von diesen Gebäuden ferne zu halten, ist ein deutlicher Beweis davon. Ebenso läßt uns die Anlage ihrer Ecken nach den vier Himmelsgegenden sehen, daß die astronomischen Kenntnisse seiner Zeit schon in höherem Grade entwickelt waren. Sein Siegel, das leider verloren gegangen ist, von dem wir aber noch eine Abbildung besitzen, zeigt eine Gravirkunst, welche nichts Rohes an sich trägt. Die Hauptfigur desselben sitzt auf einem reich ornamentirten Thron, der mit allem Geschmack ausgeführt ist, und dessen Füße nach denen eines Stieres modellirt sind. Selbst die Kleider der sitzenden Figur sind höchst zierlich gemustert. Ménant setzt seine Regierungszeit in die Jahre um 3000 v. Chr., freilich mit einem, wie uns scheint, sehr wohl angebrachten Fragezeichen.

Sein Sohn und Nachfolger Dun-gi nennt sich selbst König von Ur, König von Sumer und Akkad. Auch er hat verschiedene Tempel erbaut und restaurirt, besonders in Ur, und in Tel Id, in der Nähe von Erech.

Dies ist alles, was sich zur Zeit mit einiger Gewißheit über die ältesten Dynastieen Chaldäa's sagen läßt. Auf eine andere Frage, ob nemlich Nimrod seine Herrschaft auch über Assyrien ausgedehnt habe, geben uns die bis jetzt aufgefundenen Inschriften keine Antwort. Die Uebersetzer von 1 Mos. 10, 11. 12 stimmen bekanntlich nicht überein. Die einen übersetzen, wie unsere Lutherbibel: „Aus diesem Lande zog aus Assur, und bauete Nineve᷉u. s. w.“; andere dagegen wie Schrader, Stier: „Von diesem Lande

zog er (Nimrod) aus nach Assur, und bauete u. s. w."
Nach der einen Übersetzung würde also schon zu Nimrods
Zeit oder später eine Auswanderung der Semiten nach
Norden stattgefunden haben, was nun allerdings sicher bei
der Familie Abrahams der Fall war. Nach der andern
aber hat Nimrod seine Herrschaft auch über Assyrien ausgedehnt, und ist dann auch als Erbauer der bedeutendsten
Städte dieses Landes zu betrachten. Jedenfalls aber könnte
diese Oberherrschaft über Assyrien nur von kurzer Dauer
gewesen sein, denn wir finden später gar keine Andeutung
mehr davon.

Dank den Regierungs-Annalen des assyrischen Königs
Asurbanipal können wir nun über den Anfang der Regierung der zweiten Dynastie, der sogen. elamitischen oder
medischen, Bestimmteres aussagen. Dieser König sagt am
Schlusse der Erzählung von seinem achten Feldzug gegen
Ummanalbas, König in Susa, welcher Asurbanipals
rebellischem Bruder Samas-sum-ukin, Vicekönig von Babylonien, Beistand geleistet hatte, Folgendes:

„Die Göttin Nana, welche seit 1635 Jahren verge-
waltigt und gezwungen worden war, im Lande Elam zu
wohnen, einem Ort, der ihr nicht zukam — diese Göttin,
welche im Verein mit den Göttern, ihren Vätern, meinen
Namen zur Herrschaft über die Länder berufen hatte, befahl
mir auch, ihre Gottheit an ihren Ort wieder zurück zu
bringen:

„„Asurbanipal — hatte sie gesagt — wird mich aus

dem feindlichen Elam herausführen und mich einziehen
laffen in E=ana.“‘ Ich ergriff die Hände ihrer hehren
Gottheit, den geraden Weg frohlockenden Herzens schlug sie
ein nach E=ana. Im Monat Kislev, am 1. Tag, ließ ich
sie in die Stadt Erech Einzug halten, das sie so lieb hat,
ließ ich sie bewohnen ein Allerheiligstes für ewige Zeiten.“

Wie aber die Göttin nach Elam gekommen war, er=
zählt er folgendermaßen:

„Kudur=Nanchundi, der Elamit, der keine Achtung hatte
vor dem Namen der großen Götter, der sich in verkehrtem
Geiste auf seine eigenen Kräfte verließ, hatte Hand an
die Tempel des Landes Akkad gelegt und Akkad von oberst
zu unterst gekehrt . . . . Aber die Tage wurden erfüllt,
der Termin der großen Götter kam herbei, die Thaten
(des Elamiten zu rächen machten sie sich auf). 2 Ner, 7 Soß
und 15 Jahre (währte) der Frevel der Elamiten. Mich,
Asurbanipal, den Großen, ihren Verehrer, sandten die
großen Götter aus, Elam niederzuwerfen . . .“

Dieser Feldzug Asurbanipals fand nach gewöhnlicher
Annahme im Jahr 659 oder 661 v. Chr. statt. Zählt
man nun zu dieser Zahl die genannten 2 Ner = 1200 Jahre,
7 Soß = 420 Jahre und 15 Jahre, so erhält man das
Jahr 2294 oder 2296 v. Chr., als das Datum der elami=
tischen Eroberung.

Der Herrscher der Elamiten, welcher Chaldäa seinem
Scepter unterwarf, war hiernach der König **Kudur-Nan-
chundi**, ein gewaltiger Kriegsmann, der Alles vor sich

niederwarf, die Städte einnahm, die Tempel plünderte und die Götterbilder als Siegeszeichen in sein Land wegführte.

Sonst wissen wir von ihm und seinen Nachfolgern, den Kuburiten, nicht viel. Ihm folgte, ob mittelbar oder unmittelbar läßt sich nicht erweisen, ein Kubur=Lagamara, dessen Name erhalten ist in dem 1 Mos. 14 genannten Kedorlaomer. Er selbst war König von Elam, während die neben ihm genannten Könige offenbar nur seine Statthalter waren: Amraphel von Sinear, Arioch von Ellassar oder Larsam und Tidal (nach Lenormant = „der große Häuptling") der Goïm, oder der Nomadenstämme. Er marschirte mit seinen Alliirten am Euphrat aufwärts, und drang bis Palästina vor, wo er die Könige des Jordanthales unterwarf und 12 Jahre unter seiner Herrschaft hielt. Nun erhoben sich aber die genannten Könige mit ihren Nachbarn gegen die elamitisch=chaldäische Oberherrschaft, und der genannte Kubur=Lagamara zog mit seinen Verbündeten zum zweitenmal nach Palästina, besiegte seine Gegner und plünderte das ganze Land. Wie uns 1 Mos. 14 erzählt, war auch Abrahams Neffe, Lot, unter den gefangen Weggeführten, weshalb jener sich entschloß, die Befreiung Lots zu versuchen. Er überfiel in der Nacht mit seinen Knechten die nichts Ahnenden, welche zudem auch durch die Menge ihrer Beute und Gefangenen am regelmäßigen Kampfe gehindert waren, jagte sie in die Flucht und nahm ihnen die ganze Beute wieder ab. Weiter erfahren wir von dem

großen Eroberer Kubur-Lagamara nichts; er scheint seine
Absichten auf Syrien gänzlich aufgegeben zu haben.

Noch zwei Persönlichkeiten aus der Familie der Kuburiten nennen uns die Inschriften. Die erste heißt Kubur-
Mabuk, dessen Sohn von ihm rühmt, daß er seine Herrschaft von der Stadt Ur noch weiter ausgedehnt habe. Er
selbst gibt sich auf seinen Backsteinen den Titel Apba (?)
Martu, was man „Eroberer des Westens" übersetzt. Darnach scheint er seine Kriegszüge, wie sein Vorgänger Kubur-
Lagamara gegen Syrien ausgedehnt zu haben, wenn er auch
nicht so weit kam, als dieser.

Sein Sohn war Eri-Aku, b. i. assyr. Arab-Sin
(„Diener des Mondgottes"), von welchem man in Mugheir,
dem alten Ur, Inschriften gefunden hat.

Welche Umstände nun zusammenwirkten, um die elamitische Dynastie der Kuburiten zu Fall zu bringen, ob
sie ausstarb, oder durch Empörungen der einheimischen
Stämme das Reich verlor: das ist uns nicht überliefert
worden. Im Ganzen mag diese elamitische Herrschaft über
Chaldäa etwa 250—280 Jahre gewährt haben.

Nach dieser Fremdherrschaft erhoben sich wieder einheimische Könige, die jedoch nur in seltenen Fällen über
das ganze chaldäische Reich geherrscht haben. Sie werden
sehr häufig nur als Könige und Fürsten dieser oder jener
Hauptstadt Chaldäas bezeichnet, und von den meisten derselben wissen wir außer dem Namen fast nichts. Wir
wollen deshalb nicht die 100 Namen herzählen, welche

Lenormant als Könige von Babylon und Chaldäa nach einer Königsliste aus der Zeit Asurbanipals aufgestellt hat, sondern nur diejenigen herausgreifen, über deren Regierung wir etwas Bestimmteres zu erzählen haben.

Einer derselben, welcher in diese Zeit zu gehören scheint, ist **Sargon,** König von Agade, zur Unterscheidung von dem späteren assyrischen König, als Sargon „der Erste" oder „Ältere" zu bezeichnen. Daß er König zu Agade war, darüber herrscht kein Zweifel; wann er aber regiert hat, läßt sich nach den bis jetzt bekannten Inschriften nicht genau bestimmen. Wir wissen nur, daß Asurbanipal eine Sammlung von 70 Täfelchen abschreiben ließ, von welcher er sagt, daß sie von dem König Sargon von Agade als ihrem Verfasser herrühre. Es sind allerlei Vorhersagungen, welche auf Grund verschiedener astronomischer und meteoro-logischer Erscheinungen für diesen König und seine Unter-nehmungen gemacht wurden. Außerdem gibt er uns selbst die folgende Geschichte seiner Kindheit und Jugend:

„Sargon, der mächtige König, König von Agade, bin ich. Meine Mutter war eine Herrin — meinen Vater kenne ich nicht —, während meines Vaters Bruder den .... der Stadt Azupiranu, die am Euphrat gelegen, ... Meine Mutter ward mit mir schwanger, heimlich (?) gebar sie mich; sie legte mich in einen Korb von Schilfrohr, ver-schloß mit Erdpech meine Thür, legte mich in den Strom, welcher sich nicht über mich ergoß (?). Der Strom brachte mich zu Akki, dem Wasserträger; Akki, der Wasserträger,

in Güte (?) ... zog mich heraus; Akki, der Wasserträger,
zog mich als sein eigenes Kind auf." Er erzählt dann
weiter, daß er Gärtner geworden sei, daß ihn die Göttin
Istar liebgewonnen und zum Herrscher von Agade gemacht
habe.

Auf einigen andern Tafeln, die G. Smith später
entdeckte, wird erzählt, daß er eine Stadt baute und nach
seinem Namen Dur=Sarrukin benannte. Darnach machte
er einen Feldzug nach Elam, scheint aber mit dem König
des Landes nicht zusammengetroffen zu sein. Eine
neue Abtheilung der Tafel berichtet von einem erfolg=
reichen Zug gegen Syrien. Die dritte Abtheilung erzählt
die Unterwerfung von ganz Chaldäa, und die Gründung
der neuen Hauptstadt Agade. Eine weitere Abtheilung
zeigt uns den König Sargon auf einem dreijährigen Zug
gegen das Land der „untergehenden Sonne", am mittel=
ländischen Meer. Er eroberte das Land, stellte Denksteine
auf zur Erinnerung an seinen Sieg, und führte große
Beute aus diesen entfernten Gegenden nach Chaldäa. Aber
nicht immer war ihm das Glück so günstig. Er berichtet
in einem späteren Abschnitt, daß er in seiner Hauptstadt
Agade belagert worden sei. Er machte aber mit seinem
Heer einen Ausfall, schlug die Feinde, und zwang sie, die
Belagerung aufzuheben, worauf er seine Laufbahn als
Eroberer fortsetzte.

Der Sohn dieses großen Kriegshelden und Baumeisters
hieß Naram=Sin, der sich selbst Eroberer von Apirak

und Magan (oder Makan, einer babylonischen Landschaft)
nennt. Sonst ist uns nichts von ihm bekannt.

Ein anderer König, von dessen Verwandtschaft mit
den vorhergehenden wir jedoch nichts erfahren, ist **Ismi-
Dagan**, welcher ums Jahr 1850 v. Chr., oder etwas
früher, regiert haben muß, wie sich aus einer Inschrift
Tiglathpilesers I., Königs von Assyrien, ergibt (vgl. S. 141).
In den Ruinen von Ur hat man auf den Backsteinen eine
Inschrift gefunden, welche also lautet:

„Ismi = Dagan („Erhört hat Dagon"), Herr von
Nippur, Herrscher von Ur, Ub da bu von Eridu, Herr von
Uruk, der mächtige König, König von Nisin, König von
Sumer und Akkad, der Liebling der Göttin Istar."

Diese seine Schutzgöttin scheint ihn auch wirklich sehr be=
günstigt zu haben; denn er war ein gewaltiger Herrscher, welcher
nicht nur Chaldäa, sondern auch Assyrien unter seine Herr=
schaft brachte, wie die Inschriften Tiglathpilesers bestätigen.

Er hatte zwei Söhne. Der ältere, G u n g u n u, nennt
sich, wie sein Vater, König von Ur und von Nippur, von
Sumer und Akkad, und hat ebenfalls einzelne Tempel auf=
geführt. Sein jüngerer Bruder, S a m s i = R a m a n, führt
den Titel Patesi (Vicekönig) von Assyrien. Es ist deshalb
wahrscheinlich, daß Ismi=Dagan bei seinem Tode den älteren
Sohn als König von Chaldäa einsetzte, und dem jüngeren
die Regierung von Assyrien übertrug, wohl mit der näheren
Bestimmung, daß er nur der Vicekönig seines Bruders
sein sollte. Aus Tiglathpilesers Aufzeichnungen erfahren

wir, daß Samsi=Raman in Kileh=Scherghat, d. i. der alten
Reichshauptstadt Assur, dem Gott Asur einen Tempel gebaut
hat und zwar 701 Jahre vor der Regierung Tiglathpilesers.
Dieser aber regierte nach einer Angabe Sanheribs 418
Jahre vor dem 10. Feldzuge des letzteren. Sanherib selbst
kam zur Regierung am 12. August 704. Somit erhalten
wir als annähernde Regierungszeit Samsi=Ramans das
Jahr 1800 oder etwas früher.

Wie lange diese Verbindung Assyriens mit Chaldäa
dauerte, erfahren wir nicht. Jedenfalls aber ist soviel klar,
daß Assyrien damals noch keine bedeutende Macht war, sondern
wohl längere Zeit von chaldäischen Statthaltern regiert wurde.

Von da an müssen wir wieder darauf verzichten, die Reihe
der Könige Chaldäas festzustellen, da wir nur ganz dürftige
Nachrichten zu einzelnen der erhaltenen Königsnamen haben.

Der erste, welcher nach solcher Dämmerung wieder in
etwas hellerem Lichte erscheint, ist der Gründer einer neuen
Dynastie: **Chammu-ragas** (so lesen einige, auch Delitzsch,
anstatt Chammu=rabi). Er soll zuerst König des Landes Kassi
gewesen sein und bemächtigte sich des Thrones von Chaldäa
wohl zu einer Zeit, da die einheimischen Könige in große
Schwäche versunken waren. Von Kriegen, mittelst deren er zur
Herrschaft über Babylon gekommen wäre, hören wir nichts.
Mit weitem staatsmännischem Blick wählte er diese Stadt
zu seiner Hauptstadt etwas vor dem Jahr 1500 v. Chr.,
und dehnte von dort seine Herrschaft immer weiter aus, bis
die beiden Flußthäler, das ganze Chaldäa und ein Theil

von Elam ſich ſeinem Scepter beugte. Er war aber auch
in Wahrheit ein großer Wohlthäter ſeines Landes und
Volkes, welcher mit ſicherem Blick erkannte, wie wichtig für
daſſelbe ein weitverzweigtes Bewäſſerungsſyſtem ſein werde.
Und ſobald er das eingeſehen hatte, ging er auch kräftig
ans Werk. Von ſeinen Inſchriften findet ſich eine auf einer
ſchönen Alabaſtertafel und lautet alſo:

„Chammu=ràgas, der mächtige König, König von
Babylon, Regent der vier Himmelsgegenden, der da
gewinnt den Sieg Merodachs, der Hirte, welcher das
Herz dieſes Gottes erfreut, bin ich.

Als die Götter El und Bel das Volk von Sumer
und Akkad zu beherrſchen verliehen, mit der Ober=
hoheit über ſie mich belehnten, grub ich den Kanal
Nar=Chammuragas, den Segen des Volkes, welcher
Waſſer in Fülle zuführt dem Volk von Sumer und
Akkad. Seine Ufer zu beiden Seiten beſtimmte ich
für die Ernährung, indem ich Scheffel von Korn
ausgoß. Dauernde Waſſer ſchuf ich dem Volk von
Sumer und Akkad.

Das Volk von Sumer und Akkad — ihre zahl=
reichen Scharen verſammelte ich — was ihnen dienen
ſollte zu Speiſe und Trank (nämlich den Kanal) über=
gab ich ihnen, mit Segen und Überfluß beſchenkte
ich ſie, in behaglicher Wohnung ließ ich ſie wohnen.

Folgendes thun wir zu kund und zu wiſſen:
Chammuragas, der ſtarke König, der Verehrer der

großen Götter bin ich. Mit Hilfe der gewaltigen
Kräfte, welche Merodach verliehen, erbaute ich ein
hohes Schloß mit großen Thürmen (?), deren Spitzen
berggleich emporragen, am Ausgangspunkt des Nar=
Chammuragas, des Segens des Volkes. Selbiges
Schloß nannte ich zur Benennung „Schloß des
Ummubanit", des Vaters, meines Erzeugers. Zu
Ehren des Ummubanit, des Vaters, meines Erzeugers,
legte ich seinen Grund nach den Himmelsgegenden."
(Er gibt aber diesem seinem Vater nicht den Königs=
titel.)

Dieser Nar=Chammuragas, an welchen er und seine
Nachfolger noch weitere Bewässerungskanäle anschloßen,
war nicht das Einzige, was er in dieser Beziehung für
sein Land that. Aus einer Anzahl von Täfelchen, welche
sich auf privatrechtliche Gegenstände beziehen, und die nach
seinen Regierungsjahren datirt sind, ersehen wir, daß er
auch einen großen Damm dem Ufer des Tigris entlang
gebaut hat, den er Kara=Samas nannte, um die dortige
Gegend vor Ueberschwemmungen zu schützen. Er scheint zu
diesem Bau eben durch ein solches Unglück veranlaßt worden
zu sein; denn zwei dieser Täfelchen tragen die Bemerkung:
„Im Monat Arach=Samna (Okt.) des Jahres, da Umlias
durch eine große Ueberschwemmung zerstört worden ist."

Doch begnügt er sich nicht mit solchen Bauten, welche
das äußere Wohlergehen seines Landes bezwecken: er wird
uns auch als ein Liebhaber der Götter genannt, welcher ben=

selben schöne Tempel errichtete. Der Tempel Marduk's, seines Lieblingsgottes, in Babylon, E-sagila genannt, soll nach G. Smith von ihm herrühren. Auch in Larsam finden sich in den Ruinen eines Tempels Backsteine mit seinem Namen.

Ebenso baute er für sich selbst einen neuen Palast zu Kalwadha, in der Nähe von Bagdad. Man hat daselbst Bronzeringe gefunden mit der Inschrift: „Palast des Cham=mu=ragas, Königs von . . . . ."

Nach der allgemeinen Annahme folgte diesem hervor=ragenden Herrscher sein Sohn Samsu=iluna, von welchem man indessen bis jetzt keine Denkmäler gefunden hat. Sein Name wird nur auf einer größeren Anzahl von Täfelchen genannt, die allerlei privatrechtliche Verträge enthalten, deren Abschluß nach Regierungshandlungen dieses Königs bestimmt wird, z. B. „Monat Arach=Samna, am 4. Tag des Jahres, da Samsu=iluna, König von Babylon, den Kanal Nagab=nuchst gegraben hat".

Nach dem verhältnißmäßig hellen Lichte, in welchem uns die beiden genannten Fürsten Babylons erscheinen, sehen wir uns wieder für etwa 60 Jahre in völliges Dunkel versetzt. Wohl finden sich da und dort, z. B. im Britischen Museum, Täfelchen, welche Listen von Königs=namen enthalten; ob sie aber gerade in diese Zeit gehören, ist nicht klar, und außer diesen Namen wissen wir gar nichts von ihnen.

Sobald sich nun aber wieder mehr geschichtliches Licht

über Chaldäa verbreitet, sobald es wieder aus dem Dunkel hervortritt, zeigt es sich uns in einer andern Gestalt. Wir finden in den früheren Zeiten immer wieder Spuren, daß das verhältnißmäßig kleine Land seine Herrschaft über Assyrien, sowie über den Westen ausgedehnt hat, daß es überhaupt ein herrschendes Reich in Vorderasien war. Nun aber hat sich das geändert. Wir sehen nicht mehr Assyrien als unterworfenen Staat, sondern es tritt jetzt gleichsam als gleichberechtigter Bruder neben Chaldäa hervor; ja, in kurzer Zeit ist es das letztere, welches von dem jüngeren Bruder gestützt und gehalten wird, bis endlich dieser jüngere Bruder zur Weltmacht emporwächst, welche auch Chaldäa verschlingt.

Der erste dieser chaldäischen Könige, welcher sich mit Assyrien verbündete, ist Karaindas, ums Jahr 1450 v. Chr. Wir wissen freilich nicht viel von ihm, doch scheint er ein ziemlich beträchtliches Reich gehabt zu haben; denn er nennt sich „Karaindas, der mächtige König, König von Babylon, König von Sumer und Akkad, König von Kassu, König von Kar=Dunias", mit welchem Namen die Landschaft bei und nördlich von Babylon bezeichnet wurde. Das zweite Dokument, welches seiner Erwähnung thut, lautet:

„Karaindas, König von Kar=Dunias, und Asur=bel=nisesu, König des Landes Assur, haben Verträge unter einander gegenseitig geschlossen und einen Eid betreffs des beiderseitigen Gebietes einander geleistet."

Sein Nachfolger ist Purnapurias, Zeitgenosse des

affyrischen Königs Puzur = Afur (S. 142). Von ihnen
berichtet die synchronistische Tafel:

„Puzur=Afur, König des Landes Affur, und Purna=
puriyas, König von Kar=Dunias, haben geschworen und
Gebiet und Grenze beiderseits festgesetzt."

Dieser Purnapuriyas hat auch in Larsam einen alten
Tempel wieder hergestellt, welcher von Ur=Gur erbaut
worden war. Nach einer freilich verstümmelten Inschrift
Nabonids können wir die Regierungszeit dieses Purna=
puriyas auf das Jahr 1430 v. Chr. festsetzen. Mit dem
Nachfolger Puzur=Afur's, Afur=uballit, schloß dann Purna=
puriyas den Bund noch fester und heirathete die Tochter
des letzteren, Muballitat=Serua, welche ihm, wie die In=
schriften bezeugen, zwei Söhne gebar. Der älteste derselben,
Karacharbas, bestieg nach dem Tode seines Vaters den
Thron Babylons. Gegen ihn erhob sich eine Empörung und ein
Mann von unbekannter Herkunft, Namens Nazibugas, er=
schlug den König, und setzte sich selbst auf den Thron. Nun
machte sich Afuruballit mit seinem Heere auf, griff den
Usurpator an, schlug und tödtete ihn und setzte seinen
zweiten Enkel Kurigalzu auf den babylonischen Thron.
Von ihm besitzt das Britische Museum einen Siegel=Cy=
linder mit der Inschrift:

„Kurigalzu, König von . . . . ., Sohn des Purnapuriyas,
Königs von Babylon."

Am meisten aber hat dieser letztere König seinen Namen
berühmt gemacht durch die Erbauung einer Stadt und

Festung an der nördlichen Grenze seines Reiches, an der Straße vom heutigen Bagdad nach Hillah, welcher er seinen Namen Dur-Kurigalzu („Schloß des Kurigalzu") gab, und welche mit der Zeit einer der festesten Punkte seines Reiches wurde, so daß der Assyrer Sargon sie „den Schlüssel des Landes" nennt. Sie heißt heute Akarkuf, und liegt 20 km westlich von Bagdad. Man hat in den dortigen Ruinen viele Backsteine mit seinem Namen gefunden; ebenso in Ur, wo er einen von Ur-Gur gebauten und von Ismi-Dagan restaurirten Tempel, der in Zerfall gerathen war, wieder aufbaute. Auch eine Bildsäule Marduks, die man daselbst fand, trägt in ihrem Auge die Inschrift:

„Marduk, seinem Könige, hat Kurigalzu, Sohn des Purnapuriyas, diese Bildsäule gemacht."

Nun stehen wir wieder vor einer mehr als halbhundertjährigen Lücke in der Geschichte des chaldäischen Reiches, die wohl einige Königsnamen aufweist, aber von der Regierung dieser Fürsten selbst nichts berichtet. Und wenn wir diese Lücke überschritten haben, so finden wir uns am Ende dieses ersten der vorderasiatischen Reiche. Denn nun ist Chaldäa zu einem Theile des emporwachsenden assyrischen Reiches geworden.

Erst nach 6—700jähriger Unselbständigkeit sollte es sich aufs Neue erheben, und seinerseits als größte Weltmonarchie an die Stelle Assyriens treten.

Zweiter Abschnitt.

Assyrien.

---

1. Land und Leute.

Assyrien, oder das Land Asurs, von den alten Geo=
graphen auch Aturia genannt, war ursprünglich ein kleiner
Landstrich, größtentheils auf dem linken Ufer des Tigris,
zwischen diesem und den östlich angrenzenden Bergen ge=
legen, zwischen dem 35. und 37.° N. Breite. Erst später
finden wir unter diesem Namen ein viel größeres Reich
begriffen, so daß Herodot z. B. ganz Babylonien, Plinius
ganz Mesopotamien, und Strabo endlich noch das ganze
heutige Kurdistan und Syrien dazu rechnet. Allein so
weit dehnten die alten Assyrer selbst die Grenzen ihres
eigenen Landes nicht aus, wenn sie auch die Beherrscher
der vorhin genannten Länder waren. Wir können als die
Grenzen des Landes bezeichnen: im Osten die Bergkette
des Zagros, im Nordwesten das Masiusgebirge, im Westen
den Chabur, und im Süden die Linie, bei welcher die
etwas höher gelegene Ebene Mesopotamiens in das eigent=
liche Alluvium übergeht (34° N. Breite). Innerhalb dieser

Grenzen zeigen ſich überall die Spuren dauernder Herr=
ſchaft der Aſſyrer.

Das Land hat im Ganzen genommen den Charakter
der Ebene, iſt aber doch nicht einförmig und bietet manche
Abwechslung. Oeſtlich und nördlich ziehen ſich bedeutende
Bergketten hin, welche dem Lande waſſerreiche Flüſſe zu=
ſenden, obwohl ſie in unſerer Zeit ziemlich kahl und un=
fruchtbar daſtehen. Im Oſten iſt es der Gebel Maklub,
der Ain=es=ſufra, der Karaſchok u. a., im Nordweſten der
Karabſchah=Dagh, von Strabo Mons Masius genannt, und
der Gebel Tur. In dem eigentlichen Meſopotamien ziehen
ſich von Moſul gegen den Chabur hinüber, etwas nördlich
vom 35.º N. Breite, die Sindſchar=Hügel, welche die meſo=
potamiſche Ebene in eine nördliche (kleinere) und in eine
ſüdliche (größere) Hälfte theilen. Sie beſtehen aus einem
weichen, weißen Sandſtein mit vielen Verſteinerungen und
ſteigen plötzlich aus der Ebene auf. Wo ſie angebaut
werden können, was meiſt auf Terraſſen geſchieht, ſind ſie
ziemlich fruchtbar und liefern reiche Ernten an Getreide
und Obſt; ihre Gipfel ſind meiſt bedeckt mit Obſtbäumen
und Laubwaldungen. Die Ebene, nördlich und ſüdlich von
denſelben, iſt ziemlich wellenförmig, nicht ſo eben, wie
Xenophon ſie beſchreibt, und weist beſonders im Norden
deutliche Spuren einſtiger vulkaniſcher Thätigkeit auf. Die
Fruchtbarkeit derſelben iſt nicht groß, da der Boden gyps=
und ſalzhaltig iſt, ſo daß auch das Waſſer ſich meiſt brackig
und ungenießbar zeigt. Der fruchtbarſte Theil des Landes

liegt auf der linken Seite des Tigris, und bildet eine nach
Süden hin sich erweiternde, wohl bewässerte Ebene.

Die Hauptflüsse des Landes sind der Tigris und der
Euphrat. Der Tigris (assyrisch Diklat oder Idiklat =
Hidekel in 1 Mos. 2, 14) entspringt an dem westlichen
Ausläufer des Mons Niphates, der sich westlich vom Van-
See hinzieht, fließt zuerst von West nach Ost, wendet sich
dann bei Til und nimmt südöstlichen Lauf an, manchmal
auch ganz südlich fließend. Seine Wassermasse ist ziemlich
bedeutend. Der Euphrat (Purat) entspringt in den ar-
menischen Bergen in der Nähe des Van-Sees, fließt zuerst
westlich, an dem nördlichen Abhange des Mons Niphates
hin, durchbricht dann auf südlichem Lauf die Berge, ganz
in der Nähe der Tigris-Quelle, und wendet sich nun gegen
Südosten, sich immer mehr dem Tigris nähernd. Eine
Zeitlang fließt er mit demselben ziemlich parallel, wendet
sich aber wieder mehr von ihm ab, bis er dann in beinahe
östlicher Richtung sich mit demselben vereinigt, worauf sie
sich unter dem Namen Schatt-el-Arab in den persischen
Meerbusen ergießen. Dabei müssen wir aber nochmals
bemerken, daß zur Zeit des babylonischen und assyrischen
Reiches die Vereinigung der beiden Ströme nicht stattfand.
Der persische Meerbusen erstreckte sich weiter nach Norden
als jetzt, und die beiden Ströme mündeten abgesondert,
aber nicht weit von einander entfernt, in denselben.

In den Tigris münden von der linken Seite her 1) der
Kurnib oder Ost-Chabur, der in den Bergen von

Kurdiſtan entſpringt, und unter 37° 12′ N. Breite in den=
ſelben fließt; 2) der **große Zab** (Zab Ala), der bei Könia
zwiſchen dem Van= und Urumia=See entſpringt und an den
Ruinen von Nimrud vorüberfließt. Er iſt der wichtigſte
Nebenfluß des Tigris, ſein Lauf ſehr raſch, ſo daß er
ſchwer zu paſſiren iſt, weßhalb ihn auch die Araber den
„Wüthenden" nennen; 3) der **kleine Zab** (Zab Asfal)
entſpringt bei Legwin, ſüdlich vom Urumia=See, öſtlich von
der großen Zagroskette, an welcher er eine Zeitlang hin=
fließt, worauf er ſie durchbricht und bei Arbela in die Ebene
heraustritt; 4) der **Diyala** entſteht aus 2 Flüſſen, dem
Holwan und Schirwan, welche in den Zagros=Ketten ent=
ſpringen, und führt eine bedeutende Waſſermaſſe.

Als Nebenflüſſe des Euphrat haben wir nur zu nennen
1) den **Belich**, bei den Alten Bilecha genannt, der öſtlich
von Orfa entſpringt, an Haran vorüberfließt und etwas
unterhalb Rakka in den Euphrat fließt; 2) den (weſtlichen)
Chabur. Er ſammelt die vom Mons Masius herabfließen=
den Gewäſſer und bildet einen ſelbſt für Dampfſchiffe be=
fahrbaren Strom, der ſich etwas nördlich vom 35.° in den
Euphrat ergießt.

Auch in Aſſyrien finden wir, wie in Chaldäa, vier
bedeutende Städte: Aſſur, Ninebe, Kalah und Dur=Sarrukin,
neben vielen andern, welche noch in den Inſchriften ge=
nannt werden.

Ninebe (Ninua), von dem Propheten Zephanja „die
fröhliche und ſorgloſe" genannt, lag, wie jetzt ſicher geſtellt

ist, auf dem linken Ufer des Tigris, dem heutigen Mosul
gegenüber, da wo ein kleiner Fluß, der Chofer, unter 36° 21'
in den Hauptfluß mündet. Die Annahme freilich, daß die
Ruinen bei Khorsabad, Kujundschik, Nimrud und Keremles
die vier Eckpunkte der großen assyrischen Hauptstadt ge=
bildet haben, mußte wieder aufgegeben werden; denn auf
diese Weise würde man eine Stadt erhalten, zehnmal größer
als das heutige London. Zudem hat man in diesen Ruinen
Inschriften gefunden, welche denselben ausdrücklich andere
Namen beilegen: bei Khorsabad stand Dur=Sargina oder
Dur=Sarrukin, „Sargons=Mauer“, und Sargon sagt aus=
drücklich, daß er seine Stadt nahe bei Nineve gebaut habe;
Nimrud aber schließt die Ruinen Kalahs in sich, und auch
Keremles trägt den Namen „Stadt des Gottes . . . .“.
Auch zeigen sich nirgends Überbleibsel von Befestigungen,
welche alle diese Plätze eingeschlossen hätten, während man
bei allen einzelnen die Mauern und Wälle wohl unterscheiden
kann, welche sie umschlossen.

So bleiben also für die Stadt Nineve nur die Ruinen
von Kujundschik und Nebi=Yunus; aber auch sie sind ganz
hinreichend, um die alte Hauptstadt Assyriens „die große“
zu nennen. Der Hügel, auf dessen nördlichem Theil das
Dorf Kujundschik steht, hat 800 m Länge und 400 m Breite
bei etwa 20 m Höhe. In seinem südlichen Theile hat
Layard den (S.=W.) Palast Sanheribs gefunden, welcher
sich am Ufer des Tigris erhob, während die Vorderseite
gegen Nord=Westen sich wendete.

Dieser Südwest-Palast wurde später von Asurbani-
pal umgebaut, während er etwas gegen Norden seinen
eigenen von Rassam entdeckten Nord-Palast errichtete.
Zwischen dem Nord- und Südwest-Palast ist ein großer freier
Platz, auf welchem nach den Inschriften wenigstens vier
Tempel standen: zwei der Istar, je einer des Nebo und
Merodach, sowie eine Ziggurat. — Der zweite Hügel Nebi-
Yunus ist noch sehr unvollständig erforscht. Er birgt ebenfalls einen Palast Sanheribs und Asarhaddons, ist indessen
nicht ganz halb so groß als Kujunbschik. Beide Hügel liegen
an der Westmauer der alten Stadt, so daß diese durch dieselben in drei nahezu gleiche Theile getheilt wird. — Die
Umwallung der Stadt ist noch deutlich sichtbar: sie ist besonders gegen Osten hin sehr stark. Die Länge der östlichen
Stadtmauer wird zu nahezu 5 km, die der westlichen am
Tigrisufer zu 4,15 km, die der nördlichen zu 2,14 km, und
die der südlichen zu 1 km angegeben, so daß die Stadt
ein unregelmäßiges Viereck bildete. Wir sehen aber daraus,
daß dieselbe doch einen ziemlich großen Umfang hatte; und
wenn wir die auf der Nord- und Nordostseite gelegene
Vorstadt Rehoboth dazunehmen, die als solche in den Inschriften ausdrücklich genannt wird, so ist die Behauptung
nicht übertrieben, daß es eine große Stadt war. In dem
Nordwest-Wall befindet sich ein großes Thor mit kolossalen
geflügelten Stieren, und im südöstlichen ein noch größeres,
bis jetzt nicht näher untersuchtes Thor, durch welches die
Kriegsheere der assyrischen Könige auszogen und ihre

Triumpheinzüge hielten. Zwischen dem Eingang und Aus=
gang des Thorweges, der bei der Dicke der Umwallung
ziemlich lang war, befanden sich vier Kammern von je 7 m
Breite und 10 m Tiefe, in welchen sich eine große Anzahl
von Soldaten aufhalten konnte.

Nach 1 Mose 10, 11 f. wurde Ninebe von Assur (oder
Nimrod?) gebaut, und schon von den ältesten Zeiten her er=
fahren wir, daß daselbst ein Tempel der Istar stand. Aber erst
im 19. Jahrhundert v. Chr. wird Assyrien zu einem unab=
hängigen Königreich, dessen Hauptstadt Assur war, das heutige
Kileh=Schergat; einer seiner Herrscher restaurirte den eben=
genannten Tempel. Nun hören wir längere Zeit nichts
mehr von Ninebe, bis Salmanasser den Sitz der Regierung
dorthin verlegte. Seine Nachfolger ließen es nicht daran
fehlen, die neue Hauptstadt mit Tempeln und Palästen
zu schmücken, oder wenigstens die vorhandenen zu ver=
schönern. Alle diese Prachtbauten befanden sich auf dem
Hügel Kujundschik, und erst 812 v. Chr. wurde auch der
Hügel Nebi=Yunus bebaut. Sargon, der 722 v. Chr. zur
Regierung kam, vernachläßigte die Stadt ein wenig, da
er sich eine neue Hauptstadt am Fuße des Gebirges, beim
jetzigen Khorsabad, gründete. Aber schon sein Sohn ver=
legte den Regierungssitz wieder zurück, und Ninebe blieb
die Hauptstadt bis zu seinem Untergang.

Die zweite Hauptstadt Assyriens war Kalah, jetzt
Nimrud genannt, in gerader Linie etwa 32 km südlich von
Ninebe, etwas oberhalb der Mündung des oberen Zab.

Die Ruinen derſelben finden ſich auf einer Oberfläche, halb
ſo groß als die Ninebes; ſie iſt aber wohl ziemlich größer
geweſen, als die Überreſte ſie erſcheinen laſſen, da ein großer
Theil vom Tigris zerſtört wurde. Die nördlichen und öſt‐
lichen Wälle ſind noch deutlich ſichtbar, auch die Thürme,
welche auf denſelben ſtanden. Auf der Weſtſeite floß der
Tigris, welcher jetzt 1,5 km davon entfernt iſt, urſprüng‐
lich hart an der Mauer. Hier befanden ſich auch die könig‐
lichen Paläſte auf einer Plattform, 12 m hoch über dem Fluß‐
bett, aus getrockneten Backſteinen gebaut, mit einer ſoliden
Mauer aus gehauenen Steinen bekleidet. Zu derſelben
führten auf verſchiedenen Seiten Treppen oder anſteigende
Wege aus der Ebene. Außer den Paläſten finden ſich daſelbſt
noch die Ruinen zweier Tempel und die eines größeren,
etagenförmig aufſteigenden Thurms (Ziggurat), welcher
nach den einen der Begräbnißplatz alter Könige, nach den
andern ein Wachtthurm war.

In einer Entfernung von 64 km ſüdlich von Kalah
liegen auf dem rechten Ufer des Tigris die Ruinen der
dritten, der Zeit nach erſten Hauptſtadt Aſſyriens, A ſ ſ u r,
jetzt Kileh‐Schergat. Dieſe Stadt war kaum kleiner als
Kalah. Man hat früher gemeint, es ſei dies wohl das in
der Bibel genannte R e ſ e n, was aber unmöglich iſt, da
ja Reſen als zwiſchen Ninebe und Kalah gelegen genannt
wird. Dieſe Stadt lag wohl bei dem heutigen Selamiyeh,
ungefähr in der Mitte zwiſchen Ninebe und Nimrud. Die
Ruinen des alten Aſſur, die ſüdlichſten von denen,

welche man als entschieden assyrische bezeichnen kann, sind noch am wenigsten untersucht.

Die vierte Hauptstadt Assyriens finden wir im Norden, 14,5 km von der Nordost=Ecke Nineves entfernt, am besten bekannt unter dem Namen des Dorfes Khorsabad, das auf ihren Trümmern steht. Diese Stadt wurde von Sargon, dem Eroberer Samaria's, gebaut, der sie nach seinem Namen Dur=Sarrukin nannte. Sie bildete ein fast regelmäßiges Quadrat, die Ecken gegen die vier Himmelsgegenden ge= richtet, jede Seite fast 2 km lang. An der nordwestlichen Mauer stand der große Palast Sargons.

Außer diesen Hauptstädten finden wir in den In= schriften noch eine große Zahl von Städten, z. B. Arbela, das heutige Erbil, genannt, deren Lage aber zumeist noch nicht näher erforscht ist. Wir ersehen nur daraus, daß das Land ziemlich dicht bevölkert gewesen sein muß, was wir freilich auch schon daraus schließen können, daß Jahr= hunderte lang fast jedes Jahr zahlreiche Heere aus dem= selben auszogen, um die umliegenden Länder zu unter= jochen.

Das Volk der Assyrer gehörte zum semitischen Stamm. Schon das Geschlechtsregister 1 Mos. 10 verbindet Assur mit Elam, Aram, Eber und Joktan, und die Wissenschaft der Assyriologie hat dies zur Gewißheit gemacht. Die Sprache der assyrischen Inschriften ist entschieden verwandt mit der hebräischen, aramäischen und arabischen. Aber auch die Körperbeschaffenheit der alten Assyrer, soweit wir

fie aus den Bildwerken zu erkennen vermögen, ift entschie=
den semitisch. Die Geftchter derselben haben auffallende
Ähnlichkeit mit denjenigen der Juden, der Araber und
der heutigen Chaldäer in Kurdiftan. Nur waren die alten
Affyrer offenbar größer, muskulöfer, kräftiger und breit=
schulteriger als die heutigen orientalischen Juden.

Wie die Semiten überhaupt, waren auch die Affyrer
ein entschieden r e l i g i ö f e s Volk. · Alles wird bei ihnen mit
Gebet, mit Anrufung der Götter begonnen, alle Erfolge
werden den Göttern zugeschrieben. Das Befte von der Beute
wird ihnen als Dankopfer dargebracht. Und wie die Könige
für sich selbst prachtvolle Paläfte errichten, fo bauen fie
auch überall, wo fie sich niederlassen, Tempel für ihre
Götter, in welchen fie täglich anbeten und Opfer darbringen.
Auch ihre Siegel enthalten immer Götterbilder, und die
größte Mehrzahl ihrer Königsnamen ift mit Götternamen
zusammengefetzt. Letzteres ift auch bei andern Eigennamen
der Fall. Unter nahezu taufend affyrischen Namen hat
H. Rawlinfon über zwei Drittel gefunden, deren Haupt=
beftandtheil ein Göttername ift.

Jefaja nennt fie ein „w i l d e s Volk", voll kriegerischer
Tapferkeit, an welche fie sich schon frühe gewöhnten durch
ihre Kämpfe mit wilden Thieren. Der Löwe war zahlreich
vertreten in ihrem Land, und überall sehen wir fie im
Kampfe mit demselben. Häufig finden wir auch Abbildungen
von Kämpfen mit Wildochfen. Daß ihre Tapferkeit mit
Graufamkeit verbunden war, werden wir in ihrer Geschichte

nur zu deutlich sehen, so daß die Propheten ihre Haupt=
stadt nicht mit Unrecht „die blutige“ nennen.　Wo immer
ihre Heere hinzogen, verbreiteten sie Zerstörung und Blut=
vergießen.　Auch Verstümmelung der Erschlagenen wird
manchmal angeführt, obwohl wir daraus nicht gerade fol=
gern dürfen, daß sie vor andern grausam und blutdürstig
gewesen wären. Sie sind furchtbar in der Schlacht, machen
aber doch lieber Gefangene, und wenn ein Überwundener
um Gnade bittet, so wird sie ihm gewährt.　Nur gegen
solche, welche ihr Joch abzuwerfen strebten und sich gegen
ihre Herrschaft auflehnten, zeigten sie sich unbarmherzig:
die Anstifter der Rebellion wurden gewöhnlich gepfählt, andere
geschunden, wieder andere mit eisernen durch die Unterlippe
gesteckten Ringen dem Könige vorgeführt. Beliebt war auch

Fig. 11. Der Großkönig blendet einen Gefangenen.

das Ausreißen der Zunge und das Blenden.　In den
meisten Fällen aber wurden die Bewohner unterworfener

Städte in andere Theile des Reiches verpflanzt, und es scheint, daß die Affyrer die Ersten waren, welche dieses Mittel anwendeten, um die Wiedererhebung eines Landes zu verhindern. Gegen gefangene Frauen und Kinder dagegen scheint ihr Verfahren ein menschlicheres gewesen zu sein: man sieht sie auf den Abbildungen nie gefesselt, oftmals auf Maulthieren reitend oder auf Wägen fahrend.

Als besondere Schattenseiten im Charakter der Affyrer wird von den Propheten Israels ihr Stolz hervorgehoben, sowie ihre Treulosigkeit. Und der erstere besonders wird von ihnen als die Ursache ihres künftigen oder schon eingetretenen Falles erklärt (Jef. 10, 7—14; 37, 24—28; Ez. 31, 10. 11; Zeph. 2, 15). Dieser Stolz, der uns freilich bei einem Volke erklärlich ist, das in den Künsten des Friedens so Großes geleistet und alle umliegenden Länder seiner Herrschaft unterworfen hat, tritt uns allerdings auch in ihren Inschriften überall entgegen: alle Völker betrachten sie als weit unter sich stehend; sie sind die Weisen, die Tapfern, die Mächtigen, welche den Widerstand wegfegen gleich der Sintflut; und ihre Götter sind weit erhaben über alle andern.

Außer Jesaja ist es besonders Nahum, welcher den Affyrern den Vorwurf der Treulosigkeit und Lüge, sowie der Gewaltthätigkeit macht, der von ihrer Hauptstadt sagt, sie sei „mit Lüge und Gewaltthat angefüllt." Allein es ist das gerade kein Zug, der dem affyrischen Charakter in besonderem Maße eigenthümlich gewesen wäre,

sondern einer, der wohl auch allen Völkern ihrer Zeit zur
Last fällt, welche mit andern in Kämpfe verwickelt wurden.

Ganz unrichtig, wenigstens für die ältere Zeit, ist dagegen der Charakterzug, welchen die Griechen und Römer
den Assyrern beilegten, nämlich Lust zum Wohlleben
und Sinnlichkeit. Sie schöpften diese ihre Ansicht aus
den Nachrichten des Ktesias, welche sich jedoch in fast allen
Stücken als unrichtig erwiesen haben. Von den meisten
ihrer Könige wissen wir, daß sie kriegerische, mannhafte
Leute waren, welche keine Strapazen fürchteten, wo es ihre
Oberherrschaft galt, und die oftmals Jahr um Jahr zu
Felde lagen. Und da gibt es nicht viel Raum zum Wohl-
leben. Freilich müssen wir zugeben, daß im Laufe der
Jahrhunderte, als die Macht der Assyrer sich mehr und
mehr ausdehnte und die Beute so vieler Länder in ihren
Hauptstädten zusammenströmte, sich auch ein Fortschritt im
Luxus zeigt, der nach und nach die kriegerischen Assyrer
etwas entnervte und sie ihrer alten Tapferkeit beraubte.
Aber zu Anfang war das nicht der Fall. Das richtige
Sinnbild des assyrischen Volkes ist das vom Propheten
Nahum gebrauchte: „Wo ist nun das Raubnest der Löwen
und die Weide der jungen Löwen, woselbst die Löwin mit
ihren Jungen sicher wandelte, und niemand durfte sie
scheuchen? O du Löwe, der du raubst, bis deine Jungen
genug haben, und würgest für deine Löwinnen, der du
deine Höhle füllest mit Raube, und deine Nester mit dem,
was du zerrissen hast!"

In geistiger Beziehung sind die Assyrer nicht die Bahn=
brecher gewesen, da sie die Grundlage ihrer Kultur von
den Chaldäern erhielten; aber sie standen jedenfalls unter
den asiatischen Volksstämmen in der vordersten Reihe. In
vielen Stücken haben sie ihre Lehrmeister weit überholt,
und sind selbst wieder zu Lehrmeistern für die vorder=
asiatische und europäische Welt geworden. Denn auch den
Ägyptern sind sie in manchen Stücken voraus gewesen: in
Kunst und Schrift hat sie keines der alten Völker über=
troffen; ihre Religion ist ernster und weniger sinnlich als
die ägyptische; in der Kriegstüchtigkeit und im Militär=
wesen stehen sie in vorderster Reihe. Nur mit Bezug auf
Großartigkeit und Dauerhaftigkeit ihrer Baudenkmäler stehen
die Ägypter höher als die asiatischen Völker. Aber diesen
einen Punkt ausgenommen, erweist sich das zweite Sinn=
bild, welches Ezechiel für Assyrien gebraucht, als völlig ent=
sprechend: „Siehe, Assur war wie ein Cedernbaum auf dem
Libanon, von schönen Ästen und schattigem Wald und
großer Höhe, und zwischen den dichtverschlungenen Zweigen
ragte sein Wipfel empor. Er wurde höher an Wuchs denn
alle Bäume im Felde, und seine Äste wurden immer
stärker und verlängerten sich. Alle Vögel des Himmels
nisteten unter seinen Zweigen, und unter seinem Schatten
wohnten alle großen Völker. Also stand er gar schön in
seiner Größe und mit seinen weit ausgebreiteten Zweigen;
denn seine Wurzeln hatten viel Wasser. Ja, er war so
schön als kein Baum im Garten Gottes."

2. Religion.

Die Religion der Assyrer ist im Ganzen genommen derjenigen der Chaldäer gleich. Die einzelnen Punkte, worin sie von der letzteren abweicht, haben wir oben bereits vorweggenommen (vgl. S. 18 ff.).

3. Hof und Regierungsform.

Der Hof des Königs von Assyrien sollte nach den An= deutungen, welche wir in den Inschriften erhalten, ein Abbild des Himmels sein: der König war der Gott der untern, irdischen Welt, gleichsam eine Inkarnation Gottes auf Erden. Deshalb trägt er auch auf den Abbildungen überall dieselbe Kleidung wie die Götter. Aus demselben Grunde finden wir auch stets die vier Ecken der Paläste gegen die vier Hauptpunkte der Windrose gerichtet.

Ebendeshalb können wir uns auch nicht wundern, daß die Könige in ihren Ansprachen und Inschriften stets eine sehr stolze Sprache führen, wie wir aus Jes. 36, 18—20 und 37, 10—13 ersehen. Alles bezieht sich auf sie, alles dreht sich um ihre Person, so daß sie mit weit mehr Recht als Ludwig XIV. sagen konnten: L'état c'est moi. Sie sind völlig unumschränkte Herrscher, deren Wille ganz allein in ihrem weiten Reiche gilt, womit sich natürlich Esth. 1, 13—20 wohl vereinigen läßt. Denn die dort genannten Fürsten sind ja keine verantwortlichen Minister nach unsern Begriffen, sondern nur Leute, welche auf den Wunsch des Königs ihre Ansicht aussprechen.

Durch dieſe hohe unumſchränkte Stellung des Königs
iſt aber eine bemüthige Verehrung der Götter nicht aus=
geſchloſſen, denn er iſt ja nur ihr Repräſentant, und nir=
gends zeigt ſich eine Spur von göttlicher Verehrung, welche
demſelben gezollt worden wäre. Aber merkwürdig iſt es
doch, daß bei allen Abbildungen von Opfern und Gebeten
in den Tempeln der Prieſter ſtets hinter dem Könige
ſteht, weil dieſer zugleich der höchſte Prieſter iſt. Dieſer
errichtet Altäre und Tempel ſeinen großen Göttern, er ver=
richtet die Riten, welche zur Anbetung Aſurs, des höchſten
Gottes, gehören, er ſetzt die Prieſter ein, welche die Anbetung
der Götter zu leiten und zu überwachen haben.

Daher ſtammt auch das Verbot, ſich dem Könige zu
nahen, ohne daß man dazu Befehl erhalten hatte, wie uns
ſowohl im Buch Eſther, als von Herodot berichtet wird.
Deſſenungeachtet war derſelbe doch nicht unzugänglich: er
zeigte ſich im Gegentheil an beſtimmten Tagen in ſeinem
Palaſt, und ſcheint da jedem Audienz gewährt zu haben.
Auch können wir aus verſchiedenen Bittſchriften an den
König, die uns aufbehalten ſind, erſehen, daß die Unter=
thanen ihrem Könige gegenüber ziemliche Freiheit ſich er=
lauben durften.

Die Hauptperſonen, welche ſich ſtets in der Nähe des
Königs befanden, waren 1) der Rab=ſag d. i. der Ober=
offizier oder Oberſt, aus welchem die Hebräer den Rab=
ſakeh, Ober=Mundſchenk, gemacht haben, ein Eunuch, ge=
wöhnlich ſehr reich gekleidet, deſſen Amt es auch war, die

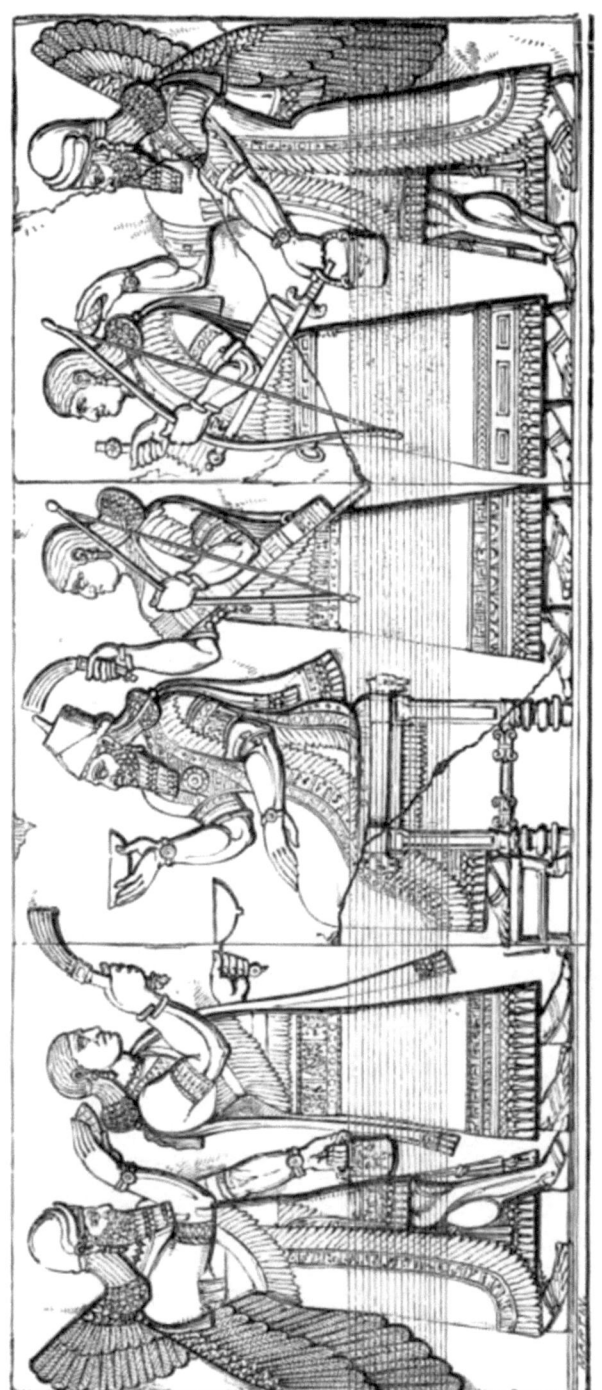

Fig. 12. Der König in feierlicher Umgebung von Eunuchen und Genien.

Audienz=Nachsuchenden anzumelden und einzuführen, der
übrigens auch bei Gesandtschaften verwendet wurde; 2) der
Großvezier, der Oberste der Weisen oder Magier. Wir
finden ihn immer auf den Abbildungen mit gefalteten
Händen bei dem Könige stehend; er ist kein Eunuch.
3) Der Fliegenabwehrer und 4) der Sonnenschirm=
träger, beides Eunuchen.

Hinter diesen Hauptwürdenträgern befindet sich ge=
wöhnlich noch ein Eunuch ohne Waffen, wohl der Kislar=
Aga unserer Zeit, wahrscheinlich der Rab=saris, der
oberste Eunuch (2 Kön. 18, 17), der sich im Buch Daniels
als der freundliche Mann zeigt, welcher gerne auf die
Wünsche Daniels und seiner Gefährten eingeht. Hinter
demselben finden wir dann meist die Musiker, die mit ver=
schiedenen Instrumenten aufmarschiren. Die Eunuchen
waren überhaupt sehr zahlreich an den königlichen Höfen,
und versahen die verschiedensten Ämter; wir finden sie
auch oftmals neben dem Könige kämpfend. Es wird ihrer
sehr häufig in der h. Schrift gedacht, z. B. 2 Kön. 9, 32;
24, 12—15; 25, 19; Jer. 34, 19. 20, wo Luther gewöhn=
lich „Kämmerer" übersetzt.

Der Rab=sag, der Großvezier und der Rab=saris bil=
deten mit dem Staatsminister, dem Obergeneral (Turtan)
und dem „Statthalter des Landes", den wir jetzt Minister
des Innern nennen würden, eine Art Ministerrath, welcher
die Verwaltung des Reiches leitete.

Die eroberten Länder zerfielen in zwei Klassen: solche,

welche von den Beamten des Königs direkt verwaltet wurden, und einfache Vasallenstaaten. Letztere behielten gewöhnlich ihre seitherige Einrichtung und ihre Gesetze; auch die regierende Dynastie wurde, wo immer möglich, auf dem Thron belassen, mit der Verpflichtung, den König der Könige als Herrn anzuerkennen, einen jährlichen Tribut zu bezahlen und in Kriegsfällen ein Hilfskontingent zu stellen. Nur wenn eine solche Provinz sich wiederholter Empörungen schuldig machte, wurde sie, wie der Ausdruck lautet, „wie die Assyrer behandelt", d. h. man machte sie zur Provinz, welche ihre Statthalter von Ninive erhielt. Dies geschah z. B. dem Königreich Israel. Solche Provinzen wurden von Statthaltern oder Satrapen regiert, welche vom König aus seinen Höflingen gewählt wurden. Sie hatten die Erhebung der Abgaben, theils in Geld, theils in Naturalien, zu besorgen, aus welchen sie auch ihren eigenen Gehalt bezogen. Sie waren zugleich auch die Kommandanten der Garnisonen ihrer Provinz, und hatten neben sich einen Oberrichter und einen obersten Finanzbeamten.

Da die Unterthanen des großen Reiches sehr verschiedene Sprachen redeten, so bestanden auch an dem Hofe verschiedene Kanzleien, welche die Gesetze und Verordnungen zu verkündigen hatten: es wird eine chaldäisch-assyrische, und eine aramäische genannt.

Eine eigenthümliche Erscheinung in dem Staatsleben der Assyrer ist auch eine Art von Archontat, Limmu genannt. Jedes Jahr wurde vom König einer der höchsten

Würdenträger gewählt, und nach demſelben das Jahr be=
nannt, wie es in der römiſchen Kaiſerzeit mit den Konſuln
der Fall war. Man hat dieſe Beamten auch mit den
Archonten Griechenlands verglichen, aber wohl nicht ganz
richtig, und ihnen deßhalb den Namen „Eponyme" ge=
geben. In der Regel übernahm der König ſelbſt die Würde
des Limmu mit dem Neujahrstag, welcher auf ſeinen Re=
gierungsantritt folgte. Unter den zu Ninebe aufgefundenen
Thontafeln wurden ſolche Limmu=Verzeichniſſe entdeckt, die
ſich auf einen Zeitraum von 228 Jahren erſtrecken, und
zur Feſtſetzung der aſſyriſchen Chronologie die unſchätz=
barſten Dienſte leiſten.

Es iſt auch die Behauptung aufgeſtellt worden, daß
es in Aſſyrien keine Kaſten, keinen Erbadel, überhaupt
keine ſtreng abgeſchloſſenen Klaſſen der Bevölkerung ge=
geben, daß eine ſoziale Gleichheit geherrſcht habe, wie wir
ſie ſonſt nicht finden. Das läßt ſich jedoch nicht beweiſen.
Wir vernehmen nur, daß in ſpäteren Zeiten ſelbſt Ange=
hörige unterworfener Länder zu hohen Ehrenſtellen beför=
dert wurden, ſobald ſie ſich dazu geeignet erwieſen.

Von der Geſetzgebung der Aſſyrer iſt uns leider zu
wenig bekannt, als daß wir uns ein ganz klares Bild davon
machen könnten. Die Kriminalgeſetze waren, wie es ſcheint,
ſehr ſtreng: um von dem Angeklagten Geſtändniſſe zu er=
preſſen, war die Tortur erlaubt, und die Enthauptung
erſcheint faſt als ein Gnadenakt gegen den Verbrecher. Die
Civilgeſetzgebung war beſonders mit Beziehung auf die

Eigenthums=Verhältnisse sehr genau. Verkäufe und Ver=
miethungen von liegenden Gütern konnten nur unter feier=
lichen, religiösen Formen vor sich gehen, und immer nur
im Beisein mehrerer Zeugen, welche auf die weiche Thon=
tafel ihr Siegel, oder wenn sie keines besaßen, ihren Finger=
nagel eindrückten, welche Unterzeichnung dann von dem
Beamten, der das Protokoll aufnahm, beglaubigt wurde.
Meist mußte eine bestimmte Summe als Faustpfand hinter=
legt werden, welche dem Tempelschatz zufiel, wenn der
Kontrakt gebrochen wurde.

Wie bei allen alten Völkern hatte auch bei den Assy=
rern der Gläubiger das Recht, einen zahlungsunfähigen
Schuldner als Sklaven zu behalten, und zwar meist auf
Lebenszeit. Wir finden wenigstens nirgends eine gesetz=
liche Bestimmung, welche solchen Sklavendienst auf eine
bestimmte Anzahl von Jahren beschränkt hätte. Der Ver=
kauf eines Sklaven unterlag denselben Formalitäten, wie
der eines Güterstücks, wie man aus den noch vorhandenen
Verkaufsprotokollen ersehen kann.

4. Künste und Wissenschaften.

Bei allen Völkern des Alterthums standen die Assyrer
in dem Rufe, sehr geschickte Baumeister zu sein. Und dieser
Ruf war wohl verdient. Sie haben ihre Lehrmeister in
der Baukunst, die alten Chaldäer, weit übertroffen, wenn
auch weniger in Bezug auf ihre Tempel; denn diese finden
wir in Assyrien zum großen Theil fast ebenso einfach, als in

Chaldäa. Dagegen sind ihre Palastbauten viel großartiger, als wir sie dort gefunden haben. Eigenthümlich ist es dabei, daß sie mit Bezug auf das Material nicht von der Weise ihrer Lehrmeister abgingen, obwohl sie ja Bausteine genug in der Nähe hatten. Auch sie verwendeten zur Hauptmasse ihrer Plattformen und Palastmauern Back= steine, welche sie jedoch mit behauenen Steinen bekleideten, um denselben die rechte Festigkeit zu geben.

Auch die assyrischen Paläste standen immer auf einer künstlichen Plattform oder Terrasse, welche sich meist an den Ufern eines Flusses senkrecht erhob, aus Erde oder an der Sonne getrockneten Backsteinen gebaut und oben ent= weder mit sehr großen Backsteinen oder mit Steinplatten gepflastert war, welche manchmal prachtvolle Ornamente zeigen. Der Aufgang zu dieser Terrasse lag immer gegen die Stadt hin, so daß also ein etwa eindringender Feind zuerst diese erobert haben mußte, ehe er in den Palast ge= langen konnte. Meist wurde der letztere auf eine Ecke der Terrasse gebaut, so daß man von demselben eine weite Aussicht und stets frische Luft genoß. Die Hauptbestand= theile desselben waren Höfe, große Hallen und kleinere Gemächer.

Die meist viereckigen Höfe sind, so weit man sie bis jetzt aufgedeckt hat, 40—76 m lang und 27—50 m breit, gewöhnlich gepflastert, und wurden wohl auch zu großen Versammlungen benützt. In die äußeren Höfe trat man, wenn der Aufgang zur Terrasse erstiegen war, durch einen

Thorweg ein, welcher z. B. in Sargons Palast wahrhaft großartig war. Innerhalb des über 6 m breiten Thor=wegs stand auf jeder Seite, so daß er dem Eintretenden das Gesicht zukehrte, ein kolossaler geflügelter Stier mit einem Menschenkopf, nahezu 6 m hoch, und an den Mauern, welche sich links und rechts an dieses Thor anschlossen, je

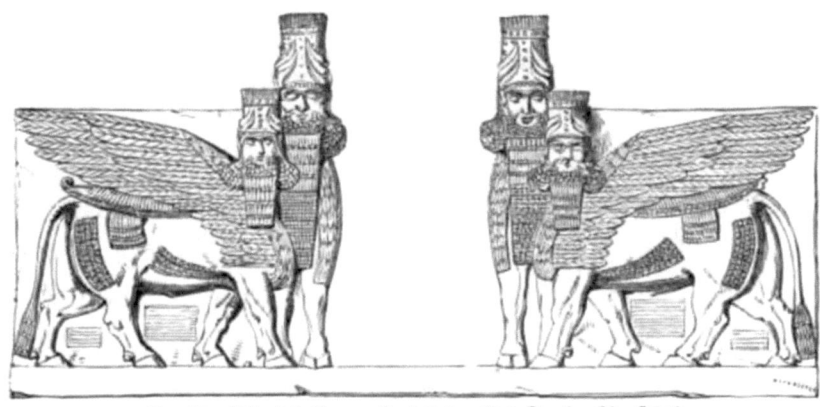

Fig. 15. Stierkolosse am Portal des Palastes in Khorsabad.

zwei etwas kleinere, ähnliche Stiere, 4,5 m hoch, welche dem Herannahenden die Seiten zukehrten. Hinter diesen beiden zuletzt genannten befand sich eine riesige Figur des Nimrod (S. 43), welcher einen Löwen erwürgt. Ganz ähnliche Thore führten auch von den Höfen in den eigent=lichen Palast.

Die merkwürdigsten Theile des letzteren sind die großen Hallen, deren sich gewöhnlich mehrere in jedem Palaste befanden. Diese Hallen sind im Verhältniß zu ihrer Länge ziemlich schmal, oftmals 48—50 m lang bei 12 m Breite;

ja, in dem Palaſt Sanheribs findet ſich eine von 55 m
Länge bei 'der angegebenen Breite. Nur in dem Palaſte
Aſarhabbons wurde der Verſuch gemacht, größere Breite
zu ſchaffen; dies führte aber zur Aufſtellung von Säulen
in der Mittellinie des Saales. Denn die genannte geringe
Breite hatte offenbar ihren Grund in der Unmöglichkeit,
den Saal zu bedecken, wenn man ihn breiter machte. Die
Deckbalken wurden nämlich querüber gelegt, und 12 m lange
Balken ließen ſich zur Noth ſchon beſchaffen.

Dieſe Hallen nun waren mit Backſteinen gepflaſtert,
die Seitenwände aber mit 3—4 m hohen Gyps= oder
Alabaſterplatten bekleidet, auf welchen eine Menge Figuren
in halberhabener Arbeit ausgehauen waren. Oberhalb
dieſer Platten befanden ſich emaillirte Backſteine mit präch=
tigen Farben. Die ganze Höhe der Halle mag 5—6 m
betragen haben. Um dieſe großen Hallen her lagen ſo=
dann die kleineren Gemächer, theils Quadrate, theils längere
Rechtecke bildend, manchmal ebenſo verziert, wie die Hallen,
manchmal vergypſt oder mit glatten Steinplatten bekleidet.
Die Zahl dieſer kleineren Gemächer iſt oft ſehr groß: in
dem Palaſt Sanheribs ſind bis jetzt 68 aufgedeckt worden,
während ein großer Theil des Ganzen noch unberührt iſt.
Die Wände ſind überall rechtwinklich aneinander ſtoßend
und parallel, nirgends zeigt ſich ein ſpitzer Winkel oder
eine Kurve; außerdem aber findet ſich durchaus keine Regel=
mäßigkeit in der Anlage der Gemächer.

Die Frage, ob die aſſyriſchen Paläſte zwei= oder nur

Fig. 14. Inneres eines assyrischen Palastes. Rekonstruirt nach Layard.

einftocfig waren, hat verfchiedene Beantwortung erfahren, da bis jetzt nur Refte der erften Stockwerke aufgedeckt wurden. Layard und Ferguffon haben fich entfchieden für das erftere ausgefprochen. Allein die Gründe, welche fie dafür angeben, find doch durchaus nicht zwingend für ihre Annahme, da man bis jetzt auch gar keine Spur gefunden hat, daß irgendwo Treppen angebracht waren, welche in diefe oberen Stockwerke geführt hätten. Botta dagegen, welcher, wie wir wiffen, den Palaft in Khorfabad aufdeckte, behauptet aufs Beftimmtefte, daß wenigftens die dortigen Gebäude nur einftockig gewefen feien.

Die weitere Frage, welche Bedachung die affyrifchen Paläfte gehabt haben, wird eben fo verfchieden beantwortet. Flandin glaubt, daß die Hallen und Zimmer oben mit Backfteinen gewölbt waren, und fchließt es aus der Maffe von Schutt, welcher die untern Räume bis zu 15—20 Fuß Höhe anfüllte. Botta erklärt fich gegen diefe Annahme mit aller Entfchiedenheit. Er fagt, diefe Gewölbe wären für die Grundmauern zu fchwer gewefen, und die Zahl der Backfteine, welche man innerhalb der Gemächer finde, fei viel zu geringfügig, als daß fie hätten ein Gewölbe bilden können. Auch liegen diefe Backfteine nie in der Mitte der Gemächer, fondern an den Seitenwänden, zum Beweis, daß fie von dem obern Theil diefer herabgefallen feien. Dagegen zeuge die große Menge von Holzkohlen und Erde, welche fich ftets in diefen untern Räumen finde, dafür, daß diefelben flache Holzbedachung gehabt haben, die

mit Erde bedeckt war, welche an ihrer obern Fläche mög=
lichst wasserdicht gemacht wurde. Wenn wir hören, daß
die Assyrer gutes Bauholz von überall her, vom Amanus,
Hermon und Libanon, bezogen, für welches sie doch eigent=
lich, wenn es sich um lange Balken handelte, keine andere
Verwendung hatten als die Bedachung, so scheint uns die
Annahme eines ebenen, flachen Daches wahrscheinlicher als
die andere.

Woher aber erhielten diese Räume ihr Licht? Nach
der Ansicht der meisten, welche mit dem Orient bekannt
sind, waren entweder auf dem flachen Dache Öffnungen,
sogenannte Louvres (Oberlichter) angebracht, wie man sie
jetzt noch in Armenien findet, oder es befanden sich oben
an den Seitenwänden Fensteröffnungen.

Unerklärlich ist es, warum die Assyrer bei ihrem ent=
schiedenen Verständniß für die Architektur nicht bloß den
Backstein als Baumaterial beibehielten, während sie doch
gute Bausteine in Hülle und Fülle hatten, sondern auch
ihre Terrassen auf eine so mangelhafte Weise konstruirten,
nämlich nur aus Erde und Schutt. Denn dabei mußte
es vorkommen, daß der Boden bei dieser geringen Festig=
keit sich senkte, die Pflasterungen und die Mauern Risse
bekamen und den Einsturz drohten. Deshalb wohl hören wir
auch von so oftmaliger, meist nach verhältnißmäßig kurzer
Zeit nöthigen Reparatur dieser Tempel und Paläste.

Ihre Tempel waren, wie die der Chaldäer, im Gan=
zen genommen einfach, doch etwas mehr geschmückt, als

bie ber leßteren. Wir finden z. B. Säulen an benſelben
angebracht, unb mehrere Gemächer, bie theils für bie Prie=
ſter beſtimmt waren, theils als Vorzimmer bienten. Das
eigentliche Tempelgemach bilbete ein längliches Viereck mit
einem baranſtoßenben quabratiſchen Nebengemach zur Auf=
ſtellung ber Götterbilber. Dieſes Nebengemach, bem Aller=
heiligſten ber Stiftshütte entſprechenb, iſt immer mit Einem
Stein gepflaſtert, beſſen Bearbeitung unb Herbeiſchaffung
ſchon bebeutenbe mechaniſche Geſchicklichkeit erforbert haben
muß. Denn man hat einen ſolchen von 6,4 m Länge, 5 m
Breite unb 0,3 m Dicke gefunden, ber alſo wohl 30 Ton=
nen ober 30,480 Kg gewogen haben muß. Die innere
Ausſchmückung war ähnlich berjenigen, welche in ben Pa=
läſten gefunden wurbe; nur enthielten bie Abbilbungen
ausſchließlich religiöſe Gegenſtände. Auch befanb ſich in
Aſſyrien bei ben Tempeln häufig eine ſogenannte Ziggurat,
wie wir es bei ben Chalbäern geſehen haben.

Von Privathäuſern ſinb in Aſſyrien eben ſo wenig
überreſte vorhanben, als in Chalbäa, ſo baß wir uns von
ihnen kein beſtimmtes Bilb machen können. Denn bie Ab=
bilbungen von Privathäuſern, welche wir auf ben Stein=
platten ber Paläſte finden, ſinb eben keine aſſyriſchen, ſon=
bern fremde, unb finden ſich meiſt bei ber Darſtellung ber
Belagerung unb Eroberung von Stäbten.

Die Bilbhauerkunſt ber Aſſyrer iſt berjenigen ber
Chalbäer bei weitem überlegen. Zwar ihre ganzen Figuren,
ihre Statuen, ſinb immer noch plump unb ſchwerfällig,

meist von vorn nach hinten zu schmal, während die andern
Dimensionen gewöhnlich richtig sind. Nur die Bildsäule
des Königs Asurnazirpal, die in Nimrud gefunden wurde
und jetzt im Britischen Museum sich befindet, ist von diesem

Fig. 15. Aus einer Jagdscene.

Fehler ziemlich frei und mit vieler Sorgfalt ausge=
arbeitet. Dagegen waren sie Meister in der halberhabenen
Arbeit, dem Basrelief, welches sie überall anwendeten, wo

es galt, ihre Könige und deren Heldenthaten zu verherr=
lichen, die Sitten und Gebräuche ihres Landes darzustellen
u. f. w. Da sehen wir Kriegsbilder, Schlachten, Belagerungen,
Verwüstung eines feindlichen Landes, See = Expeditionen
und Triumpheinzüge mit den Trophäen und der Beute;
religiöse Scenen, theils aus dem wirklichen Leben, theils
aus der Mythe; Prozessionen von Tributträgern; Jagd=
Darstellungen allerlei Art; Scenen aus dem gewöhnlichen

Fig. 16. Löwenjagd des afſyriſchen Großkönigs.

Leben, den Transport der riesigen Löwen und Stiere, Land=
schaften, Gärten u. f. w. Es ist merkwürdig, wie sichtbar
die Fortschritte sind, welche die Affyrer in dieser Kunst
gemacht haben. Während ihre Basreliefs aus dem 10.
Jahrhundert v. Chr. noch ziemlich viel von Steifheit und
Schwere haben, zeigen die Arbeiten aus der Regierungs=
zeit Sargons, Sanheribs schon bedeutend feinere Arbeit.
Der Hintergrund wird reicher, die Pflanzen= und Thierformen
sind natürlicher, besonders die Pferde oftmals sehr schön.

Doch erst in der Zeit Asurbanipals zeigt sich in den Bas=
reliefs mehr Freiheit von den hergebrachten Formen, Geist
und Verständniß für die Gestalten der Thiere und eine

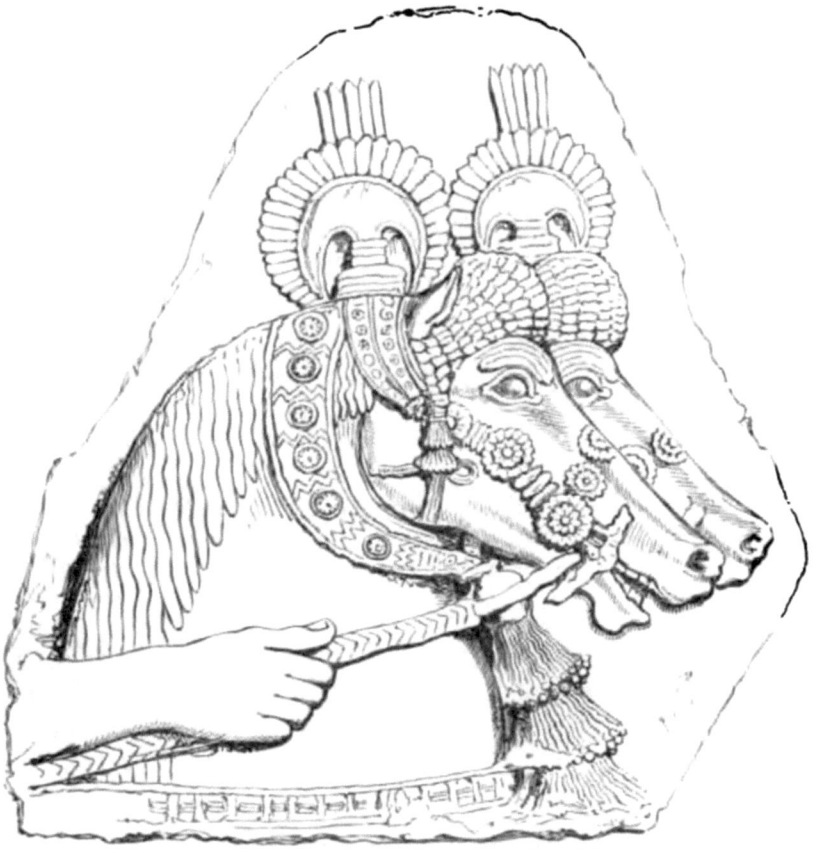

Fig. 17. Pferdeköpfe auf assyrischen Basreliefs.

außerordentliche Pünktlichkeit und Genauigkeit in der Aus=
führung der menschlichen Figuren.

Wie aus den gefundenen Skulpturen zu ersehen ist,

haben die Affyrer einzelne Theile derfelben, die Haare, den Bart, den Kopfputz, die Sandalen und Waffen, das Ge= fchirr der Pferde, Bögel, Blumen u. dgl. bemalt, und zwar zeigt fich hauptfächlich roth, blau, fchwarz und weiß, meift Mineralfarben.

Fig. 18. Gegoffener Löwe als Gewicht.

Von gegoffenen Figuren aus Metall finden fich faft nur Thiere, z. B. Löwen, welche wohl nicht, wie man erft

gemeint hat, zum Durchziehen der Seile dienten, sondern wahr=
scheinlich durchweg als Gewichte zur Befestigung der Zelte
verwendet wurden, sodann Basreliefs zu Verzierungen an
Stühlen und andern Geräthschaften. Auch getriebene Ar=
beiten in Kupfer hat man mancherlei entdeckt, besonders
aus späterer Zeit, und man vermuthet, daß dieselben zum
größten Theil von ägyptischen und sidonischen Arbeitern
gefertigt worden sind, welche von Sargon und seinen Nach=
folgern als Gefangene nach Assyrien geführt wurden. Ebenso
waren Ohrringe und andere Schmucksachen aus Gold und
Silber nichts Seltenes bei den vornehmen Assyrern, sie
bekunden viel Geschicklichkeit und Geschmack in der Aus=
führung.

Ihre Arbeiten aus Elfenbein, die man gefunden hat,
zeigen, so weit sie nicht wirklich ägyptisches Fabrikat sind,
ganz entschieden ägyptischen Geschmack.

Ihr Farbensinn zeigt sich am besten in ihren email=
lirten Ziegeln, von welchen man eine große Menge auf=
gefunden hat. Mittelst derselben führten sie die Wandver=
kleidungen oberhalb der großen Basreliefsplatten in den
Gemächern der Paläste aus, und diese zeigen oftmals pracht=
volle Ornamente, besonders in hellgrün, hellgelb, dunkel=
braun und weiß. Auch dunkelblau und glänzend roth
kommen oft neben einander vor. Doch benützten sie dabei
selten mehr als fünf Farben, gewöhnlich nur drei oder
vier, z. B. roth, weiß, gelb und schwarz; oder dunkelgelb,
schwarzbraun, weiß und hellgelb; oder gelb, blau, weiß

und braun; oder gelb, blau und weiß auf blauem Grund;
oder weiß und gelb auf olivengrünem Grund. Nirgends aber
zeigen sich harte Gegensätze. Die Backsteine wurden etwas
gehärtet, ehe man sie bemalte und emaillirte, was dann immer
nur auf Einer Seite geschah, wobei sie ein Silikat von
Soda und Bleioxyd anwendeten.   Dann erst wurden die=
selben nochmals der Einwirkung des Feuers ausgesetzt, und
zwar so, daß immer die bemalte Seite oben sich befand.

Die Zeichnungen auf ihren Intaglios und Gemmen
sind meist etwas steif, die Ausführung aber sehr fein. Sie
finden sich hauptsächlich auf Siegel=Cylindern von Serpen=
tin, Jaspis, Chalcedon, Agat, Sienit, Quarz und Lapis
lazuli, und enthalten meist religiöse oder Jagdscenen. Oppert
glaubt, daß sie die genannten Steine benützten, weil sie
ihnen eine gewisse Zauberkraft zuschrieben, welche den
Menschen vor manchem Unheil bewahren könne.

Die Töpferarbeiten der Affyrer sind denjenigen
der Ägypter ähnlich; doch sagt Birch, daß sie feiner in
Bezug auf das Material, glänzender in der Farbe, nicht
so massib und zu einem Gebrauch bestimmt waren, der
theilweise in Ägypten nicht bekannt war. Ihre Gefäße sind
nicht viel verschieden von den chaldäischen, oftmals schön
verziert und bemalt.

Einen außerordentlich feinen und reinen Thon ver=
wendeten sie auch zu Cylindern und Tafeln, welche bei
ihnen den Papyrus und das Pergament ersetzen mußten.
Trotzdem daß sie die ersteren aushöhlten, um sie leichter

und tragbarer zu machen, sind sie doch sehr fest, manchmal unglasirt, manchmal mit einer Quarzglasur oder einem weißen Überzug versehen, erstere meist von hellem Gelb oder leichtem Roth.

Ihre Glasarbeiten vergleicht Botta mit den venetianischen und böhmischen. Sie bestanden aus kleineren und größeren Flaschen und Schmuckgegenständen. Doch hat Layard auch eine schöne Röhre gefunden, welche auf ihrer äußeren Fläche mit Honigwaben ähnlichen Zellen verziert ist. Merkwürdig sind auch planconvexe Linsen aus Glas, wie man eine in Nimrud gefunden hat, und von welchen man glaubt, daß sie bei der überaus kleinen Schrift als Vergrößerungsgläser gebraucht wurden.

Die Hausgeräthe der Assyrer, Tische, Stühle u. s. w., sind gewöhnlich mit Geschmack ausgeführt, theilweise sehr schön ornamentirt, besonders die Stühle der Könige.

Ihre Stickereien und Webereien, so weit man sie aus den Skulpturen beurtheilen kann, müssen sehr geschmackvoll gewesen sein. Die oberen Theile der königlichen Kleider sind meist ganz gestickt mit menschlichen und thierischen Figuren, mit der Zeichnung des sogenannten Lebensbaumes, mit Jagdstücken und Rosetten (vgl. S. 60).

Diese Arbeiten führen uns noch zur Besprechung ihres Handels. Wir hören wohl von Profanschriftstellern der alten Zeit sehr wenig über diesen Punkt. Herodot sagt, daß „assyrische Waaren" in sehr alter Zeit von den Phöniziern nach Griechenland geführt und dort an die Bewohner

verkauft worden seien. Ebenso spricht er von einem zu seiner
Zeit auf dem Euphrat geführten Handel zwischen Armenien
und Babylon. Und auch Strabo waren die Hauptmärkte
jener Zeit in Tapsakus am Euphrat und Opis am Tigris
wohl bekannt. Dagegen spricht der Prophet Nahum von
Ninebe: „Du hast mehr Kaufleute, denn Sterne am Him=
mel find"; und von Ezechiel wird uns berichtet, daß unter
andern auch „die Kaufleute aus Affur" nach Thyrus ge=
kommen seien und mit köstlichen Stoffen, mit purpurblauen
und buntgewirkten Tüchern und mit Kisten voll Zeugen,
die sie fest und wohlverpackt auf seine Märkte führten, ge=
handelt haben. Die Inschriften der Könige haben sich so
sehr mit deren Kriegszügen zu befassen, daß sie zu Er=
zählungen von Handelskarawanen keinen Raum finden.

Die Lage des Landes war für den Handel außerordent=
lich günstig. Von Nordwest und Südost ist Affyrien durch
seine beiden Flüsse zu Wasser zugänglich, und der Weg
vom Mittelmeer nach dem indischen Ozean ging, so lange
man keinen Suezkanal hatte, am bequemsten über Damas=
kus und von dort aus an den Euphrat. Wahrscheinlich
gingen auch durch Affyrien mehrere Karawanenstraßen. Be=
kannt ist eine vom Urumia=See über den Keli=shin=Paß
an den großen Zab nach Ninebe; sodann eine vom nörd=
lichen Ekbatana über den Banneh=Paß nach Suleimanieh,
Arbela und Ninebe. Von dieser letzteren Stadt gingen
Wege nach Westen: einer an den Sindschar=Hügeln hin bis
zum Chabur, nach Tiphsach (Tapsakus) an den Euphrat,

von dort südlich nach Tadmor und über Damaskus nach
Phönizien; ein zweiter mehr nördlich am Mons Masius hin
nach Haran, von dort über Bir gegen das obere Syrien
und Kleinasien. Daß der erstere eine Handelsstraße war,
erhellt schon aus dem Namen Tiphsach, welcher „Uebergang,
Durchgang" bedeutet, und daraus, daß Salomo Tadmor zu
Handelszwecken baute. Für den zweiten spricht Ez. 27, 23,
sowie der Umstand, daß assyrische Überreste bei Seruj zwi=
schen Haran und Bir gefunden wurden. Daß von Ninive
auch mehrere Straßen gegen Norden führten, lehren eben=
falls eine Menge Spuren assyrischer Niederlassungen.

Welches waren nun die Hauptartikel ihrer Ein=
und Ausfuhr? Soweit wir theils aus den Inschriften,
theils aus den gefundenen Gegenständen schließen können,
führten sie ein: Gold, Zinn, Elfenbein, Blei, Steine ver=
schiedener Art, Cedernholz, Perlen und gravirte Siegel. Von
Gold ist allerdings in den Ruinen wenig mehr zu finden;
daß es aber in großer Menge vorhanden war, das erhellt
aus Allem, was wir von Assyrien und besonders vom Hofe
wissen. Allein die Verwüster der Paläste haben eben ge=
than nach Nahums Weissagung: „So raubet nun Silber,
raubet Gold; denn hier ist der Schätze kein Ende, hier ist
aller köstlichen Kleinodien Herrlichstes beisammen." Da
wir nun aber von Goldminen innerhalb des assyrischen
Landes nichts hören, so muß es von auswärts bezogen
worden sein. Das Zinn, welches die Assyrer hauptsächlich zur
Fabrikation der Bronze benützten, bezogen sie ohne Zweifel

von den Phöniziern, welche es in England und auf den
Scilly=Inseln holten. Elfenbein wurde von den Affyrern
in großer Menge verarbeitet, und obwohl sie es, wie das
Gold, auch als Tributzahlung von unterworfenen Völkern
erhielten, müssen sie es doch auch sonst noch eingeführt
haben. Wenn wir annehmen dürfen, daß Dedan das heu=
tige Bahrein ist, so haben wohl die „Karawanen der De=
daner" (Jes. 21, 13. Ez. 27, 15) ihren Weg durch Affyrien
genommen und von ihrem Elfenbein an die Einwohner
des Landes verkauft. Es ist indessen sehr wahrscheinlich,
daß auch eine Handelsstraße von Indien nach Affyrien über
Kabul, Herat und Medien ging. Daß die Affyrer große
Liebhaber schöner Steine waren, haben wir schon bei ver=
schiedenen Gelegenheiten gehört; da aber nur einzelne Edel=
steine als in Babylonien vorkommend bezeichnet werden, so
mußten sie die andern einführen. Dasselbe gilt vom Cedern=
holz. Doch müssen wir von diesem bemerken, daß die
Könige Affyriens es eigentlich nicht auf dem Wege des
Handels, sondern meist als Tribut erhielten, oder als Beute
mit nach Hause brachten. Die Perlen, welche man in
den Ohrringen der Affyrer findet, stammten ohne allen
Zweifel aus dem persischen Meerbusen; die dortigen Perlen=
fischereien wurden ja auch dem Nearch, dem Flottenkomman=
danten Alexanders, gezeigt. Daß die Bekanntschaft mit
Perlen eine sehr alte ist, erhellt ferner daraus, daß sie schon
im Buch Hiob (28, 18) erwähnt werden.

Außerdem müssen die Affyrer Weihrauch aus Arabien

eingeführt haben; das sehen wir daraus, daß der Gebrauch desselben auf den Altären der Götter häufig erwähnt wird. Und so könnten wir noch mancherlei Artikel anführen, mit welchen sie wohl versehen sein mußten, obwohl sie nicht gerade genannt werden, und die sie von andern Ländern als Handelsartikel erhalten haben.

Aber was hatten sie selbst als Tauschartikel gegen diese von ihnen eingeführten Waaren? Daß die Phönizier „assyrische Waaren“ nach Griechenland brachten, haben wir oben von Herodot vernommen; er sagt aber über die Natur derselben gar nichts. Die andern Profanhistoriker schweigen über diesen Punkt vollständig, und wir sind deshalb darauf angewiesen, aus einzelnen Andeutungen und Aussprüchen des Alten Testaments unsere Schlüsse zu ziehen. Ez. 27, 23. 24 haben wir oben schon angeführt; aus dieser Stelle erhellt deutlich, daß die Assyrer die Produkte ihrer Webereien auch ausführten. Von ihren Glaswaaren und Metallgefäßen hat man bis jetzt noch nichts außerhalb der Grenzen ihrer Herrschaft gefunden; denn Cypern, wo dergleichen entdeckt wurde, stand ja eine Zeitlang unter ihrer Oberherrschaft. Dagegen haben wir Andeutungen, daß sie Spezereien ausführten. Horaz spricht von assyrischer Narde, Virgil von assyrischem Amomum und Tibull von assyrischen Wohlgerüchen im allgemeinen.

Der Ackerbau der Assyrer, welche nach Herodot's Angaben hauptsächlich Waizen, Gerste, Sesam und Hirse gepflanzt haben, muß ein sehr ausgedehnter gewesen sein.

Dazu war aber nach der Lage und Beſchaffenheit des Landes eine reiche Bewäſſerung nothwendig. Und dieſe haben ſie auch nach allem, was wir wiſſen, herzuſtellen ge= wußt. Man hat nicht allein Ruinen von ſogenannten Ra= nats, d. h. unterirdiſchen Kanälen, gefunden, welche z. B. in der Nähe von Nimrud vorhanden waren, ſondern es zeigen ſich auch überall Spuren von oberirdiſchen Waſſer= leitungen, welche von den verſchiedenen Strömen aus über das Land ſich verzweigten. Die Keilinſchriften erwähnen wiederholt der Kanalbauten aſſyriſcher Könige; Aſurban, Aſurnazirpal, Sanherib vor allem ließen ſich die Bewäſſerung des Landes angelegen ſein. Dies bezeugen auch die großen Wehre, welche man im Tigris gefunden hat, aus gehauenen Steinen gebaut, die mit eiſernen Klammern zuſammenge= fügt ſind. Dieſe Wehre dienten nicht, wie Strabo meinte, zum Schutz der Städte vor feindlichen Flotten, ſondern zum Stauen des Stromes, um ſein Waſſer über das Land zu leiten und ſo daſſelbe fruchtbar zu machen. Aus einzel= nen Andeutungen iſt auch zu ſchließen, daß ſie ſelbſt auf höher gelegenen Ländereien Waſſer=Reſervoirs anlegten und dieſelben wohl vom Fluß aus mittelſt Handarbeit füllten, um dann das fruchtbringende Naß von dort aus weiter zu leiten. Ihre Pflüge waren, den noch vorhandenen Ab= bildungen nach, ſehr einfach, ähnlich denjenigen, welche jetzt noch von den Türken und Arabern angewendet werden.

Außer den Kornfrüchten pflanzten die Aſſyrer den Weinſtock in verſchiedenen Theilen ihres Landes, z. B. in

der Nähe von Ninebe, in den Gärten ihrer Könige. An
manchen Stellen scheint derselbe auch wild gewachsen zu
sein. Beiläufig sei hier eine Reliefdarstellung erwähnt,
welche uns den König und seine Gemahlin auf prächtigen
Polstern im Garten ruhend und dabei aus köstlichen Schalen
trinkend zeigt; über ihren Häuptern winden sich Weinreben
an den Bäumen empor (S. 134).

Dies ist es, was sich zur Zeit mit einiger Sicherheit
auf Grund der uns erhaltenen Aufzeichnungen und Abbildungen mit Bezug auf den Handel und Ackerbau, die
Gewerbe und Künste der Assyrer aussagen läßt.

Von Fortschritten, welche die Assyrer in den Wissenschaften über ihre Lehrmeister, die alten Chaldäer, hinaus
gemacht hätten, läßt sich vorerst nicht viel sagen. Was bis
jetzt aus der berühmten Bibliothek Asurbanipals übersetzt
wurde, sind neben geschichtlichen Texten zum größten
Theil Arbeiten der Chaldäer mannigfachsten Inhalts, die
von den Assyrern abgeschrieben wurden.

Nur Ein Punkt läßt sich aus den assyrischen Skulpturen etwas näher bestimmen: ihre Kenntnisse in der prak-
tischen Mechanik. Da sehen wir z. B. auf einem Bilde
(S. 136) in Kujundschik, wie sie einen ihrer kolossalen Stiere,
der ganz fertig ausgearbeitet ist, an seine Stelle befördern.
Der manche Tonnen schwere Koloß steht auf einem hölzer-
nen Schlitten, der vorn bootartig aufwärts gebogen ist. An
demselben sind auf beiden Seiten aufrecht stehende Balken befestigt, so hoch als das Bild, welche wieder durch Quer-

Fig. 19. König und Königin im Luftgarten.

balken mit einander verbunden sind. An dem oberen Ende
der senkrechten Balken sind starke Taue angebracht, und
auf jeder Seite geht eine Anzahl Männer, welche an denselben ziehen, wenn der Stein sich nach der entgegengesetzten
Seite neigen sollte. Neben ihnen gehen andere, welche
Stangen tragen, an denen oben feste Gabeln sich befinden.
Mit diesen stützen sie das Gerüste an dem mittleren Quer-
balken, sobald der Stein auf ihre eigene Seite sich neigen
will. Am vordern und hintern Ende des Schlittens sind
starke Taue sehr kunstreich angeknüpft, so daß der Knoten
sich nicht lösen kann. An diese Taue sind eine Menge
Männer mittelst Schleifen angespannt, welche über ihre eine
Schulter und unter der andern durchgehen, so daß sie gleichsam mit ihrem ganzen Körpergewicht ziehen können, und
nicht auf die Kraft ihrer Arme allein angewiesen sind.
Links und rechts vom Schlitten sehen wir eine große Anzahl Männer, welche dünne Walzen tragen, die sie vor dem
Schlitten unterlegen und hinten wieder wegnehmen, wenn
derselbe darüber hingerollt ist. Um die Vorwärtsbewegung
noch weiter zu erleichtern, sieht man hinten am Schlitten
starke Hebel eingesetzt, denen hölzerne Keile als Unterstützungs-
und Drehungspunkte dienen. Und da sie wußten, daß um
so weniger Kraft erforderlich ist, je weiter vom Unter-
stützungspunkt dieselbe angewendet wird, so waren an dem
äußersten Ende der Hebelstange, das man mit dem Arm
allein nicht erreichen konnte, Seile angebracht, an welchen
die Männer zogen. Es scheint, daß sie auf diese Weise

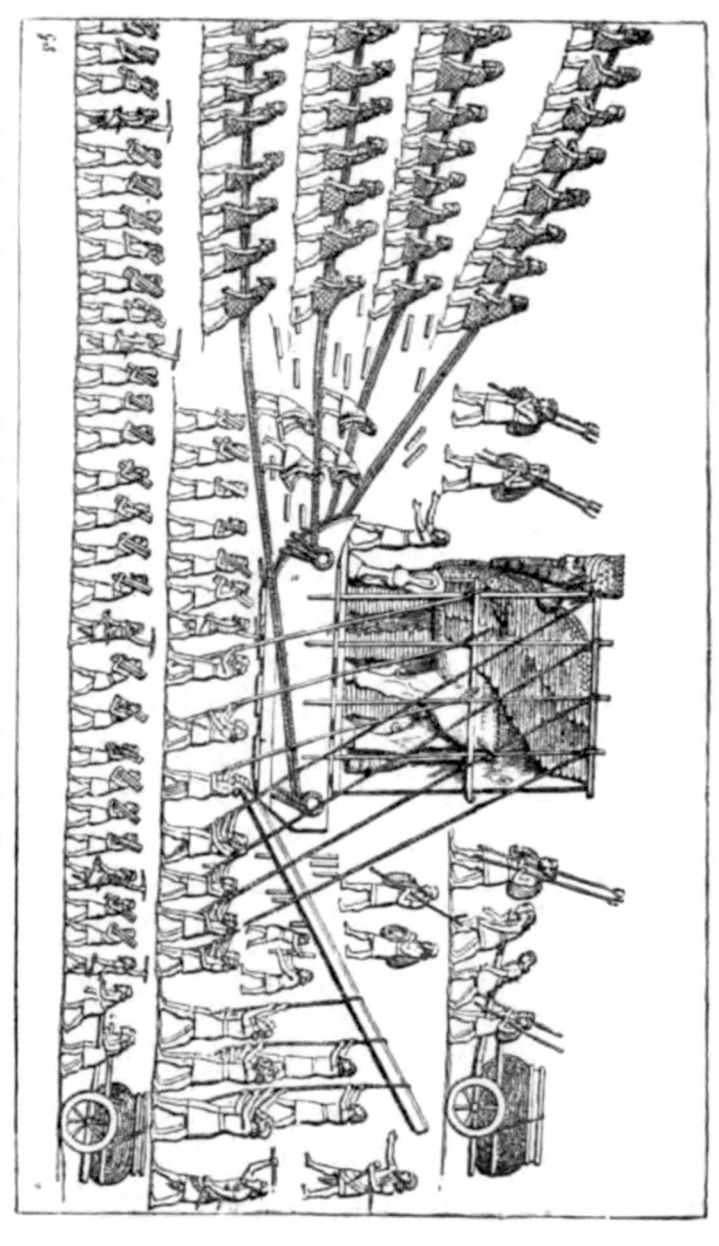

Fig. 20. Fortbewegung eines Stierkolosses. Nach einem Basrelief theilweise rekonstruirt (nach Layard).

ihre koloſſalen Stiere und Löwen mittelſt geneigter Bahnen
auf die Terraſſen und an ihre Standorte beförderten. Wir
finden auf den Basreliefs wohl auch einfache Krahnen, um
Waſſer in die Höhe zu ſchaffen; aber etwas unſern neueren
Hebemaſchinen Ähnliches hat man noch nicht entdeckt. So
iſt es wohl nicht anders möglich, als daß ſie auf die an-
gegebene Weiſe ihre Laſten in die Höhe ſchafften.

Wir ſehen alſo, daß die Aſſyrer in den Künſten und
Gewerben und in ihrer Anwendung auf das Leben den
alten Ägyptern jedenfalls gleichſtehen. Eine gegenſeitige
Einwirkung der beiden Nationen auf einander läßt ſich nur
in einzelnen unbedeutenderen Fällen nachweiſen, ſo daß
man nicht behaupten kann, die eine hätte Alles von
der andern gelernt. Und was vollends die ſchönen Künſte,
d. h. zunächſt die Bildhauerarbeiten betrifft, ſo ſind die
Aſſyrer den Ägyptern und ebenſo den aſiatiſchen Völkern
bei weitem voraus, beſonders wenn wir die Erzeugniſſe
der ſpäteren Zeit in Betracht ziehen. Ja, man wird ſagen
können, daß die Aſſyrer in der Behandlung des Basreliefs
zu Aſarhaddons Zeit (681—668 v. Chr.) nahezu auf der
Höhe angekommen waren, welche die Griechen zwei Jahrhunderte ſpäter erreichten.

5. Geſchichte.

Ehe wir den Leſer in die Hallen der aſſyriſchen Geſchichte einführen, müſſen wir dieſe zuerſt von den verſchie-
benen Bildern reinigen und entleeren, welche die Phantaſie

der alten Hiſtoriker und ihrer Abſchreiber vor unſere Augen
gezaubert hat. Was wir mit Hochgenuß von Ninus und
Semiramis, von ihren Helden= und Kriegsthaten geleſen
und gehört haben, müſſen wir in das Reich der Fabel
verweiſen: die aſſyriſche Geſchichte kennt weder den Ni=
nus noch die Semiramis der Sage, ebenſowenig einen
weibiſchen Schwächling, der dem Sardanapal gliche. Was
Kteſias und ſeine Abſchreiber von dieſen Perſönlichkeiten
erzählen, ſind Götter= und Heldenſagen, die jener aus per=
ſiſchem Munde vernommen und auf die genannten Perſonen
übertragen hat.

Schon daß die aſſyriſche Monarchie eine Dauer von
faſt 14 Jahrhunderten unter Einer Dynaſtie gehabt habe,
iſt eine Behauptung, welche kaum glaublich iſt; es wäre
dies das einzige Beiſpiel in der Geſchichte. Und dieſe
Behauptung wird noch unglaublicher, wenn wir hören,
daß die Sproſſen dieſer Dynaſtie, abgeſehen von ihren
Gründern, weibiſche, weichliche Könige geweſen ſeien, welche
ſich faſt niemals ihrem Volke zeigten. Da Kteſias überall,
wo er auf Thatſachen zu ſprechen kommt, welche auch von
andern Geſchichtſchreibern berichtet werden, von dieſen ab=
weicht, während ſie ſelbſt meiſt unter ſich übereinſtimmen: ſo iſt
zum voraus anzunehmen, daß ſeine Berichte nicht viel Glauben
verdienen. Da ferner die neuentdeckten Keilinſchriften ihn
überall Lügen ſtrafen, ſo werden wir wohl ſeine Angaben
nicht weiter zu beachten brauchen.

Herodot dagegen ſetzt den Anfang des aſſyriſchen Reiches

auf das Jahr 1250 v. Chr. oder etwas früher, und sagt, daß es eine Dauer von 650 Jahren gehabt habe. In dieser Zeit haben die Assyrer nach seiner Behauptung etwa 520 Jahre lang die Oberherrschaft über Vorderasien behalten und dann noch 130 Jahre als ein zwar unabhängiges, aber weniger mächtiges Reich bestanden.

Die Chronologie des Berosus für das assyrische Reich stimmt mit derjenigen Herodots ziemlich genau überein; er setzt den Beginn der assyrischen Dynastie in Chaldäa auf das Jahr 1300, und da er den Fall Ninives auf das Jahr 625 angibt, so erhalten wir als die Zeitdauer der assyrischen Dynastie 675 Jahre.

Stellen wir beide neben einander, so erhalten wir folgendes Schema:

Herodot:	v. Chr.	Berosus:	v. Chr.
Großes Reich mit einer Zeitdauer v. 520 J.	1250-730	Assyrische Dynastie in Babylon, 45 Könige.	1300-775
Abfall der Meder	730	Regierung Phuls	775-747
Vermindertes Reich, 130 Jahre lang	730-600	Assyrische Könige von Phul bis Sarakus, 122 Jahre	747-625
Zerstörung Ninive's	600	Zerstörung Ninive's	625

Wollen wir diese Angaben noch näher präcisiren, so kommen uns dabei mehrere Dokumente zu Hilfe: 1) Der Kanon des Ptolemäus, der zwar nur auf Babylonien Bezug hat, aber doch auch Festsetzungen für Assyrien ermöglicht; sodann 2) ein assyrischer Kanon, den H. Rawlinson

im Jahr 1862 herausgegeben hat, und der die Namen der
affyrischen Eponyme vom Jahr 911—660 enthält. Da
wir nun in den Nachrichten affyrischer Könige, welche in diesem
Zeitraum regierten, wieder Angaben über frühere Zeiter=
eignisse finden, so können wir, ohne große Fehlschlüsse zu
machen, den Anfang des affyrischen Reichs mit Herobot und
Berosus auf das Jahr 1300 oder etwas später festsetzen.
Dabei wollen wir aber diesen Anfang des affyrischen Reiches
als eines unabhängigen verstanden wissen; denn wir
werden bald von Königen hören, welche vor dieser Zeit
regierten.

　　Woher aber sind die Affyrer in das Land gekommen,
welches sie so berühmt gemacht haben? Diese Frage bedarf
noch der Beantwortung, ehe wir an ihre Geschichte gehen.

　　Nach der wahrscheinlich richtigeren Auslegung von
1 Mos. 10, 11. 12 „zog Assur aus dem Lande Sinear,
d. h. Chaldäa, und bauete Nineve.“ Es muß also dieser
semitische Stamm früher in dem Mündungsgebiete der
beiden Ströme gewohnt haben, was allerdings nicht auf=
fallend ist, da wir wissen, daß auch Tharah, der Vater
Abrahams und Stammvater Israels, in eben dieser Gegend
ansäßig war und dann nach Norden, in die Gegend von
Haran, auswanderte. Ob diese Auswanderung der Semiten
eine freiwillige gewesen oder nicht, das läßt sich mit Bezug
auf die Affyrer nicht entscheiden. Es wäre wohl möglich,
daß die chaldäischen Könige eine Kolonie aus ihrem Lande
aussandten, um so das nördlich gelegene Land unter ihre

Oberherrschaft zu bringen. Es scheint auch ganz unzweifel=
haft zu sein, daß die Assyrer zuerst unter chaldäischen
Vasallenfürsten standen. Ihr früheres Wohnen in dem
untern Euphrat= und Tigristhal erhellt ferner daraus, daß
ihre Baukunst denselben Charakter zeigt, wie die chal=
däische, ihre Schrift die gleiche ist, und ihre Religion, nur
einige Punkte ausgenommen, mit der chaldäischen völlig
zusammenfällt. Wann diese freiwillige oder gezwungene
Auswanderung stattfand, ist nicht bestimmt festzustellen. Aus
dem eben Besprochenen erhellt nur soviel, daß sie längere
Zeit mit den Chaldäern müssen in Berührung gewesen sein.
Ihre Auswanderung kann wohl nicht später als im 18. oder
19. Jahrhundert vor unserer Zeitrechnung stattgefunden haben.

Treten wir nun der Geschichte des Reiches näher, so be=
gegnen uns zunächst drei Namen, von welchen wir indessen
nichts Näheres zu sagen wissen, nemlich: Bel=kapkapi
(„Bel ist mein Hort?"), welcher auf einer genealogischen
Tafel Ramannirari's III. der Gründer des Reichs genannt
wird; sodann Ismidagan („Erhört hat Dagon") und
Samsi=Raman (S. 85), welche von Tiglath=Pileser I. als
frühere Herrscher Assyriens angeführt werden, die etwas über
640 Jahre vor Asur=dan (S. 146) regiert haben.

Es folgt nun die Zeit, welche schon oben in der chal=
däischen Geschichte berührt wurde, wo das assyrische Reich
unabhängig neben dem chaldäischen steht, theilweise sogar
als dessen Schirmvogt sich zeigt. Der erste König, welchen
uns die synchronistische Tafel nennt, ist Asur=bel=nise=su

(„Afur ift der Herr feiner Völker"), der Zeitgenoffe des
Chaldäers Karainbas, etwa um 1440 v. Chr. Daß er
mit feinem Zeitgenoffen, dem chaldäifchen Könige, einen
Vertrag abfchloß, in welchem fie die Grenzen ihrer
Länder feftfetzten, wurde S. 90 erwähnt. Sonft ift nichts
von ihm bekannt. Sein Nachfolger war Puzur=Afur
1420—1400 v. Chr. Er regierte zu gleicher Zeit mit dem
chaldäifchen König Purnapurihas, mit welchem er ebenfalls
einen Grenzvertrag abfchloß. Ihm folgte Afur=uballit
(c. 1400—1380 v. Chr.). Purnapurihas erneuerte mit ihm
das Bündniß, welches fchon unter feinem Vater beftanden
hatte, und heirathete eine Tochter des affyrifchen Königs.
Von Afuruballit wird nur erzählt, daß er mit feinem Heere
nach Chaldäa zog, als fein Enkel dort vom Thron geftoßen
und ermordet worden war; hievon war S. 91 die Rede.

Nach Backfteininfchriften, welche man in Kileh=Scher=
gat, dem alten Affur, gefunden hat, und nach einer neu auf=
gefundenen Steintafel Raman=nirari's L., welche eben da=
her ftammt, find die nun folgenden vier Könige direkte Nach=
kommen Afuruballits: Bel=nirari, des Vorigen Sohn,
(1370—1350). Nach einem erft kürzlich entdeckten Bruch=
ftück, das zu der Keilfchrifttafel mit der fynchroniftifchen
Gefchichte Babyloniens und Affyriens gehört, befiegte er
bei der Stadt Sugagu den Kurigalzu den Jüngeren, worauf
abermals eine Berichtigung der Grenzen erfolgte. Die
eben genannte Steintafel erwähnt diefen Sieg Bel=niraris
über die Kaffi.

Ihm folgte sein Sohn Pubilu (Pudi=ilu) (c. 1350 bis 1330). Nach eben dieser Steintafel war auch er ein kriegerischer König, welcher die östlich vom untern Zab und vom Dihala gegen Elam hin wohnenden Völker der Kutu und Sutu u. a. besiegte und das assyrische Gebiet erweiterte.

Sein Sohn ist **Raman-nirari** I. (c. 1330—1310). Von ihm erzählt das oben angeführte Bruchstück, daß er den König Nazi=be=ur von Karbunias, d. i. Nordbabylonien, bei den Städten Kar=Istar und Akarsallu geschlagen und die Grenzen des Reiches weiter hinausgerückt habe.

Ihm folgt sein Sohn **Salmanasser** I. (c. 1300 bis 1270). Der Name wird am besten Salmanu=ussir gelesen und „O Gott Salman, leite recht!" gedeutet. Von seinen Annalen hat man fast noch nichts gefunden. Backsteine aus Kileh=Schergat tragen die Inschrift: „Palast Salmanassers, Königs von Assur, Sohns des Raman=nirari, Königs von Assur." Daß auch er ein Eroberer war, erfahren wir von einem späteren assyrischen König, Asurnazirpal, welcher in seinen ausführlichen Annalen gelegentlich erzählt (S. 159), man habe ihm — im Jahr 882 v. Chr. — nach Ninebe die Nachricht gebracht, daß jene Assyrer, welche der König Salmanasser, sein Vorfahr, in einer Stadt nicht weit von Dambamusa angesiedelt, sich samt ihrem Stadtobersten Chulai empört hätten, und gegen Dambamusa, eine Residenz des assyri=schen Königs, heranrückten, um es wegzunehmen. — Die genannten Städte lagen am Oberlauf des Tigris, etwa in der Nähe des heutigen Diarbekr, woraus wir sehen, daß

Salmanaffer die Grenzen des affyrischen Reiches ziemlich
weit gegen Norden hinausrückte. Aus diesem Grunde ver=
legte er wohl auch seine Residenz von dem südlich gelegenen
Affur mehr nordwärts in die Stadt Kalah, deren Er=
bauer er ist. Auch diese Thatsache berichtet Asurnazirpal,
indem er sagt: „Die alte Stadt Kalah, welche Salma=
naffer, König von Affur, der Große, mein Vorfahr, gebaut
hatte, war verfallen und heruntergekommen, ich habe diese
Stadt neu aufgebaut." Die Wahl dieses Platzes zur Haupt=
und Residenzstadt war eine sehr glückliche, sofern dieselbe
gegen Westen durch den Tigris, gegen Süden und Süd=
osten durch den obern Zab hinreichend geschützt war, und
fast mitten in der fruchtbaren Landschaft des mittleren
Tigris lag. Eine Inschrift Raman=niraris III. nennt Sal=
manaffer „Errichter des Tempels E=charsag=kurkura, des
Berges der Länder," der das große Nationalheiligthum der
Affyrer bildete.

Tukulti-Nineb (oder =Adar) I. („Meine Hilfe ist der
Gott Nineb") folgte seinem Vater Salmanaffer und regierte
c. 1270—1250 v. Chr. Wie dieser die Grenzen des Reiches
im Norden weiter hinausrückte, so unterwarf Tukulti=Nineb
das südlich gelegene Chaldäa seiner Herrschaft. Er ist der=
jenige König, mit welchem Berosus die affyrische Dynastie
in Babylon beginnen läßt, und mit welchem nach Herodot
das „Reich" Affyrien seinen Anfang nimmt. Wir haben
bis jetzt von ihm nur seinen Siegelcylinder, dessen Auf=
schrift lautet: „Tukulti=Nineb, König der Heerscharen, Sohn

Salmanaſſers, Königs von Aſſur, Eroberer von Karbunias. Wer immer meine Aufſchrift, meinen Namen ändern wird, deſſen Namen und Land mögen Aſur und Raman ver= nichten." Sanherib, der dieſe Aufſchrift mittheilt, fährt dann fort: „Dieſes Siegel war aus Aſſyrien nach Ak= kad als Beuteſtück geraubt worden. Ich, San= herib, König von Aſſur, habe nach 600 Jahren Babel er= obert und aus der Schatzkammer Babels es herausgeholt." Wie und wann dieſes Siegel nach Babylon kam, ob unter Tukulti=Nineb oder ſeinem Nachfolger, das läßt ſich nicht beſtimmen. Gewiß iſt nur, daß Raman=nirari III. dieſem Tukulti=Nineb den Titel „König von Sumer und Akkad" gibt, und daß die folgenden Könige Babylons alle ſemi= tiſche Namen führen, ſo daß es ſcheint, als habe Tukulti= Nineb einen Vaſallenkönig daſelbſt eingeſetzt. Doch war dieſe Oberherrſchaft Aſſyriens eine häufig beſtrittene, und die babyloniſchen Vaſallenkönige rangen immer wieder dar= nach, das aſſyriſche Joch abzuſchütteln und ſich unabhängig zu machen.

Dieſe Kämpfe um die Unabhängigkeit des Landes be= gann ein König von Babylon, mit Namen Raman=bal= ibbin, unter einem der nächſten Nachfolger Tukulti=Ninebs, welcher den Namen Bel=kubur=uzur („Bel, ſchütze die Krone!") führt und c. 1230—1210 regierte. Wie lange dieſer Kampf gewährt hat, iſt unbekannt; wir wiſſen nur, daß die Aſſyrer geſchlagen und in ihr Land zurückgetrieben wurden, und daß Bel=kubur=uzur in der Schlacht fiel.

Das Scepter, welches seinem Vorgänger entfallen war, ergriff Nineb = pal = ekur (oder Abar=pal=esara?) und zwar mit entschiedener Kraft und Geschicklichkeit. Er war nach allem ein energischer König, wenigstens nennt ihn einer seiner Nachfolger „denjenigen, welcher die Trup= pen Assyriens mit fester Hand regierte (oder leitete)". Er trat dem König von Babylon, der stolz auf seinen Erfolg nochmals gegen Assur vorrückte, entgegen und schlug ihn aufs Haupt. Die Babylonier flohen und ließen von da an Nineb=pal=ekur in Ruhe.

Eine ebenso kräftige Regierung war die seines Sohnes Asur=ban I. (c. 1190—1170), welcher einen Zug nach Babylon machte, das unter seinem Könige Zamama=zikir= ibbin abermals Empörungsgelüste gehabt zu haben scheint. Er nahm die Städte Zaban, Irria und Akarsal ein, und führte große Beute in seine Hauptstadt zurück. Sein Ur= enkel Tiglath=Pileser nennt ihn den König, „der ein glän= zendes Scepter trug und die Menschheit Bels regierte, dessen Händewerk und Opferspende den großen Göttern wohlgefiel, der in höchstes Greisenalter gelangte." Noch wird von ihm erzählt, daß er einen Tempel der Götter Asur und Raman, welchen Samsi=Raman in der Stadt Assur gebaut hatte, und der den Einsturz drohte, nieder= reißen ließ. Es scheint aber, daß er selbst zum Wieder= aufbau dieses Tempels nicht gekommen ist. Erst zur Zeit seines Urenkels erstand derselbe wieder. Auf Asur=ban folgte sein Sohn Mutakkil=Nusku („der Gott Nusku

ermuthigt") (c. 1170—1150). Sein Enkel Tiglath-Pileser
sagt von ihm: „Mutakkilnusku, dessen Asur, der große
Herr, in der Berufung seines treuen Herzens begehrte und
welchen er zur Herrschaft über Assyrien in Treue berief."
Vielleicht gab es nach seiner Thronbesteigung im eigenen
Lande Empörungen, so daß sich diese Inschrift auf deren
Unterbrückung bezieht; oder waren es, was noch wahrscheinlicher ist, neue Aufstände der Chaldäer, welche das
assyrische Joch abzuschütteln suchten, wie wir dies unter
seinem Sohn und Nachfolger erwähnt finden. Asur-res-isi
(„Asur, erhebe das Haupt!") regierte von 1150—1130.
Sein Sohn nennt ihn „den mächtigen König, welcher die
feindlichen Länder eroberte und alle Machthaber unterwarf".
Darüber erzählt die oben (bei Bel-nirari) angeführte Keilschrifttafel in theilweise recht schwer verständlichen Worten
etwa Folgendes: Ein babylonischer König Nebukadnezar,
der erste dieses Namens, der in der Geschichte vorkommt,
zog aus, um das an sein Land stoßende Grenzgebiet Assyriens zu erobern. Asur-res-isi bot seine Streitwagen auf,
um gegen ihn zu ziehen. Der babylonische König aber
hatte allerlei Hindernisse gefunden, den Rückzug an-
getreten und war wieder in sein Land zurückgekehrt. Als
nun Nebukadnezar abermals ausrückte, um jene Grenzge-
biete zu erobern, da sandte Asur-res-isi seine Wagen jener
Grenzbevölkerung zu Hilfe und schlug Nebukadnezar völlig;
das babylonische Lager wurde zerstört, 50 Streitwagen und
eine Fahne erbeutet. Wir ersehen aus dem, was Tiglath-

pileſer über ſeinen Vater ſagt, daß Aſurreßiſi ein ge=
waltiger Eroberer geweſen ſein muß und wenigſtens
dieſem ſeinem Sohne den Weg zu ſeinen Eroberungen
geebnet hat.

Nun folgt der erſte aſſyriſche Monarch, von welchem
wir größere Schriftdenkmäler beſitzen, welche ſchon im
Jahr 1857 im Auftrag der aſiatiſchen Geſellſchaft zu London
von den vier Gelehrten Fox Talbot, Hincks, Oppert und
Rawlinſon gleichzeitig überſetzt wurden. Dieſer Monarch
iſt **Tiglath-Pileſer I.** (ca. 1130—1110 v. Chr.). Sein
Name lautet aſſyriſch Tukulti=pal=e=ſara und heißt: „Meine
Hilfe iſt Nineb", welcher hier den Zunamen pal=eſara
(Sohn des Hauſes des Segens) führt von ſeinem Tempel
in Kalah, welcher ſo genannt wurde. Backſteine, welche in
Kileh=Schergat gefunden wurden, tragen die Inſchrift:
„Tukulti=pal=eſara, der Prieſter Aſurs, Sohn des Aſur=
res=iſi, erbaute den Tempel Ramans, ſeines Herrn, und
ſtellte ihn her." In den Fundamenten dieſes Tempels hat
Raſſam, wie oben ſchon erwähnt, vier achtſeitige Thon=
prismen gefunden, 45 cm hoch, jede Seite mit 100 Zeilen
ganz klein geſchriebener Keilſchrift, in 53 Abſchnitte ein=
getheilt. Von dieſer wichtigen Inſchrift, welche manches
Licht über die Zuſtände des alten aſſyriſchen Reiches ver=
breitet, geben wir einige Auszüge nach der Ueberſetzung von
Dr. Wilhelm Lotz in „die Inſchriften Tiglathpileſer's I."
Sie beginnt mit einer Anrufung der großen Götter, welche
alſo lautet:

„Aſur, der große Herr, welcher die Schaar der Götter
    regiert,
Der Scepter und Krone verleiht, der das Königthum
    beſtellt;
Bel, der Herr, der König aller Anunnaki *),
Der Vater der Götter, der Herr der Länder;
Sin, der Weiſe, der Herr der Krone,
Der Hohe, der da Glanz ausgießt;
Samas, der Richter Himmels und der Erde, welcher
Die Frevel der Böſen beſtraft, an's Ziel führt die Frommen;
Raman, der Machtvolle, welcher die Landſchaften der
    Feinde,
Länder und Häuſer überflutet;
Nineb, der Starke, welcher Böſe und Feinde verſtört,
Der finden läßt, was immer das Herz begehrt;
Iſtar, die Erſte der Götter, die Herrin des tesu,
Welche die Schlachten gewaltig macht. —

Ihr großen Götter, Verwalter des Himmels und der Erde,
Deren Anſturm Kampf und Verwüſtung iſt,
Die ihr erhöht habt das Königthum
Tiglathpileſers, des Großen, des Lieblings,
Der Neigung eures Herzens, des erhabenen Hirten,
Welchen ihr in eurem treuen Herzen berufen,
Mit erhabener Krone bedeckt, zur Königsherrſchaft
Ueber das Land Bels feierlich beſtellt,
Mit Herrſchermacht, Hoheit, Stärke
Beliehen habt als Loos ſeiner Herrſchaft,
Zu ſeiner Stärke und Macht
Zum Sitze E-charſag-kurkura **)
Für immer berufen habt! —

---

    *) Götterweſen der Erdtiefe und ihrer Gewäſſer.
    **) Der Name eines alten von Salmanaſſer I. erbauten
Tempels; er bedeutet „Haus des Bergs der Länder", vgl. oben
S. 144.

Aſur (und) die großen Götter, welche mein Königthum erhöht,
Welche Stärke und Macht mir zum Besitz
Geschenkt haben, befahlen das Gebiet ihres Landes
Zu vergrößern; ihre Waffen,
Die gewaltigen, den Sturmwind der Schlacht,
Gaben sie in meine Hand: Länder, Gebirge,
Städte und Fürsten, Feinde Aſurs,
Unterjochte ich und unterwarf ihre Gebiete.
Mit sechzig Königen
Kämpfte ich gleich . . . . .
Sieg und Triumph (?) trug ich über sie davon.
Keinen Rivalen hatte ich im Kampfe
Und keinen Nebenbuhler in der Schlacht.
Zum Lande Aſſyrien fügte ich Land, zu seinen Leuten
Leute hinzu, das Gebiet meines Landes
Erweiterte ich, all' ihre Länder unterjochte ich."

Nun erzählt er seine Feldzüge während der erſten fünf
Jahre seiner Regierung. Zuerst zog er gegen die Moschier,
die Bewohner des Landes Musku (das Mesech des A. T.),
welche unter ihren fünf Königen 20 000 Mann stark das
Land Kummuch (Kommagene) überschwemmt hatten. Er
schlug sie. „Die Leichen ihrer Krieger . . . . . ich in nieder=
schmetternder Schlacht wie der Platzregen. Ihre Leich=
name breitete ich über Schluchten und Höhen des Gebirges
aus. Ihre Köpfe schnitt ich ab; . . . ihre Beute, ihre Habe,
ihr Eigenthum ohne Zahl führte ich fort. 6000, der Rest
ihrer Truppen, welche vor meinen Waffen geflohen waren,
umfaßten meine Füße. Ich führte sie fort und rechnete
sie zu den Bewohnern meines Landes."

Ein zweiter Zug wird von ihm gegen Kummuch unter=

nommen, und das ganze Land der assyrischen Herrschaft
unterworfen. Auch die Chatti oder Hethiter, welche einen
Einfall in assyrisches Gebiet gemacht hatten, wurden bestraft,
ihr Land geplündert und 120 ihrer Wagen genommen.
Darnach ging sein Zug gegen Südosten über den untern
Zab, in die Zagros=Berge hinein gegen die Landschaft
Sugi, wo er Festungen zerstörte und große Beute weg=
führte. 25 Götterbilder jener Länder weihte er samt
dem Raube seinen großen Göttern und übergab sie dem
Tempel zu Assur.

Der nächste Feldzug richtet sich gegen die Länder Nairi
am obern Tigris und Euphrat und ihre 23 Könige. Ihre
Berge schützen sie nicht: sie werden geschlagen, ihre Städte
verbrannt, zahlreiche Herden von Rossen, Farren und
Kälbern als Beute weggeführt, sie selber gefangen. „Sel=
bigen Königen bewilligte ich Gnade, schonte ihres Lebens.
Gefangen und gebunden ließ ich sie vor Samas, meinem
Herrn, los und den Eid meiner großen Götter ließ ich sie
für die Zukunft der Tage, für die Ewigkeit zur Unter=
thänigkeit schwören. Die Kinder, die Sprößlinge ihres König=
thums, nahm ich zu Geiseln. 1200 Rosse, 2000 Stiere legte
ich ihnen als Tribut auf; in ihre Länder entließ ich sie."

Darnach ging sein Zug gegen die Aramäer, damals
am obern Euphrat wohnend. Auch sie wurden geschlagen
und ließen große Beute in den Händen des Siegers.

Der letzte Feldzug, über welchen berichtet wird, ist der
gegen das Land Musri, einen Theil von Kurdistan. Nach

kurzer Zeit ergab sich die Stadt Arini, in welche sich der Feind nach seiner Niederlage geworfen hatte. Die Stadt selbst wurde verschont, den Feinden aber Tribut auferlegt. Auch die Kumanier, welche mit 20 000 Mann dem Lande Mušri Beistand geleistet, mußten sich nach ihrer Besiegung dem assyrischen König unterwerfen.

Das Ergebniß seiner Feldzüge faßt der königliche Erzähler in den Worten zusammen: „Im Ganzen 42 Länder und ihre Fürsten von jenseits des untern Zab, den Grenzbezirken ferner Wälder, bis jenseits des Euphrat zum Lande Chatti und das obere Meer gen Sonnenuntergang hat vom Beginn meiner Herrschaft bis zu meinem fünften Regierungsjahr meine Hand erobert. Einerlei Rede ließ ich sie führen, empfing ihre Geiseln, Tribut und Abgabe legte ich ihnen auf.“

Nun fährt er fort, uns die Ergebnisse seiner Jagden zu erzählen. In furchtlosem Kampfe, „im Ungestüm meiner Vollkraft auf meinen eigenen Füßen,“ wie er sich ausdrückt, hat er getödtet im Lande Mitani 4 wilde, mächtige, riesige Ochsen, an den Ufern des Chaboras 10 mächtige (männliche) Elephanten und im Ganzen 920 Löwen. Vier Elephanten fing er lebendig und schickte sie mit den Hörnern und Häuten der getödteten Thiere in seine Hauptstadt Assur. Und das Alles that er mit Hilfe der Götter Nineb und Nergal.

Aber auch friedlicheren Geschäften hat er sich hingegeben: er baute in Assur der Istar, dem Martu und Bel Tempel, sodann Paläste in verschiedenen Städten, Festungen zum Schutze der Grenzen, und Kornhäuser zum Besten seiner Unterthanen. Wir hören, daß dieser unermüd= lich thätige Fürst nicht nur zu zer= stören, sondern auch zu gründen und zu pflanzen verstand. Er ließ Bewässer= ungskanäle an= legen, führte in Assyrien frem= des Vieh ein, so= wie ausländische Pflanzen und Fruchtbäume, und gab sich Mühe, die Wäl= der, welche ab= gehauen worden waren, neu zu bestocken. Er

Fig. 21. Der Großkönig auf der Löwenjagd.

fuchte, wie er fagt, auf jede Weife das Befinden feiner
Unterthanen zu verbeffern und fie in ruhiger Wohnung
wohnen zu laffen. So fteht er vor unfern Augen als ein
Mann, welcher den weichlichen affyrifchen Königen des
Ktefias nicht im minbeften gleicht; als ein Mann, der wohl
feine Thaten nicht will gering fchätzen laffen, der aber doch
alle feine Siege und Erfolge feinen Göttern zufchreibt,
ihnen dafür dankt und Opfer darbringt.

Er machte in den fpäteren Jahren feiner Regierung
noch andere Kriegszüge, wenigftens gibt uns die fyn-
chroniftifche Tafel von Einem Kunde, nemlich von dem
gegen Babylon. Wir lefen dort, daß Tukulti-pal-efara,
König von Affyrien, und Marbuk-nabin-ache, König von
Karbunias, zum zweitenmale ihre Streitwagen in Schlacht-
ordnung ftellten angefichts der Stadt Arzuchina. Im zweiten
Jahr kämpfte er (Tigl. P.) bei . . . ., das oberhalb Akkads
liegt, und eroberte die Städte Durkurigalzu, Sippar des
Sonnengottes, Sippar der Anunit, Babylon, Opis,
die großen Städte famt ihren Befeftigungen. In jenen
Tagen plünderte (?) er die Stadt Akarfal bis zur Stadt
Lubbu; das Land Suchi bis zur Stadt Rapiku in feiner
Gefamtausdehnung (nahm er ein?).

Aus andern Andeutungen und Nachrichten zu fchließen
fcheint Tiglathpilefer, nachdem er Babylon eingenommen,
am Euphrat aufwärts in das Land Suchi gezogen
und dort von feinem Gegner Marbuk-nabin-ache wieder
angegriffen worden zu fein, wobei er ziemlich bedeutende

Verluſte erlitt. Mehrere Bilber ſeiner großen Götter, die er mit ſich führte, wurden von dem babylonischen König erbeutet und in ſeine Hauptſtadt gebracht. Wir erſehen bies aus Sanheribs Felſeninſchrift von Bawian, in welcher er erzählt, baß er Babylon eingenommen und bie Schaß= kammer bebſelben umgeſtürzt b. h. ausgeleert habe; er fährt fort: „Die Götter, ſo barinnen wohnten, nahm bie Hand meiner Leute weg; ſie zerbrachen ſie und nahmen ihren Schaß fort. Raman und Sala, bie Gottheiten der Stabt Ekallate, welche Marbuk=nabin=ache, König von Akkad, zur Zeit Tiglathpileſers, Königs von Aſſyrien, weggenommen und nach Babel gebracht hatte, holte ich nach 418 Jahren aus Babel heraus und brachte ſie nach der Stabt Ekallate an ihren Ort zurück.“

Den Krieg gegen Chalbäa nahm nach dem Tobe bes Vaters ſein Sohn und Nachfolger Aſur=bel=kala („Aſur iſt Herr über Alles“) ca. 1110—1090 v. Chr. wieber auf. Von ihm erzählt bie ſynchroniſtiſche Tafel, zu welcher jeßt bas früher abgebrochene Stück gefunden worden iſt:

„Zur Zeit Aſur=bel=kalas, Königs von Aſſyrien,
Marbuk=ſapik=zir=matis, Königs von Karbunias:
Freundlichkeit, vollkommenen Frieden
Hielten ſie miteinander.
Zur Zeit Aſur=bel=kalas, Königs von Aſſyrien,
Verließ (?) Marbuk=ſapik=zir=mati, König von Karbunias,
    ſein Land,
Den Raman=bal=ibbina, ben Sohn Eſakkil=ſabunis, bes
    Sohnes von Niemand (b. h. eines Menſchen von un=
    bekannter Herkunft),
Seßte er zur Königsherrſchaft über ſie ein.

Afur=bel=kala, König von Affyrien,
Heirathete die Tochter des Raman=bal=ibbina, Königs von
　　Karbunias,
Mit ihren vielen Geschenken brachte er sie nach Affyrien.
Die Bewohner von Affyrien und Karbunias
Waren miteinander in Freundschaft (?)."

Sein Nachfolger war sein jüngerer Bruder Samfi=
Raman II. (1090—1070 v. Chr.), von welchem wir aber
nur wissen, daß er einen Tempel in Ninere baute, be=
ziehungsweise wiederherstellte.

Wir stehen nun in der Geschichte des affyrischen Reiches
wieder vor einer Lücke von gegen 100 Jahren, welche wir
vorerst nicht auszufüllen vermögen. Das Reich Affur ist
— wie G. Rawlinson sich ausdrückt — „unter einer Wolke";
es trat eine Zeit der Schwäche ein, in welcher einige Ero=
berungen Tiglathpilefers wieder verloren gingen. Wir
lefen wenigstens auf der großen Monolithinschrift Sal=
manaffers II.: „Ich brachte wieder an Affyrien zurück, was
die Hethiter „,Stadt Pethor'" nennen, am Fluß Sagur
jenfeits des Euphrat, sowie die Stadt Mut=kinu, diesseits
des Euphrat — Gebiete, welche Tiglathpilefer, mein großer
Ahn und Vorgänger, in Befitz genommen hatte (?), die
aber zur Zeit Afur ....'s (der Name ist nur undeutlich
erhalten; vielleicht Afur=rab=buru ?), Königs von Affy=
rien, die Aramäer mit Gewalt an sich gerissen hatten."

Diefe Zeit der Schwäche des Reiches macht es wohl auch
erklärlich, warum Affyrien der Ausbreitung des israeliti=
schen Reiches unter David bis an den Euphrat nicht ent=

gegentrat. Erst der Zerfall dieses Reiches nach dem Tode Salomos und das Entstehen verschiedener kleiner Fürsten=thümer im westlichen Asien, die in beständiger Fehde unter einander lebten, gab dem bald wieder erstarkenden Assyrien Veranlassung, seine Herrschaft aufs Neue gegen Westen auszudehnen.

Bald nach dem Tode Salomos scheint das assyrische Reich wieder mehr Kraft und Festigkeit erlangt zu haben, wenn wir auch nichts Genaueres über seine Geschichte er=fahren. Nur drei Königsnamen sind es, welche in diese Lücke gehören. Sie werden erwähnt auf einem leider zer=brochenen Obelisk eines assyrischen Königs, der jedenfalls nach Tukulti=Nineb I. regierte, wahrscheinlich Asurnazir=pals. Diese drei Könige heißen: Irba=Raman („Raman hat vermehrt"), Asur=nabin=ache („Asur gibt Brüder") und Asur=ban II., der einen Kanal gegraben, und von 930—911 v. Chr. regiert hat.

Ihm folgte sein Sohn Raman=nirari II. von 911 bis 889. Von ihm wird in der synchronistischen Tafel er=zählt, daß er mit zwei babylonischen Königen, Samas=mudammik („Samas läutert") und Nabu=sum=iskun („Nebo hat den Namen gegeben"), Kriege geführt und sie geschlagen habe, worauf die beiden Gegner ein Bündniß miteinander schloßen, zu dessen Befestigung wechselseitige Heirathen stattfanden.

Von seinem Sohn und Nachfolger Tukulti=Nineb (oder =Adar) II., welcher nur 6 Jahre, 889—883, den Thron

inne hatte, wiffen wir zur Zeit nicht viel mehr, als daß
er einen Zug nach den Ländern am obern Tigris machte,
und an der Quelle des Subnat fein Bildniß aufrichtete.

Ihm folgte **Afur-nazir-pal** („Afur beschützt den Sohn“),
883—858 v. Chr., mit welchem wieder eine Zeit der Blüte
und des wachsenden Einfluffes des affyrischen Reiches beginnt. Er ist der Erbauer des großen Palastes in Kalah
mit feinen prächtig geschmückten Sälen und Gemächern,
und überall begegnet man feinen Spuren oder — wie er
fagt — „dem Ruhm feines Namens“. Außer den vielen
Inschriften auf feinen Basreliefs und Stierkoloffen hat
man auch feine Bildfäule gefunden, die im Britischen
Museum aufbewahrt wird und auf deren Bruft die Worte
stehen: „Afur = nazir = pal, der große König, der mächtige
König, König der Heerschaaren, König Affyriens, Sohn
des Tukulti = Nineb, des großen Königs, des mächtigen
Königs, des Königs der Heerschaaren, Sohns des
Raman=nirari, des großen Königs, des mächtigen Königs,
des Königs der Heerschaaren, des Königs von Affyrien, der
da eroberte von jenfeits des Tigris bis zum Libanon, zum
großen Meere; alle Länder vom Aufgang bis zum Nieder-
gang der Sonne hat er feinen Füßen unterworfen.“

Seine größte Inschrift, welche fich auf einem Monolith
von 5,5 m Breite und 0,34 m Dicke befindet und in drei
Kolumnen 390 Zeilen Keilschrift enthält, zeichnet fich weniger
durch Lebendigkeit der Darstellung und Schönheit der
Sprache aus, als durch große Genauigkeit in fämtlichen

Details, Angabe der feindlichen Streitkräfte u. s. w., sowie
in den geographischen Bestimmungen. Sie stellt die That=
sachen einfach neben einander. Nur die Einleitung der=
selben zum Ruhme des Gottes Abar und zur Verherr=
lichung der eigenen Majestät Asur=nazir=pals ist besonders
schwungvoll. Dann gibt sie in ziemlich trockener, oftmals
ermüdender Weise eine Erzählung seiner Feldzüge: Im
ersten Jahr seiner Regierung über Arbela in das Land
Nimme und die Ebene am Urumia=See oder das Land
Kirruri; nach den Städten am Fuße des Gebirges Nipur,
von da über den Tigris nach dem Land Kummuch und
längs des Chabur nach der Stadt Suru, die furchtbar be=
straft wird. Im nächsten Jahr zieht er an die Quelle des
Subnat und dann hinüber nach dem Kasiargebirge, wo die
altassyrische Kolonie in der Nähe der Städte Dambamusa
und Amedi (dem heutigen Diarbekr) abgefallen war. Die
Städte Kinabu und das mit dreifacher Mauer umgebene
Tela wurden erobert und grausam bestraft; die Stadt
Tuscha wird neugebaut und befestigt und vom assyrischen
König ein Palast darin errichtet. Auf seiner Rück=
kehr züchtigt er noch andere aufrührerische Thäler des
Kasiar=Gebirges. Später zieht er dreimal in das ostwärts
gelegene Land Zamua am obern Lauf des Radanu und
Turnat und verbreitet durch furchtbare, schonungslose
Rache, die er an den „Empörern" nimmt, weithin Schrecken;
bis in die Schlupfwinkel unzugänglicher Gebirge verfolgt
er die Flüchtigen und ereilt sie Alle.

Wir können nicht näher auf die einzelnen Feldzüge ein=
gehen und berühren nur noch den für die Geschichte wich=
tigſten, ſeinen Zug nach dem Chattiland und Phöni=
zien. Durch das obere Meſopotamien zieht er gegen Kar=
kemiſch, wo ihm der Hethiterkönig Sangara Tribut bezahlt
und andere kleinere Fürſten „ſeine Füße küſſen“, marſchirt
dann dem Libanon zu durch das Patinäerland (beim heutigen
Aleppo), überſchreitet den Orontes und gelangt, das Nord=
ende des Libanon umziehend, an das mittelländiſche Meer.
Dort taucht er ſeine Waffen in die heilige Flut, bringt
ſeinen Göttern Dankopfer dar und empfängt die Huldigung
der Hauptſtaaten Phöniziens, von Thrus, Sidon, Byblos,
Arabus u. a. Von dort geht ſein Zug an den Mons
Amanus, wo er Bauholz fällen und nach Ninebe trans=
portiren läßt, einen Denkſtein ſeiner Siege aufſtellt und
den Göttern Opfer bringt. Mit ungeheurer Beute beladen,
kehrt ſein Heer wieder heim.

Auch die Unterwerfung Chaldäas, deſſen König Nabu=
bal=iddin den Bewohnern des Landes Suchi Hilfstruppen
gegen Aſſyrien geſtellt hatte, berichtet er.

Auf ſeinen Kriegszügen ging der königliche Feldherr
auch den Vergnügungen der Jagd nach. So erzählt er
unter anderem, daß er auf dem rechten Ufer des Euphrat
50 Wildochſen getödtet und 8 lebendig gefangen habe, um
ſie nach Kalah zu ſenden. Auch andere Thiere müſſen
denſelben Weg wandern, und wir hören, daß er in der
Nähe von Ninebe einen großen Thierpark hatte, für

welchen ihm die fremden Fürsten gerne allerlei seltene Thiere sandten.

Es ist erstaunlich, wie dieser gewaltige Kriegsheld neben seinen vielen Feldzügen noch Zeit fand, Paläste, Tempel und Kanäle zu bauen. Am liebsten hielt er sich in Kalah auf. Dort baute er dem Gotte Adar einen Tempel und für sich selbst einen großen Palast, der 7 oder 8 große Hallen und eine Menge

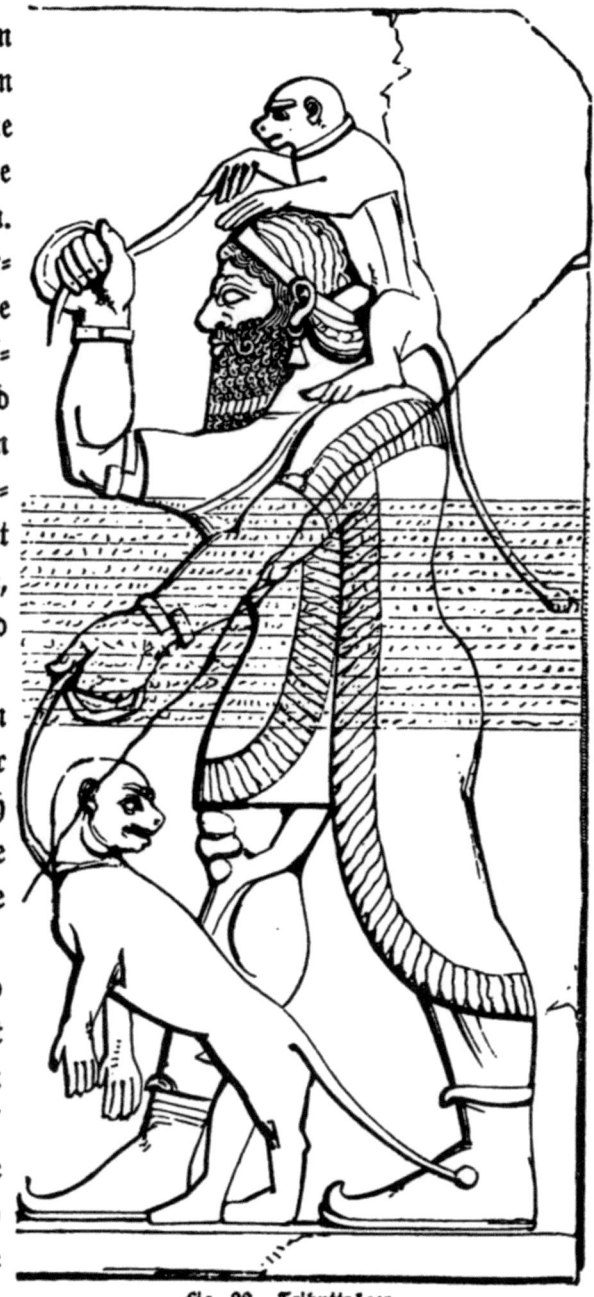

fig. 22. Tributträger.

kleinerer Gemächer enthielt. Merkwürdig sind die raschen
Fortschritte, welche die Bildhauerkunst der Assyrer unter diesem
Monarchen gemacht hat. Außer den prachtvollen Basreliefs
der Säle finden sich sehr schöne Ornamente und Fresko=
malereien. Auch in Ninive baute er der Beltis einen Tempel.

Bedauerlich ist in dem Charakterbilde dieses gewaltigen
Kriegers und Jägers, der daneben überall als Freund und
Förderer der Künste erscheint, ein Zug großer Grausamkeit.
Wir hören von ihm in seinen langathmigen Annalen nur
höchst selten von Gnadenerweisungen und von Mitleid mit
den Gefangenen, dagegen fast unausgesetzt davon, daß er
dieselben gepfählt, gekreuzigt, geschunden und geblendet,
ihnen Ohren und Nasen abgeschnitten, Hände und Füße
abgehauen habe. Er kannte gegen rebellische Länder und
Fürsten keinerlei Schonung.

Nachdem er über 25 Jahre lang das Scepter Assyriens
in fester Hand gehalten, starb er 858 v. Chr. und ließ
den Thron seinem Sohne **Salmanasser II.** (858—823 v. Chr.),
welcher den kriegerischen Geist seines Vaters geerbt hatte.
Auch von ihm besitzen wir verschiedene längere Inschriften:
in erster Linie jene auf dem berühmten schwarzen Obelisken,
1,525 m hoch mit 190 Linien Keilschrift, welche seine Feld=
züge in den ersten 31 Jahren seiner Regierung aufzählt;
sodann eine andere auf einem Monolith, welcher in Kurkh
gefunden wurde und von seinen ersten Feldzügen eingehende
Kunde gibt. Auch die Stierkolosse seines Palastes enthalten
verschiedene Inschriften.

Die Nachrichten, welche der Obelisk bietet, sind manch=
mal recht trocken und ermüdend; wir wollen nur die wich=
tigsten anführen.

In seinem 8. und 9. Regierungsjahr zog er gegen
Süden. Nach der synchronistischen Tafel hatte sich der

Fig. 23. Der schwarze Obelisk Salmanassers II.

babylonische König Nabu=bal=ibbina sowohl gegen Salma=
nasser als seinen Vorfahren sehr friedlich gesinnt bewiesen.
Sie fährt dann fort:

„Zur Zeit Salmanassers, Königs von Assyrien,
Nebobaladan, König von Karduniaš, verließ (?) sein Land,
Marduk=šum=iškur setzte sich auf den Thron seines Vaters.
Marduk=bel=ušati, sein Bruder, empörte sich wider ihn,

Die Stadt Daban nahm er weg, das Land Akkad
Nahm er für sich in Anspruch (?). Salmanaffer, König
    von Affyrien,
Rückte zur Unterstützung des Marduk-fum-izkur,
Des Königs von Karbunias, aus.
Marduk-bel-ufati, den König . . . .
Nebst seinen rebellischen Genossen tödtete er.
. . . Kutha, Babylon . . . ."

Hier ist die Tafel abgebrochen. Der Obelisk erzählt
weiter, daß Salmanaffer das Land bis zum perfischen Meer-
bufen eingenommen und den dortigen kleinen Fürsten Tribut
auferlegt habe. Auch der wieder eingesetzte Marduk-fum-
izkur mußte Salmanaffer als Oberherrn anerkennen.

Noch größere Wichtigkeit haben seine Züge gegen Westen,
welche ihn mit Perfönlichkeiten in Berührung brachten, die
aus dem Alten Testamente bekannt find. Die Fortschritte,
welche sein Vater und er selbst in seinen ersten Regierungsjahren im nördlichen Syrien gemacht, setzten die Fürsten
jener Länder in Schrecken, und sie schloßen einen Bund
zur Abwehr weiterer Uebergriffe der Affyrer. Es werden
genannt Raman-ibri oder Dabba-ibri (früher Bin-ibri ge-
lefen und mit Benhabad kombinirt) von Damaskus,
Schulena von Hamath, Ahab von Sir'ala (Israel), die
Könige phönizischer Städte, Ägyptens, Arabiens und Am-
mons. Gegen sie zog Salmanaffer im 6. Jahr feiner
Regierung und besiegte sie: 20 500 fielen in der Schlacht,
Wagen und Kriegsmaterial erbeutete der Sieger. Indeffen
scheint er doch den Widerstand so stark gefunden zu haben,

daß er wieder heimkehrte, ohne einen Versuch zur Unter=
werfung der feindlichen Fürsten zu machen. Erst 5 Jahre
später rückte er wieder gegen Hamath aus, welchem nun
Benhadab zu Hilfe zog. Auch diesmal schreibt sich Sal=
manasser den Sieg zu, ohne ihn jedoch auszubeuten. Wie=
der 3 Jahre nachher sammelt er „sein Volk in ungezählten
Schaaren" (er rechnet sie zu 102 000), um das Kriegsglück
aufs Neue zu versuchen. Benhadab mit den Hamathensern,
Hethitern und Phöniziern stellte sich ihm entgegen, wurde
aber in die Flucht geschlagen. Der Bund löste sich auf,
die Hethiter und Hamathenser unterwarfen sich und Damaskus
stand allein. In jene Zeit, da dieses Reich durch seine
Verluste geschwächt war, fällt wohl das in 1 Kön. 22
Erzählte. Ahab suchte, von Josaphat unterstützt, einige
Städte in Gilead, welche die Syrer genommen hatten,
zurück zu erobern, mußte aber diesen Versuch mit dem
Leben büßen. Später wurde dann Benhadab von Hazael
(assyrisch Haza'ilu) ermordet, und der Thronräuber rüstete
sich mit aller Macht auf den Sturm, den er herannahen
sah. In sehr fester Stellung am Berge Sanir, „dem Berg=
gipfel am Eingang zum Libanon", wie die Inschrift ihn
nennt, wurde er von Salmanasser in dessen 18. Regierungs=
jahr angegriffen und geschlagen; 16 000 seiner Streiter
fielen, 1121 seiner Wagen und vieles Kriegsmaterial wurde
vom Sieger erbeutet. Dieser zerstörte auch die herrlichen
Haine um Damaskus und verwüstete das Land bis zum
Hauran. Tyrus und Sidon brachten Tribut und Geschenke,

unb mit ihnen kam noch ein anderer, der uns bekannt ist, „Jahuaapal Chumri" nennt ihn Salmanaffer, b. i. Jehu, der Sohn Omris (Amris nach der luth. Bibel). Daß ihn der affyrische Herrscher als Sohn Omris bezeichnet, ist nicht auffallend; denn auch sonst finden wir in den affyrischen Texten das Reich Israel als mat Chumri oder mat bit Chumri, „Land Omris oder Land des Hauses Omri" ge= nannt. Amri war als Gründer der Hauptstadt Samaria ben affyrischen Königen bekannt, und so ist es leicht erklär= lich, baß sie Stadt und Land nach ihm benannten. Auf bem schwarzen Obelisk Salmanaffers finden sich israe= litische Gesandte in Basrelief bargestellt, wie sie ihre Ge= schenke: Gold= unb Silberbarren, goldene Gefäße u. a. barbringen.

Nach 3 Jahren fiel Salmanaffer nochmals in das Land ein. Er eroberte 4 Städte, und die alten Bundes= genossen des Herrschers von Damaskus eilten herbei, um durch Tribute und Geschenke vergessen zu machen, daß sie einst zu Benhabad gestanden.

In ben letzten Jahren der Regierung Salmanaffers brach eine gefährliche Empörung gegen ihn aus, unb zwar nach einem neugefundenen Bruchstück des Eponymenkanons im Jahr 827, b. h. im 4. Jahr vor seinem Tobe. In ben Feldzügen seiner späteren Jahre (27.—31.) hatte er nicht selber das Oberkommanbo geführt, sondern basselbe seinem Tartan, dem Höchstkommanbirenden des affyrischen Heeres, Dan=Afur, übertragen, der bei seinem König in sehr hoher

Gunst gestanden zu haben scheint. Wahrscheinlich fürchtete nun der älteste Sohn Salmanassers, Asur=bannin=pal, es könnte sich dieser Günstling vor oder bei dem Tode seines Vaters des Thrones bemächtigen, oder wurde ihm, wie wir es auch von sonstigen Thronerben wissen, die Zeit zu lang: kurz, er pflanzte die Fahne der Empörung gegen seinen Vater auf, und ein Theil des Heeres, sowie 27 Städte schloßen sich ihm an. Unter den letzteren befand sich auch die einstige Hauptstadt Assur, welche dadurch viel= leicht wieder Residenz zu werden hoffte. Nun rief Sal= manasser seinen zweiten Sohn zu Hilfe, und stellte ihn mit unumschränkter Vollmacht an die Spitze der treu= gebliebenen Truppen. Diesem thatkräftigen und klugen jungen Manne gelang es, jedoch erst nach 5—6jährigem Kampfe, also etwa 2 Jahre nach dem Tode seines Vaters, die Empörung zu unterdrücken und die Städte wieder zu unterwerfen, welche sich seinem Bruder angeschlossen hatten. So erklärt es sich auch, warum die Annalen Salmanassers mit dem 31. Jahre seiner Regierung (828) abbrechen.

Asur=bannin=pal ist entweder in einer Schlacht gefallen, oder mußte als Aufrührer den Tod erleiden; der Be= sieger dieser Empörung bestieg als **Samsi-Raman** III. („Meine Sonne ist Raman") den Thron und regierte von 823—810 v. Chr. Er hat keine Baudenkmäler hinterlassen, sondern wohnte in den Palästen seines Vaters und Groß= vaters. In einem derselben fand man einen Monolith mit dem lebensgroßen Bildniß dieses Monarchen und einer

Inschrift, welche seine vier ersten Feldzüge erzählt. Aus
dieser erhellt, daß die tributpflichtigen Länder Assyriens
die Empörung Asur-bannin-pals benützt und den Versuch
gemacht hatten, ihre Unabhängigkeit wieder zu erlangen.
Aber Samsi-Raman war, wie er schon gegen seinen Bruder
gezeigt hatte, ein Mann, welcher seinen Feinden mit Kraft
entgegen zu treten wußte. Die Länder an der Nordgrenze
Assyriens, Nairi und Armenien, wurden in schnellem Laufe
zur Unterwerfung gebracht. Besonders Chaldäa, wo Mar-
buk-balatsu-ikbi, König von Babylon, im Bund mit den
aramäischen Nomadenstämmen und den Elamiten seine
Unabhängigkeit glaubte wieder aufrichten zu können, mußte
die starke Hand Samsi-Ramans fühlen. Nach einem raschen
Siegeszug durch das nördliche Akkad, wo auch die stärksten
Festungen dem Sturm des assyrischen Heeres nicht auf die
Dauer widerstehen können, und nach der Einnahme der
Stadt Dur-papsukal trifft der assyrische König unweit
letzterer Stadt am Kanal Daban mit dem feindlichen Heere
zusammen und schlägt es gänzlich. 5000 Krieger wurden
getödtet, 2000 gefangen, 100 Wagen, sowie das Zelt des
Königs mit seinem Feldbett genommen. Nach kurzen Andeutungen auf dem Verzeichniß der Eponymen unter seiner
Regierung zog er am Ende derselben wenigstens noch
zweimal gegen Chaldäa und wußte es im Gehorsam zu
erhalten.

Aber bei all' diesen Kämpfen um die Wiederbefestigung
seiner Herrschaft findet er immer noch Zeit, dem Ver-

gnügen der Jagd nachzugehen, wo immer sich auf seinen Kriegszügen Gelegenheit dazu bietet. So erzählt er mitten in seinem Bericht über seinen Feldzug gegen Karbunias, daß er drei Löwen erlegt habe.

Ihm folgte sein Sohn Raman-nirari III. (810 bis 781 v. Chr.), mit welchem die uns erhaltene Keil- schrifttafel mit der synchronistischen Geschichte Assyriens und Babyloniens schließt. Die uns von ihm direkt über- kommenen Nachrichten sind ziemlich mangelhaft, wir sind für seine Regierungszeit fast ganz auf den Eponymenkanon angewiesen, welcher zu jedem Jahr in Kürze die wichtigsten Unternehmungen und Ereignisse angibt, und aus dem wir ersehen, daß auch dieser König, wie seine Vorgänger, ein sehr kräftiger und kriegerischer Monarch war, welcher die Grenzen seines Landes nicht nur schützte, sondern auch weiter hinausrückte. Auf einer Tafel in dem Zimmer eines kleinen Palastes, den er südlich von demjenigen Asurnazir- pals in Nimrud gebaut hat, lesen wir: „Palast Raman- niraris, des großen Königs, des mächtigen Königs, des Königs der Heerschaaren, des Königs von Assyrien, des Königs, welchen Asur, der König der Engel, in seiner Kindheit berief und mit einem Fürstenthum ohne Gleichen belehnte, dessen Regiment er wohlgefällig machte den Be- wohnern Assyriens und dessen Thron er fest gründete." Er erzählt dann weiter, wie er die verschiedenen Länder vom Berg Siluna im Osten bis an das große Meer gegen Sonnenuntergang, die Länder Chatti, das Reich von Damas-

tus, das ganze Westland, Tyrus, Sidon, das Omri=Land
d. h. das Reich Israel, Edom, Philiftäa, seinem Fuß unter=
worfen und allen Abgabe und Tribut auferlegt habe.
Befonders von Damaskus erwähnt er, welche große Schätze
er in dem dortigen Palaft gefunden, 2300 Talente Silber,
20 Talente Gold, 3000 Talente Kupfer, 5000 Talente
Eifen, dazu allerhand koftbare Stoffe und Elfenbeingeräthe.
Weiterhin fährt er fort, daß alle Könige von Chaldäa ihm
gehuldigt, daß er Abgabe und Tribut für ewige Zeiten
ihnen aufgelegt und in Babel, Borfippa und Kutha, den
heiligen Städten Bels, Nebos und Nergals, Opfer darge=
bracht habe. (Hier ift die Platte leider abgebrochen.)

Als befondere Merkwürdigkeit führen wir noch an
zwei Statuen des Gottes Nebo in Lebensgröße, welche
Loftus in Kalah gefunden hat, nicht ihres Kunftwerthes
wegen, den fie nicht befitzen, fondern um der Infchrift
willen, welche fie tragen, und die mit Weglaffung einer
Anzahl von Titeln des Gottes alfo lautet:

„Nebo, dem hohen Schirmherrn, dem Hehren und All=
gewaltigen, dem Barmherzigen, Gnädigen, dem großen
Herrn, feinem Herrn — zur Verewigung Raman=niraris,
des Königs von Affyrien, feines Herrn, und zur Verewigung
der Sammu=ramat, der Frau des Palaftes, feiner Herrin,
hat Bel=tarzi=iluma, der Statthalter von Kalah, ...
auf daß er felbft lebe, lange Tage und Jahre fehe, Friede
habe für fein Haus und feine Bewohner, frei bleibe von
Leid, (diefe Statuen) machen laffen und als Gefchenk

dargebracht. Mensch zukünftiger Zeiten: auf Nebo haben wir vertraut; auf einen andern Gott vertraue nicht!"

Hier erscheint also der weltberühmte Name Sammuramat (Semiramis) in einer Inschrift. Wer ist diese Frau gewesen? Diese Frage drängt sich von selber auf, da — einen oder zwei Fälle ausgenommen — in der assyrischen Geschichte wie in derjenigen anderer orientalischer Völker niemals eine Frau genannt wird. Da auch Herodot eine Königin Semiramis von Babylon aufführt, welche nach seiner Rechnung ums Jahr 775 regiert haben soll, so sind die meisten Erklärer zu der Annahme gekommen, daß zwischen Raman=nirari und dieser Semiramis dasselbe Verhältniß bestanden haben möge, wie zwischen Ferdinand und Isabella in Spanien. Sie nehmen an, Semiramis sei die babylonische Thronerbin gewesen und Raman=nirari habe sie geheirathet, um so die Babylonier mit der assyrischen Oberhoheit zu versöhnen. Diese Erklärung hat wenigstens sehr viel Wahrscheinlichkeit für sich. Und somit hat auch Ktesias wenigstens einige geschichtliche Grundlage gehabt, um seine Phantasiebilder darauf zu stellen.

Nun folgen drei Könige, von welchen wir bis jetzt nichts besitzen als die Verzeichnisse der Eponymen mit kurzer Angabe dessen, was in jedem Jahr geschehen ist. Diese Könige sind

Salmanasser III. (781—771 v. Chr.), von welchem unter andern fünf Feldzüge gegen das Land Urartu (Armenien; Urartu = Ararat) und einer gegen Damaskus gemeldet werden.

Afur-ban III. (771—753), unter deffen Regierung
die Pest zweimal (765 und 759) in Affyrien wüthete. Be=
fonders wichtig ist die Bemerkung beim Jahr 763: „Im
Monat Sivan fand eine Sonnenfinsterniß statt." Diese
Sonnenfinsterniß, welche nach der Berechnung der Astro=
nomen am 15. Juni 763 stattfand, war eine sichtbare und
für Ninebe totale, und hat wesentlich als Grundlage für
die affyrische Chronologie gedient.

Afur-nirari (753—745) war, wie es scheint, ein
Mann ohne alle Thatkraft: bei fünf seiner acht Regierungs=
jahre steht die Bemerkung: „im Lande". Und so ist es
nicht auffallend, wenn als Facit seiner Regierung beim
achten sich die Angabe findet: „Empörung in Kalah."

Das ist wohl der Grund, warum man schon behauptet
hat, dieser Afur-nirari sei eben der von den Griechen ge=
nannte Sardanapal, welcher sich mit seinen Schätzen und
Frauen in Ninebe verbrannt habe, worauf die Stadt zer=
stört worden sei. Jedenfalls war unter seiner und seines
Vorgängers Regierung Affyrien wieder im Rückgang, in
einem Zustand der Schwäche und des inneren Zerfalls.
Daraus läßt es sich auch erklären, daß nach 2 Kön. 14, 25
und 15, 16 Jerobeam II. und Menahem von Samaria
nicht nur Affyriens Oberherrschaft abschütteln, sondern
sich auch auf Kosten seiner tributpflichtigen Länder ver=
größern konnten. Und was da im Westen geschah, wird
wohl auch im Osten und Norden vorgekommen sein; we=
nigstens hören wir von Aufständen in Armenien und im

Zagros-Gebirge. Babylon im Süden hatte das assyrische Joch jedenfalls abgeschüttelt.

Eine Frage, welche sich auf diese Zeit der Schwäche des assyrischen Reiches bezieht, harrt zwar noch immer ihrer endgiltigen Lösung, ist aber doch derselben viel näher gerückt, die Frage nemlich: Wer ist der in 2 Kön. 15, 19 genannte „Phul, König von Assyrien", welchem Menahem von Samaria 1000 Talente Silber gab, „damit er es mit ihm hielte, und ihm die (usurpirte) königliche Gewalt befestigte"? Bis jetzt hat man in den assyrischen Texten keinen Königsnamen gefunden, welcher diesem entspräche. Man hat anfangs geglaubt, es könne Raman-nirari III. gemeint sein, dessen Name früher irrig Bul-lusch gelesen wurde; das ist aber unmöglich. Denn zwischen diesem König und dem Regierungsantritt Tiglath-Pilesers II., der nach Vers 29 einen Theil des Reiches Israel einnahm und nach seinen Originaltexten von „Minchimmi von Samerina" Tribut empfing, liegen 38 Jahre; zwischen dem in den Versen 19 und 29 Erzählten können aber im allerhöchsten Fall 32, wahrscheinlich aber nur 18—20 Jahre verflossen sein. Somit ist Phul sicherlich nicht jener Raman-nirari III. Da nun Eusebius, ohne Zweifel nach Berosus, einen König „Phul von Chaldäa" anführt, so hat man auch vermuthet, daß dieser Phul ein assyrischer Statthalter in Babylon gewesen sei, der sich während der Schwäche des Reiches auf eine Zeitlang von diesem unabhängig gemacht und einen Zug gegen Westen unternommen habe. Dagegen

behaupten Schrader und andere mit ihm, daß dieser Phul
niemand anders ſei als Tiglath-Pileſer II. ſelbſt, der ſich
in der That „König von Babylon, König von Sumer und
Akkad“ nennt. Und wir glauben zuverſichtlich, daß Schrader
mit dieſer ſeiner Gleichſetzung Phuls mit Tiglath-Pileſer II.
Recht behalten wird. Der Letztere war allem Anſchein nach
ein Thronuſurpator; er nennt niemals den Namen ſeines
Vaters, was in den Inſchriften der legitimen Monarchen
Aſſyriens ſtets der Fall iſt, die immer nicht bloß ihren
Vater, ſondern ſogar ihren Groß- und Urgroßvater anführen. Er ſpricht nur von „den Königen, ſeinen Vätern“,
und nennt die Paläſte zu Kalah „die Paläſte ſeiner Väter.“
Es iſt ſehr möglich, daß die Bemerkung beim letzten Regierungsjahr Aſurniraris „Aufſtand in Kalah“ ſich auf
ihn bezieht, daß er urſprünglich den jetzt als aſſyriſch nach-
gewieſenen Namen Pulu geführt und erſt nach ſeiner Thronbeſteigung ſich nach dem Namen ſeines berühmten Vorgängers Tiglath-Pileſer I. genannt hat.

Nun tritt mit **Tiglath-Pileſer** II. (745—727 v. Chr.)
ein neuer Aufſchwung des aſſyriſchen Reiches ein. Er war
nicht nur ein thatkräftiger Mann, der das Reich wieder
zum alten Glanze zurückführte, ſondern auch ein Förderer
der Künſte und der Wohlfahrt ſeiner Unterthanen. Er hat
auf der Weſtſeite der großen Terraſſe von Kalah einen
Palaſt erbaut neben demjenigen Salmanaſſers I.; doch wurde
dieſer leider nicht allein von der Zeit, ſondern auch von
einem ſeiner Nachfolger (Aſarhabbon) größtentheils zerſtört,

ſo daß ſeine Inſchriften zum Theil vernichtet, zum Theil
verſtümmelt wurden. Indeſſen läßt uns über die Aufeinanderfolge ſeiner Kriegszüge und ſonſtigen Thaten glücklicher-
weiſe der Eponymenkanon nicht in Zweifel.

Der Eingang einer Thontafelinſchrift aus ſeinem Palaſte lautet: „Palaſt Tiglath-Pileſers, des großen Königs,
des mächtigen Königs, des Königs der Heerſchaaren, Königs von Aſſyrien, Königs von Babylon, Königs von
Sumer und Akkad, Königs der vier Himmelsgegenden;
des ſtarken Helden, der unter dem Beiſtand Aſurs, ſeines
Herrn, die Wohnſtätten derer, die ihm nicht zu Willen
waren, gleich Töpfen zerſchmiß, ſintflutgleich überwältigte
und den Winden preisgab; des Königs, der im Namen
Aſurs, Samas' und Merodachs, der großen Götter, um-
herzog und vom Meere Bit-Yakins bis zum Berg Bikni
im Oſten und vom Weſtmeer bis nach Ägypten, von Nord
bis Süd die Länder unterwarf und beherrſchte."

Erobert und tributpflichtig gemacht oder ſeinem Reiche
einverleibt hat er nach den erhaltenen Texten Kardunias
und das ganze Chaldäa nebſt den kleinen Reichen Bit-
Silani, Bit-Sa'alli und Bit-Amukkani, eine Reihe elami-
tiſcher und mediſcher Grenzbezirke, alle Aramäerſtämme des
untern Meſopotamien, einen Theil Armeniens und andere
Länder mehr.

In den Jahren 745 und 731 machte er ſeine Züge
gegen Babylonien, welches damals unter verſchiedenen
Fürſten ſtand, um dieſes Land wieder zu unterwerfen.

Im letztgenannten Jahre hatte er es hauptsächlich mit Ukin=Zir (dem Chinziros des ptolemäischen Kanon) vom Lande Bit=Amukkani zu thun, er belagerte ihn in seiner Hauptstadt Sapie; alle seine Städte wurden erobert und zerstört. Marduk=bal=ibbina (Merodachbaladan) von Bit= Yakin, an der Küste des persischen Meerbusens, der noch niemals zu irgend einer Tributleistung sich verstanden hatte, kam auch nach Sapie, huldigte dem assyrischen Monarchen und brachte ihm werthvollen Tribut. Dieses Jahr 731 führt der Kanon des Ptolemäus als das erste Jahr des Königs Por als Königs von Babylon an, auch Tiglath= Pileser II. selbst legt sich von da an den Titel „König von Babylon" bei. Dieser Por kann unter allen Umständen kein anderer sein als Tiglath=Pileser II.; und da Por gewiß gleich Pul oder Phul, so ist dies ein neuer Be= weis für die Richtigkeit der Gleichstellung Phuls mit Tiglath=Pileser.

Wir finden in dem obigen Abschnitt zum erstenmal den Namen Marduk=bal=ibbinas („Merodach hat einen Sohn gegeben") als Königs von Bit=Yakin erwähnt, dessen gleich= namigem Sohn wir in der Geschichte Hizkias (2 Kön. 20, 12) wieder begegnen werden*). Beide heißen „Söhne Yakins" und zeigen sich als Männer, welche mit eiserner Ausdauer und einer Zähigkeit ohne Gleichen unter den Nachfolgern Tiglath=

---

*) G. Smith u. A. halten den hier vorkommenden und den 2 Kön. 20, 12 genannten Merodachbaladan für ein und dieselbe Persönlichkeit.

Pilesers immer wieder auf dem Plan erscheinen, um von ihrem Stammland aus die Herrschaft über Gesamtbabylonien anzustreben und die Unabhängigkeit desselben zu erkämpfen. Überall, wo sie Eingang zu finden hoffen, suchen sie Verbindungen anzuknüpfen.

Seine ersten Feldzüge gegen Westen unternahm Tiglath-Pileser II. in den Jahren 743—739 v. Chr. Er unterwarf Damaskus, welches damals von Rezin (Razunnu) regiert wurde, dann Menahem von Samaria, Tyrus, das wieder unter einem Hiram stand, Hamath, Byblos und die Araber an der ägyptischen Grenze. Auch mit Azarya oder Uzia von Jerusalem, den er „Az=ri=ya=a=hu mat Ja=hu=da=a=a" nennt, scheint er damals schon in Berührung gekommen zu sein, ohne ihn jedoch zu unterwerfen. Die

Fig. 24. Belagerung einer Stadt.

von Assyrien drohende Gefahr veranlaßte wohl Rezin von Damaskus und Pekach von Samaria, ein Schutz= und

Trutzbündniß zu schließen, für welches sie auch den neuen
König von Jerusalem, Ahas, zu gewinnen suchten. Als
dieser nicht darauf eingehen wollte, beschloßen die Beiden
Krieg gegen ihn, um einen andern, „den Sohn Tabeels"
(nach Jes. 7, 6), an seine Stelle zu setzen, worauf Ahas
Gesandte mit Geschenken an Tiglath=Pileser abgehen ließ
mit der Bitte um Hilfe gegen diese seine Feinde. Dies
veranlaßte wohl die weiteren Züge des affyrischen Königs
in den Jahren 734—732. Er schlug Rezin und schloß ihn
in Damaskus ein. Die Stadt wurde belagert und im zweiten
Jahre genommen, die Einwohner weggeführt und Rezin
getödtet. Nun ging es gegen Pekach, und Tiglath=Pileser
nahm ihm die in 2 Kön. 15, 29 genannten Städte und
Gebiete des Reiches Israel zwischen den beiden Seen Me=
rom und Genezareth weg. Tiglath=Pileser bestätigt diese
Nachricht der Bibel mit den Worten: „Das Land des
Hauses Omri', das ferne ...., seine angesehensten Be=
wohner, (ihre Habe) führte ich nach Affyrien fort."

Hierauf zog Tiglath=Pileser nach Süden, wo er bis
an die ägyptische Grenze gekommen zu sein und aufs Neue
arabische Stämme unterworfen zu haben scheint. Auf dem
Rückweg hielt er zu Damaskus abermals Hof und empfing
daselbst Tribut und Geschenke von Ja=hu=cha=zi Ja=hu=da=a=a
(Ahas von Juda), Salamanu vom Lande Ma'ab (Moab),
Mitinti vom Lande Askaluna (Askalon), Kausmalaka vom
Lande Udumu (Idumäa), Chanunu vom Lande Chazatti
(Gaza) und von mehreren andern, nemlich Gold, Silber,

Eisen, Kleider aus Wolle und Leinen, „Kleider ihres Landes", Produkte des Meeres wie des festen Landes, Pferde u. s. w. Daß der obengenannte Ja=hu=cha=zi kein anderer ist, als Ahas, steht wohl fest. Man glaubt, daß er ursprünglich Joahas geheißen, und daß die Juden seiner Gottlosigkeit wegen den Gottesnamen vorn weggelassen haben.

So hat Tiglath=Pileser II. die Herrschaft Assyriens über die Westländer vollständig wiederhergestellt und noch befestigt durch einen Zug um's Jahr 728 v. Chr., welchen er jedoch nicht in eigener Person anführte. Der König von Thrus hatte sich empört und in Israel war Pekach von Hosea ermordet worden. Um solche Unruhen nicht weiter um sich greifen zu lassen, veranstaltete Tiglath=Pileser den genannten Zug. Der König von Thrus unterwarf sich wieder, und über den König von Israel schreibt er: „den Pa=ka=cha, ihren König, tödteten sie, den A=u=si' (Hosea) setzte ich als König über sie ein; 10 Talente Goldes, 1000 Talente Silbers empfing ich von ihnen". Demnach mußte sich Hosea die Bestätigung seiner Königswürde durch die Anerkennung der Oberhoheit Assyriens erkaufen.

Von den Werken des Friedens, welche dieser Wieder=hersteller des assyrischen Reiches ausgeführt hat, läßt sich wie oben schon bemerkt, nicht viel sagen. Seine Bauten haben, so weit sich darüber urtheilen läßt, etwas Groß=artiges, und auch die Basreliefs sind, so weit erhalten, viel weniger steif, mehr geistreich behandelt, als diejenigen Asurnazirpals. Nur hat Asarhaddon die großen Platten

aus Tiglath-Pilesers II. Palast in seinem eigenen auf ziem=
lich rohe Weise verwendet: er ließ sie umkehren, und wo
sie nicht passen wollten, Stücke von ihnen abschlagen, so
daß sie meist recht verstümmelt auf uns gekommen sind.
Jedenfalls aber dürfen wir diesen Fürsten unter die tüchtig=
sten des assyrischen Reiches rechnen; er hat in den 18 Jahren
seiner Regierung wirklich Großes geleistet.

    Sein Nachfolger war Salmanasser IV., dessen Re=
gierung nur 5 Jahre währte, 727—722 v. Chr. Ob er
der Sohn Tiglath-Pilesers war, wissen wir nicht. Außer
der Eponymenliste ist uns von ihm nichts überliefert worden,
und so sind wir auf das angewiesen, was 2 Kön. 17, 3 ff.
von ihm erzählt wird.

    Hienach scheint dem König Salmanasser die Treue
Hoseas verdächtig gewesen zu sein, und er machte entweder
schon 727 oder 725 einen Zug gegen Westen. Hosea unter=
warf sich und brachte Geschenke. Nach einem Berichte
Menanders rückte nun der assyrische König vor Tyrus, das
ebenfalls sein Joch abgeschüttelt hatte. Sein Angriff auf
die Inselstadt wurde aber abgeschlagen, worauf Salmanasser
heimkehrte, und nur eine kleinere Anzahl Truppen auf dem
Festlande zurückließ, um den Tyrern das Trinkwasser abzu=
schneiden. Den weiteren Verlauf der Sache aber erfahren
wir nicht, da der Berichterstatter hier plötzlich abbricht.
Hosea fürchtete nun wohl das gleiche Schicksal für sich,
das er selbst seinem Vorgänger bereitet hatte, wenn er noch
länger den verhaßten Tribut an Assyrien bezahle. Er sah

sich deshalb nach Hilfe um und glaubte diese in Ägypten
finden zu können, wo damals in der Hauptstadt Memphis
die äthiopische Dynastie, die 25. des Manetho, regierte.
Er ließ also an So (besser Sebe) eine Gesandtschaft abgehen, um ihm ein Bündniß anzutragen. Ob dieses wirklich zu Stande kam, wissen wir nicht; doch scheint Hosea
günstige Antwort erhalten zu haben, da er von jetzt an die
Tributzahlung an Assyrien unterließ. Salmanasser wollte
solchen Abfall nicht ungestraft hingehen lassen und marschirte
mit seinem Heere rasch gegen Hosea. Dieser wurde geschlagen und gefangen genommen, seine Hauptstadt belagert.
Ueber zwei Jahre wehrten sich die Einwohner Samarias
mit verzweifelter Anstrengung und Salmanasser erlebte ihre
Übergabe nicht mehr. Erst sein Nachfolger Sargon eroberte
Samaria und führte die Einwohner der Stadt und des
Reiches in die assyrische Gefangenschaft weg.

Sargon (722—705 v. Chr.), dessen keilschriftlicher Name
Sarrukin ebensowohl „er hat den König eingesetzt“, als
„der König ist wahr“ (legitim, gerecht) gedeutet werden
kann, war bis zu den Ausgrabungen Botta's in Khorsabad
eine völlig unbekannte Persönlichkeit. Kein Profanhistoriker
nannte ihn; denn daß er der im Kanon des Ptolemäus
genannte Arkeanos ist, hat man eben auch erst aus den
Entdeckungen Botta's gelernt. Nur Jes. 20, 1 fand sich
sein Name erwähnt, den man aber bis dahin als einen
Zunamen Salmanassers betrachtete. Jetzt ist er einer der
bekanntesten Fürsten des assyrischen Reiches; der von Botta

aufgedeckte Palaſt iſt ſein Werk und hat durch ſeine In=
ſchriften helles Licht über ſeine Geſchichte verbreitet.

Es erſcheint jetzt zweifellos, daß Sargon „der Jüngere“,
wie er ſich ſelbſt zum Unterſchied von dem altbabyloniſchen
König Sargon von Agade wiederholt nennt, durch eine
Revolution ſeinen Vorgänger ſtürzte, vielleicht auch aus
dem Wege räumen ließ. Es iſt dies theils aus dem Namen,
den er ſich offenbar erſt bei ſeiner Thronbeſteigung beilegte,
theils daraus zu ſchließen, daß er nirgends ſeinen Vater
nennt, und wie Tiglath=Pileſer von ſeinen Vorgängern nur
ganz allgemein als von den Königen, ſeinen Vätern, ſpricht.

Daß er es war, welcher die Belagerung Samarias zu
Ende führte, und es 722, gleich zu Anfang ſeiner Regierung
zur Uebergabe zwang, erhellt aus verſchiedenen Inſchriften,
die er hinterlaſſen hat. Wiederholt iſt in ſeinen Annalen
von dieſer ſeiner erſten That die Rede; ſo ſagt eine ſeiner
Inſchriften: „Im Anfang meiner Regierung, mit Hilfe des
Gottes Samas, der mir den Sieg gibt über meine Feinde,
belagerte und eroberte ich die Stadt Samerina (Samaria),
und führte 27280 ihrer Einwohner in die Gefangenſchaft
fort. 50 Wagen von ihnen behielt ich für mich ſelbſt. Ich
führte ſie weg nach Aſſyrien und ließ an ihrer Statt Leute
wohnen, welche meine Hand beſiegt hatte. Ich ſetzte meine
Statthalter über ſie und legte die Abgabe des früheren
Königs ihnen auf.“ Wohin er die Gefangenen geführt
hat, erzählt er ſelbſt nicht näher, dagegen erfahren wir
ſolches aus dem bibliſchen Bericht, wo es heißt: und er gab

ihnen Wohnsitze zu Chalah und am Chabor, dem Fluß von Gozan, und in den Städten der Meder. Das Land Israel war hiemit zur assyrischen Provinz geworden.

Fig. 25. Israelitische Gefangene.

Von seinen weiteren Zügen gegen Westen müssen wir noch gedenken seiner Kriege gegen Hamath, Ägypten und Asdod.

Im 2. Regierungsjahr Sargons suchte Jlubib oder
Jahubib von Hamath die Herrschaft über das Land Hamath
an sich zu bringen, befestigte sich in der Stadt Karkar und
reizte auch die Städte Arpad, Simyra, Damaskus und
Samaria zur Empörung wider Assyrien auf. Da rückte
Sargon mit seiner gesamten Streitmacht aus, eroberte
und verbrannte Karkar, tötete auch in den übrigen Städten
die Rebellen und ließ dem Jlubib bei lebendigem Leibe die
Haut abziehen. Inzwischen aber waren dem assyrischen
König neue Gegner in den Philisterstädten Gaza und Asbod,
sowie in Ägypten entstanden. Letzteres, das schon in den alten
Zeiten ein Gegner der vorderasiatischen Reiche gewesen war,
suchte unter seiner neuen Dynastie seine Oberherrschaft wieder
auszubreiten und fand überall am mittelländischen Meere
offene Ohren für seine Aufforderungen zum Kampf gegen
Assyrien. So sehen wir denn diese beiden alten Weltmächte
aufs Neue den Wettkampf aufnehmen. Der König Chanunu
(Hanno) von Gaza rückte mit Sib'e, dem „Siltan“ von
Ägypten, aus, um Sargon eine Schlacht zu liefern. In
der Nähe der Stadt Rapich oder Raphia (dem heutigen
Refah) 5 Stunden südwestlich von Gaza am mittelländischen
Meer stoßen die beiden Heere aufeinander. „Mit der Hilfe
Asurs“ schlägt Sargon seine Gegner gänzlich, nimmt Chanunu
mit eigener Hand gefangen und läßt ihn gebunden nach
Assyrien führen; Sib'e, der biblische So, erschrickt vor dem
Schlachtgeschrei der assyrischen Truppen, entrinnt ganz allein
mit einem Hirten, der Schafe weidete, und „seine Spur

warb nimmer gesehen". Die Städte Chanunu's werden mit Feuer und Schwert verwüstet und 9033 Gefangene nebst reicher Beute nach Assyrien weggeführt.

Weiter geht nun sein Zug gegen die Wüstenstämme des nordöstlichen Arabien; er besiegt die Thamubiter und andere, „welche kein Weiser und Schriftgelehrter kannte, und welche noch nie Abgabe gebracht hatten", und verpflanzt die Übriggebliebenen in die Stadt Samaria. Diese Stelle macht es uns erklärlich, weshalb wir unter den Gegnern Nehemia's (2, 19 und 4, 7) auch Araber auftauchen sehen. Bei dieser Gelegenheit empfing Sargon vom Pir'u (Pharao) oder König von Ägypten, von Samsie, der Königin von Arabien, und von It'amara vom Lande Saba Tribut, der in Gold, Spezereien, seltenen Hunderassen, Pferden und Kamelen bestand.

Die Züge Sargons gegen Asdod fanden nach seinen Annalen im 11. Jahr seiner Regierung statt. Der König von Asdod, Azuri, hatte die Zahlung des Tributs eingestellt und sich mit allen Königen seines Gebiets gegen Assyrien erhoben. Sargon sandte nun zuerst seinen Tartan gegen ihn (Jes. 20, 1), Azuri wurde abgesetzt, und sein Bruder auf den Thron erhoben. Allein die Einwohner von Asdod wollten keinen König von Sargons Gnaden: sie vertrieben diesen Achimit und setzten einen gewissen Jaman zum Herrscher ein, der wie sie selbst gegen Assyrien feindlich gesinnt war. Zornentbrannt zog nun Sargon selbst gegen den neuen König, belagerte und eroberte Asdod, sowie auch Gath, und führte ihre Götter nebst dem Gold und Silber seines Palastes, seiner Gemahlin, seinen Söhnen und Töchtern und der Hauptmasse seiner Unterthanen nach Affyrien fort.   Die entleerten Städte bevölkerte er mit Kriegsgefangenen aus dem Osten.   Jaman selbst war feige schon bei dem Heranzug des affyrischen Heeres nach Ägypten, bis an die Grenze Äthiopiens, geflohen.   Aber seine Feigheit kam ihm theuer zu stehen: aus Furcht vor den Affyrern ließ der König von Äthiopien den Jaman ergreifen und lieferte ihn, an Händen und Füßen mit eisernen Ketten gebunden, an Sargon aus.   Das Gebiet von Asdod wurde einem affyrischen Statthalter untergeben.

Unaufhörlich ziehen sich durch die Annalen der meisten affyrischen Fürsten die Berichte von Zügen gegen Norden und Nordosten.   Die dortigen Völkerstämme waren sehr kriegerisch und freiheitsliebend.   Immer wieder, so oft sie auch von den kriegserfahreneren Affyrern geschlagen wurden, erheben sie sich und ringen um ihre Selbständigkeit.   So auch bei Sargon.   Aber auch gegen ihn konnten sie nichts ausrichten, sie mußten sich zu einem jährlichen Tribut ver= stehen.   Nach Osten hin war Sargon ebenfalls glücklich: ein Theil von Medien wurde erobert und zum affyrischen Reich geschlagen.

Heftiger, aber nicht minder erfolgreich waren seine Kriege gegen Süden.   Dort hatte sich nach Salmanaffers Tod der unermüdliche Merodachbaladan (vgl. S. 176) wieder gerührt, hatte sein engeres Vaterland Bit=Jakin verlassen, sich in

Babylon festgesetzt und zu seinem Schutz einen Bund ge=
schlossen mit dem elamitischen König Chumbanigas und
später mit dessen Nachfolger Sutruk=Nachunte und mit den
aramäischen Nomadenstämmen an den Grenzen Babyloniens.
Feldzüge gegen Westen, Norden und Osten hatten bis jetzt
Sargon gehindert, dem Umsichgreifen Merodachbaladans
Schranken zu setzen. Erst in seinem 12. Regierungsjahr
(710—709) konnte er dem Manne mit ganzer Macht entgegen=
treten, von welchem er sagt: „Er verkehrte die Satzungen
der großen Götter und verweigerte seinen Tribut. Gegen
den Willen der Götter hatte er Babylon, die Stadt Bels,
des Führers der Götter, 12 Jahre lang in Besitz genommen
und regiert". Sargon fährt dann fort: „Ich, Sargon, der
rechte König, wurde von Merodach erwählt unter allen
Königen und er erhöhte mein Haupt über das Land Sumer
und Akkad; um die Chaldäer zu unterwerfen, das rebellische
und verkehrte Volk, vermehrte er meine Kraft".

Wir können ihm hier leider nicht Schritt für Schritt
in seiner Erzählung folgen. Geschickt operirend, weiß Sar=
gon die beiden ·verbündeten Heere der Babylonier und
Elamiten zu trennen und schlägt zunächst die Ersteren
sammt dem mit ihnen verbündeten Stamm der Gambuläer
bei der Festung Dur=Atchara völlig aufs Haupt, wobei er
18430 Gefangene macht. Dann wendet er sich gegen Elam,
erobert alle Städte, die er auf seinem Wege findet, und
zwingt Sutruk=Nachunte zur Flucht in die Berge. Alles
unterwirft sich dem Sieger. Merodachbaladan, der sich

unterbeffen in Babylon gehalten hatte, entfloh nun, als
Sargon sich gegen ihn wendete, und zog sich nach Bit=
Yakin zurück. Sargon hielt seinen Einzug in Babylon,
opferte den großen Göttern und ordnete die Erbauung
eines neuen Kanals zwischen Borsippa und Babylon zum
Besten der Stadt an. Unterbeffen hatte Merobachbalaban
die Hauptstadt seines Vaterlandes, Dur=Yakin, befestigt
und mit tiefen Gräben umgeben. Aber dem heranziehenden
Sieger konnte nichts widerstehen: die Stadt wurde in
Sargons 13. Regierungsjahr genommen und verbrannt,
der Palast geplündert und zerstört, Merobachbalaban ge=

Fig. 26. Der Großkönig beim Triumpheinzug.

fangen, jedoch verschont. Eine unermeßliche Beute, da=
runter 2070 Pferde, 700 Esel, 6054 Kamele, und 80570
Gefangene wurden weggeführt und die Länder bis zum
perfischen Meerbusen und den elamittischen Grenzgebieten
dem affyrischen Reich einverleibt. Triumphirend hält Sar=

gou abermals seinen Einzug in Babylon und führt von da an auch den Titel „König von Babylon."

Ein neuer, eigenartiger Triumph gesellte sich zu dem eben erst erreichten. Während er 708 oder 707 in Babylon Hof hielt, erschienen Gesandte von der Insel Cypern (Yatnana), „von den 7 Königen des Landes Ya, eines Bezirkes des Landes Yatnana, welches 7 Tagereisen weit im Westmeere liegt, deren Wohnsitz entfernt ist und deren Landesnamen kein assyrischer oder babylonischer König vordem vernommen hatte, brachten Geschenke: Gold, Silber und allerlei Geräthe aus kostbarem Holz ihres Landes, und küßten seine Füße." Die Stele (Säule) mit dem Bildniß Sargons und einer seine Thaten verkündenden Inschrift, welche 1845 in den Ruinen des alten Kition gefunden wurde und sich jetzt im Museum zu Berlin befindet, wurde wohl um jene Zeit dort aufgestellt.

So konnte also Sargon im Eingang seiner großen Palastinschriften mit Recht sagen: „Asur, Nebo und Merodach, die Götter, meine Helfer, haben mich mit einer Königsherrschaft ohne gleichen betraut und den Ruf meines Namens ausgehen lassen als der ersten einen"; und weiterhin: „Durch die Macht und Stärke der großen Götter, meiner Herren, welche meine Truppen ausziehen hießen und meinen Feinden den Todesstoß gaben, beherrschte ich von Yatnana im Westmeer bis an die Grenze Ägyptens und des Landes Musku, das weit ausgedehnte Phönizien, Syrien in seiner Gesamtheit, das ganze Land Kutu, das ferne Medien bis an die Grenze Elams" u. s. w.

Er war einer der größten und bedeutendſten aſſyriſchen Könige, der neben ſeinen vielen Kriegszügen auch noch Zeit zu Schöpfungen des Friedens fand. Außerdem, daß er da und dort Bewäſſerungskanäle anlegte oder verbeſſerte, ſehen wir ihn auch Sorge tragen für gute Verwaltung und Rechtspflege. Um die Völker, die er unterworfen hatte, „auf der Straße der Gerechtigkeit und des Gehorſams zu erhalten", um neue Revolutionen möglichſt zu verhindern, wendete er in ſehr ausgedehntem Maße das Mittel der Verpflanzung ganzer Stämme und Völker in neue Wohn=ſitze an, ein Mittel, das gewiß in den meiſten Fällen ſich erprobt haben mag. Und als er nun es ſo weit gebracht hatte, daß er ruhiger der Zukunft entgegen ſehen konnte, da entſchloß er ſich, nicht nur einen neuen Palaſt zu bauen, ſondern eine ganze neue Stadt anzulegen. An dem Fuße des Gebirges Musri, nordöſtlich von Ninebe, gründete er „nach Gottes Geheiß und auf Antrieb ſeines eigenen Her=zens" eine Stadt, die er Dur=Sarrukin nannte, und auf deren Ruinen ſpäter das Dorf Khorſabad erbaut wurde. Ihre Mauern bildeten nahezu ein Quadrat, die Ecken genau nach den 4 Himmelsgegenden gerichtet, die kürzeren Seiten je 1645, die längeren 1750 m lang, jede Seite mit zwei großen Thoren geſchmückt, von welchen jedes nach einer Gottheit benannt war.

In der Linie der Nordweſtmauer erhob ſich die Ter=raſſe, auf welcher der Palaſt Sargons ſtand, von welchem Botta den größten Theil wieder aufgedeckt hat: 4—5 große, lange Säle und 15—16 kleinere Gemächer, die Wände alle mit Platten bedeckt, welche in halb erhabener Arbeit die Kriegszüge des Königs und anderes darstellen, oben mit prächtigen emaillirten Backsteinen geschmückt.

Im Jahre 706 war die Stadt mit ihrem Palast und ihren Tempeln fertig und wurde am 22. Oktober jenes Jahres mit großer Festlichkeit eingeweiht. Wir geben gerne darüber den Schluß der großen Sargons=Inschriften in einer unbedeutende Einzelheiten etwas freier behandelnden Uebersetzung: „In einem günstigen Monat, an einem glück= verheißenden Tage rief ich Asur, den Vater der Götter,

Fig. 27. Assyrischer Priester Opfer darbringend.

den großen Herrn, die Götter und Göttinnen, welche wohnen in Assy= rien, in den neuerbauten Palästen, an und brachte ihnen Gaben, kost= bare Metalle und anderes, ein werth= volles Geschenk großartig dar und machte frohlocken ihr Herz. Fette große Rinder, gemästetes Kleinvieh, allerhand Vögel und Fische, den Ueberfluß der Meerestiefen, bis dahin unbekannt, Wein und Honig, die Erzeugnisse glänzender Berge, das Beste der Länder, die Beute meiner Hand, die zum Besitz meiner Majestät hinzugefügt hatte Asur, der Erzeuger der Götter, nebst reinen Opfern und Spenden mannigfacher Art, opferte ich

vor ihnen. Um Wohlergehen, Gewährung ferner Tage
und Befestigung meiner Regierung fiel ich feierlich nieder
und flehte vor ihm.

„Mit den Fürsten der Länder, den Satrapen meines
Landes, den Weisen, Schriftgelehrten, Großen, den Obersten
und Statthaltern Affyriens ließ ich mich nieder in meinem
Palaste und hielt ein Freudenfest; Gold, Silber, goldenes
und silbernes Geräth, Edelgestein, Bronze, Eisen, das Er=
zeugniß des Gebirges, allerlei Spezereien, feines Öl, bunt
gewirkte und leinene Stoffe, purpurblaue und purpurrothe
Gewänder, Elephantenhäute und =Zähne, kostbare Hölzer,
große ägyptische Pferde, Farren, Esel, Kamele, Rinder —
ihren schweren Tribut brachte ich den Göttern dar und
machte frohlocken ihr Herz.

„Asur, der Vater der Götter, möge jenen Palästen in
Heiterkeit seiner reinen Züge treulich gnädig sein, und bis
in ferne Tage möge ihr Ausgang gerühmt und in seinem
reinen Munde erfunden werden! Der Stiergott, welcher
schirmt, der Gott, welcher bewahrt, mögen bei Tag und
bei Nacht volle Genüge in ihnen haben und nicht weichen
von ihrer Seite! Auf sein Geheiß möge ihr fürstlicher
Erbauer ins Greisenalter gelangen, Nachkommenschaft fin=
den, bis in langdauernde Tage hinein altern; er der sie
geschaffen, möge von seiner reinen Lippe genannt werden, und
wer immer sie bewohnt, den wolle er durch leibliches Wohl=
befinden, Freude des Herzens und Heiterkeit des Gemüthes
darinnen frohlocken machen — er sättige sich mit Wonne!"

Auch eine andere Inschrift, die von Place in Khor-
sabad gefunden wurde, enthält ein Gebet zu Nineb, daß
er dem Sargon, dem Erbauer dieses Palastes, langes
Leben gewähren, ihn mit Wonne sättigen und seine Re-
gierung fest gründen möge, und schließt mit den Worten:
„Die Streitrosse lenke, segne sein Gespann! Verleihe ihm
Streitkräfte ohne Gleichen, Macht und Heldenthum! Seine
Waffen lasse ausziehen, damit er bezwinge seine Feinde!"

So hat dieser religiöse Fürst seine Bauten und Werke
unter den Schutz seiner Götter gestellt, und sie sind ihm
in der That günstig gewesen. Er hat nicht nur hohen
Kriegsruhm, sondern auch in den Werken des Friedens
sich Ehre erworben. Von einem besonderen Fortschritt,
welchen die Bildhauerkunst in seinen Basreliefs zeigte,
können wir allerdings nicht reden; sie sind nicht gerade
viel besser als die seiner Vorgänger. Dagegen zeigt sich
in den darauf dargestellten Geräthschaften ein feinerer Geschmack; die Verzierungen an den Schwertgriffen, Arm-
bändern u. s. w., die Stickereien an den Kleidern sind viel
reicher und schöner, und besonders die Zusammenstellung
der emaillirten Backsteine ist überaus prachtvoll.

Nachdem er 17 Jahre regiert hatte, wurde er — nach
der Angabe eines kleinen Bruchstücks einer Thontafel, die
zur Serie der Archontenverzeichnisse gehört — im Jahr
705—4 ermordet. Es ist nicht angegeben, wer sein Mörder war, vielleicht ein chaldäischer Verschwörer, was sich
daraus schließen läßt, daß unmittelbar nach seiner Er-

mordnng Babylon sich wieder gegen Assyrien erhob unter einem gewissen Hagises, der jedoch bald nachher von Merobachbalaban aus dem Wege geräumt wurde.

In Sargons Fußstapfen aber trat sein Sohn und Nachfolger **Sin-ache-irba**, Sanherib („Sin hat die Brüder vermehrt") 705—681 v. Chr. War Sargon bis zu den Ausgrabungen in Khorsabad eine ziemlich unbekannte Persönlichkeit, so war dagegen Sanherib allen mit dem Alten Testamente Vertrauten weit weniger fremd. Und wir können wohl sagen, daß das Bild, welches sich die Meisten von uns nach den Angaben des Alten Testaments von diesem Fürsten entworfen haben, durch dessen eigene Inschriften im wesentlichen bestätigt wird. Wenn wir Sanheribs oberste Würdenträger unter den Mauern Jerusalems sprechen hören, so erhellt sofort, daß jene Männer die Inschriften ihrer Könige gründlich studirt haben, so oft sie durch die Gemächer und Gänge der Paläste einherwandelten. Sie führen ganz die nämliche prahlerische Sprache. Wie unangenehm aber auch die Ruhmredigkeit der Abgesandten Sanheribs berühren mag, die Thatkraft des Königs zwingt doch zur Bewunderung und läßt uns sein Ende als wahrhaft tragisch beklagen.

Auf Grund des mit einer langen Inschrift versehenen, gewöhnlich als „Taylor-Cylinder" bezeichneten sechsseitigen Thonprismas, welches aus dem 15. Jahr seiner Regierung stammt, und einiger anderer Texte können wir ein ziemlich klares Bild von Sanheribs Thun und Treiben gewinnen, zumal wenn wir das Alte Testament und einige Notizen von Herodot und Eusebius dazu nehmen. Hier beschränken wir uns naturgemäß darauf, die Hauptthatsachen herauszugreifen.

Wie sein Vater (S. 186) gegen den babylonischen König Merodachbaladan I., den Sohn des Yakin, so hatte Sanherib wiederholt gegen Merodachbaladan II. ins Feld zu ziehen. Gleich der erste Feldzug, den der assyrische König im Jahr 703 unternahm, war gegen ihn gerichtet. Der König von Elam hatte sich abermals mit Merodachbaladan verbündet. Aber bei der Stadt Kis wurden sie beide geschlagen, worauf Sanherib Babylon und an hundert andere babylonische Städte einnahm und Belibus, der am assyrischen Hofe erzogen worden war, als tributpflichtigen König einsetzte. Im Kanon des Ptolemäus entspricht ihm der Name Belibos. Auch die aramäischen Stämme am mittleren und unteren Tigris und Euphrat mußten sich nun unterwerfen, und Sanherib führte von ihnen 208 000 Gefangene nach Assyrien weg, nebst einer großen Menge von Pferden, Ochsen, Kamelen und Schafen. Im Jahr 700 ruft ihn ein neuer Aufstand Babylons ebendorthin. Merodachbaladan und ein chaldäischer Fürst Namens Suzub hatten sich erhoben und der von Sanherib eingesetzte Belibus hatte sich entweder ihnen angeschlossen, oder wenigstens nicht das Nöthige gethan, um den Aufstand zu dämpfen. Suzub wurde geschlagen, und Sanherib wandte sich nun gegen Bit-Yakin, wohin sich Merodachbaladan

zurückgezogen hatte. Als Sanherib heranzog, flüchtete sich
dieser mit seinen Schätzen und Göttern zu Schiff über den
perfischen Meerbusen nach Elam, und der affyrische König
setzte nun seinen eigenen ältesten Sohn Asur=nadin=sum
als Vicekönig von Gesamt=Babylonien ein. Sanherib
wollte die Flucht seiner Unterthanen nach Elam nicht un=
gestraft hingehen laffen. Von phönizischen Gefangenen
ließ er auf dem Tigris Meerschiffe bauen, fuhr diesen Fluß
bis Opis hinab und weiter mit Benützung des Kanals
Arachtu den Euphrat hinunter, gelangte so in den perfischen
Meerbusen und landete plötzlich an der Südküste Sufianas.
Die Stadt, in welcher die Babylonier ihre neuen Wohn=
fitze aufgeschlagen hatten, wurde genommen, die Nachbar=
schaft geplündert, mehrere elamitische Städte zerstört und
die Gefangenen auf den Schiffen nach Chaldäa und weiter
nach Affyrien geführt. Unterdessen aber waren die Ela=
miten, welche einen Einfall zu Land erwartet hatten, in
das südliche Chaldäa eingerückt und hatten sich mit den
neugesammelten Truppen Suzubs bereinigt. Da kehrten
plötzlich die Affyrer fiegreich wieder heim, landeten und
schlugen die Empörer. Suzub selbst wurde gefesselt nach
Affyrien geschleppt.

Im nächsten (7.) Feldzug zog Sanherib zu Land
gegen Elam, nahm dem König Kudur=Nachundu die Städte
wieder ab, welche die Elamiten zu Sargons Zeit an sich
geriffen hatten, drang tief in das Land selbst ein und
zerstörte 34 feste Städte, welche er sämtlich mit Namen

aufzählt. Als er sich der zweiten Hauptstadt des Landes, Madaktu, näherte, wo der elamitische König seine Residenz aufgeschlagen hatte, flüchtete dieser weiter in das ferne Gebirge. Dorthin ihm zu folgen, war dem assyrischen König nicht möglich. Auf dem Wege nach Madaktu über=fiel ihn ein furchtbares Unwetter, von Regengüssen und Schneefall begleitet. Die angeschwollenen Gebirgsbäche verhinderten sein weiteres Vordringen, so kehrte er nach Ninebe zurück, während den Kuburnachundu ein früher Tod ereilte. Ihm folgte auf dem Thron sein Stiefbruder Ummanmenanu, „ein Mensch ohne Einsicht und Über=legung." Während dieses Feldzugs war Suzub wieder aus dem Gefängniß entronnen und nach mannigfachen Abenteuern nach Babylon zurückgekehrt, wo er aufs neue zum König ausgerufen wurde. Nun sandte er an eben diesen Ummanmenanu die Schätze des großen Beltempels in Babylon, ihn zur Hilfe aufzufordern. Auch unter den Aramäerstämmen am untern Lauf des Euphrat und Tigris brach die Revolution wieder in Flammen aus, und San=herib mußte diesen vielen Feinden, welche zahlreich „gleich Heuschrecken" ihm entgegenzogen und „mit dem Staub ihrer Füße gleich einer schweren Gewitterwolke den Himmel verfinsterten", allein mit seinem assyrischen Heere entgegen=treten. Bei Chalulen am untern Tigris kam es zur blu=tigen Schlacht (Sanherib sagt u. a. „Die Rosse an meinem Streitwagen schwammen in dem massenhaften Blut der Feinde wie der Flußgott"), in welcher die kriegsgewohnten

Affyrer endlich den Sieg davontrugen. Suzub und Um=
mantmenanu flohen nach Elam, Nebo=sum=iskun, ein Sohn
Merodachbaladans, und verschiedene Führer wurden ge=
fangen.

Auf einem abermaligen Zuge, der wie es scheint in das
Jahr 690 v. Chr. zu setzen ist, kehrte sich dann Sanherib
wider die Stadt Babylon selbst. „Gleich einem heran=
nahenden Platzregen stürmte ich und wie ein Unwetter
warf ich sie nieder.“ Die Stadt wird belagert, erobert,
die Bewohner, Klein und Groß, werden niedergemetzelt und
mit ihren Leichnamen die Straßen der Stadt angefüllt.
Suzub fällt mitsamt seiner Familie lebendig in die Hände
des Siegers. Das Schatzhaus wird geplündert, die Götter=
bilder werden zerbrochen. „Stadt und Häuser zerstörte,
verwüstete ich vom Fundament bis zur Bedachung, ver=
brannte sie mit Feuer, Mauer und Wall und Tempel, die
Thürme samt und sonders riß ich ein und warf sie in
den Kanal Arachtu. Durch die Stadt hin grub ich Gräben
und begrub ihre Stätte unter Wasser. Den Bau seines
Fundamentes vernichtete ich, größer denn die Sintflut
machte ich ihre Zerstörung.“ Der Kanon des Ptolemäus
nennt für die Jahre 693 und 691—689 Regebelos und
Mesesimordakos als babylonische Könige, offenbar assyrische
Vicekönige, worauf das unglückliche, nunmehr auch seiner
Hauptstadt beraubte Land abermals der Anarchie anheimfiel.

Von anderen Feldzügen Sanheribs mögen nur kurz
erwähnt werden der gegen Nordosten gerichtete, auf welchem

er bis an die Grenzen Mediens vorbrang, sodann einer
gegen Arabien, auf welchen Asarhaddon gelegentlich anspielt,
und endlich der Zug gegen Cilicien, von welchem wir in=
dessen nur durch griechische Geschichtsschreiber erfahren. Die
Keilinschriften enthalten nichts davon, erzählen vielmehr
von seinem Sohn und Nachfolger einen solchen Kriegszug
nach Cilicien. Die Stadt Tarsus daselbst soll von San=
herib neugegründet worden sein.

Wichtiger sind für uns seine Züge gegen Westen, die
ihn mit Ägypten und Hizkia von Juda in Kampf ver=
wickelten. Auf seinem dritten Zuge, 701 v. Chr., unterwarf
er das ganze Phönizien, Sidon an der Spitze, und em=
pfing Tribut von Usimurun, Arvad, Byblos, Asdod, Am=
mon, Moab und Edom. Weiter ging der Zug gegen
Askalon, dessen König Zedekia mit seinen Hausgöttern
und seiner ganzen Familie nach Assyrien fortgeführt wurde.
Es folgte Ekron. Diese Stadt hatte ihren, den Assyrern
ergebenen König Padi abgesetzt, ihn gefesselt an Hizkia
ausgeliefert und dann aus Furcht vor Bestrafung die
Könige Ägyptens und Äthiopiens zur·Hilfe herbeigerufen.
Bei Altaku, der Jos. 21 genannten Levitenstadt Elteke,
kam es zur Schlacht, die Ägypter und Äthiopier wurden
geschlagen, die obersten Befehlshaber ihrer Streitwagen,
sowie einige ägyptische Prinzen nahm der Sieger mit eigener
Hand gefangen. Elteke und Timna wurden erobert und
geplündert, Ekron selbst streng bestraft: die höchsten Beamten
und die Magnaten der Stadt, welche die Empörung an=

gezettelt hatten, sowie die schuldigen Einwohner wurden weg=
geführt, die Unschuldigen dagegen begnadigt. König Padi,
der, wie es scheint, von Hizkia ohne weiteres freigegeben
worden war, wurde wieder als Vasallenkönig eingesetzt.
Betreffs Hizkias und Jerusalems berichtet Sanherib:
„Und Chazakijahu (Hizkia) von Juda, der sich meinem Joche
nicht unterworfen hatte, 46 seiner festen, ummauerten
Städte nebst zahllosen Dörfern ihres Gebiets eroberte ich
unter Niedertreten der Wälle, durch Überfall, Blutbad,
Sturm, mit Beilen, Äxten und Hacken, 200 150 Bewohner,
Klein und Groß, Mann und Weib, Pferde, Farren, Esel,
Kamele, Rinder, Schafe ohne Zahl führte ich aus ihnen
fort und behandelte sie als Beute. Ihn selbst schloß ich
gleich einem Vogel im Käfig in Jerusalem, seiner Haupt=
stadt, ein, Schanzen warf ich gegen ihn auf und jedweden,
der zu seinem Stadtthor herauskam, nahm ich in Strafe.
Seine Städte, die ich geplündert, trennte ich von seinem
Lande los und gab sie Mitinti, König von Asdod, Padi,
König von Ekron, und Zillibel, König von Gaza; ich ver=
kleinerte so sein Land. Zu der früheren Abgabe ihres
Landes fügte ich Geschenke für meine Herrschaft und legte
es ihnen auf. Ihn aber, den Chazakijahu, warf die Furcht
vor der Erhabenheit meiner Herrschaft nieder, und die
Araber und andere seiner Unterthanen, die er zur Befesti=
gung seiner Hauptstadt Jerusalem hereingenommen und
denen er Sold bewilligt hatte, ließ er 30 Talente Gold,
800 Talente Silber, Glas, ..., große Edelsteine, Elfen=

beinbetten, Elfenbeinseffel, Elephantenhäute und =Zähne, werthvolle Hölzer u. a. m.*), einen schweren Schatz, deß= gleichen seine Töchter, Palastfrauen, Musiker, Sängerinnen nach Ninebe, der Stadt meiner Herrschaft, mir nachbringen und schickte behufs Ablieferung des Geschenks und zur Huldigung seinen Gesandten." Wie man sieht, stimmt dieser Bericht Sanheribs mit den Angaben 2 Kön. 18, 13—16 fast ganz überein, nur spricht der assyrische Text von 800 Talenten Silber, der biblische dagegen von 300. Nach den Berechnungen Brandis' sind indessen 300 israelitische Talente gleich 800 assyrischen; übrigens könnte man ja auch an= nehmen, daß die 500 Talente noch ein besonderes Geschenk waren, wie solches bei den Tributzahlungen so häufig er= wähnt wird.

Zusammmenhang und Verlauf dieser ganzen Expedition haben wir uns etwa so vorzustellen: Sanherib hatte von einem großen Bunde vernommen, welchen die Könige Phö= niziens und Philistäas mit Ägypten und Äthiopien gegen Assyrien geschlossen, und zog nun am mittelländischen Meere herab bis nach Lachis. Unterwegs detachirte er eine Heeres= abtheilung gegen Jerusalem, hauptsächlich vielleicht um die Auslieferung Pabis zu erzwingen. Diese Abtheilung eroberte

---

*) Dieses „u. a. m." führt ein anderer Text Sanheribs näher aus, indem er statt dessen noch angibt: Buntfarbige und linnene Gewänder, purpurrothe und purpurblaue Stoffe, Geräthe von Kupfer, Eisen, Bronze und Zinn, Wagen, Schilde, Lanzen, eiserne Dolche, Bogen und Pfeile, unzähliges Schlachtgeräth.

jene oben erwähnten Städte Judas; Hizkia unterwarf sich,
sandte Tribut nach Lachis und gab wohl auch gleichzeitig
Padi frei. Als nun aber weiter Sanherib von dem Heranzug
der Ägypter und Äthiopier hörte, suchte er, um sich den
Rücken zu decken, Jerusalem selbst schnell in seinen Besitz
zu bekommen und sandte deshalb, wahrscheinlich noch vor
der Schlacht bei Elteke, größere Streitkräfte unter den in
2 Kön. 18, 17 ff. genannten Würdenträgern, gegen die
judäische Hauptstadt und forderte sie zur Übergabe auf.
Da nun trat jene wunderbare göttliche Hilfe ein, von
welcher 2 Kön. 19 und Jes. 37 Kunde gibt, und Sanherib
sah sich gezwungen, unverrichteter Dinge von Jerusalem
abzuziehen und heimzukehren. Rawlinson vertheilt die
Begebenheiten, welche in 2 Kön. 18 erzählt werden, auf zwei
Züge Sanheribs gegen Ägypten, so daß das von Vers 17
an Berichtete in seinen zweiten Zug fallen würde, der nach
der Randbemerkung der englischen Bibel 3 Jahre später
stattgefunden haben soll. Allein in Sanheribs eigenen
Angaben auf dem Taylor-Cylinder, sowie in seinen anderen
Urkunden ist von solchen zwei Zügen gegen Westen auch
nicht die Spur einer Andeutung zu finden. Daß der assy=
rische Bericht den Unfall verschweigt, welcher das Heer
Sanheribs vor den Mauern Jerusalems betraf, ist leicht
erklärlich, und der Abschnitt, welcher von Hizkias großer
Tributleistung handelt, ist offenbar absichtlich an das Ende
gestellt, um dem Ganzen einen einigermaßen befriedigenden
Abschluß zu geben. Daß aber Hizkia den Tribut nach

Ninebe gesandt habe, während die Königsbücher Lachis als den betreffenden Ort nennen, ist offenbar ein — vielleicht absichtlicher — Irrthum des assyrischen Annalisten. Der Verlust so zahlreicher Streitkräfte, wie er vor Jerusalem eintrat, machte das große assyrische Reich natürlich nicht auf längere Zeit unfähig zu weiteren Unternehmungen, und so lesen wir denn auch, daß Sanherib schon bald darnach wieder gegen Norden und Süden Feldzüge machte, um die dortigen Unruhen mit starker Hand zu unterdrücken, wie denn auch die oben erwähnten Züge gegen Elam und Chaldäa zum größten Theil in die Zeit nach jenem kanaan= äischen Feldzuge fallen. Nur scheint es, daß ihn jene Erfahrung doch vorsichtig und ängstlich gemacht habe, so daß er es nicht wieder wagte, seine Hand nach der Haupt= stadt Judäas auszustrecken. Jedenfalls aber hat er seinen Königsruhm, welcher durch seinen dritten Feldzug einiger= maßen getrübt worden war, seitdem glänzend wiederher= gestellt, so daß wir Sanherib als einen der größten assy= rischen Könige betrachten müssen, welcher das Reich mit sicherer Hand zusammenhielt und erweiterte. Vor allem zeugt auch sein Entschluß, Elam mittelst einer Flotte an= zugreifen, und die rasche Ausführung dieses Entschlusses von mehr als gewöhnlicher Thatkraft, kühnem Selbstver= trauen und großem Organisations=Talent.

Die Frage, in welches Jahr die 2 Kön. 20, 12 ff. er= zählte Gesandtschaft Merobachbaladans zu verlegen sei, wird mit Schrader am besten dahin zu beantworten sein,

daß jene Gesandtschaft im Jahr 704 oder 703, jedenfalls
in der Zeit v o r dem ägyptisch=jubäischen Feldzug an Hizkia
abgegangen ist.   Dieselbe hatte offenbar außer dem ange=
gebenen Zweck, den König Hizkia zu seiner Wiedergenesung
zu beglückwünschen, noch einen andern, politischen, nemlich
Hizkia in einen Bund gegen Affyrien hineinzuziehen.

Außer seinem großen Ruhme als Kriegshelb hat sich
aber Sanherib solchen auch als Baumeister, als Beschützer
und Förderer der Künste erworben.   Der große Palast,
welchen er in Ninebe erbaute, übertrifft alle Bauten seiner
Vorgänger an Ausdehnung.   Neben den beiden Haupthallen
von beträchtlicher Länge (45—55 m) finden sich über 20 Räume
von ziemlicher Ausdehnung und noch 40—50 kleinere
Zimmer, die alle um drei große Höfe gruppirt waren.   Seine
Hallen sind breiter als die der andern Paläste und zeigen
auch mehr Thorwege von einem Raum in den andern.   Auf
den Basreliefs erscheint als Fortschritt ein reicher Hinter=
grund: Berge, Felsen, Bäume, Straßen, Flüsse, Seen nebst
wilden Thieren und Vögeln, so daß man wohl sagen kann,
die Künstler Sanheribs haben sich Mühe gegeben, den
Schauplatz der erzählten Ereignisse möglichst getreu darzu=
stellen.   Auch die Vorkommnisse des alltäglichen Lebens
werden uns in lebendiger Darstellung vor Augen geführt.
Hier sehen wir die Diener des Königs Wildbret und an
dünnen Stäben angereihte Heuschrecken zur königlichen Tafel
herbeibringen; dort erscheinen andere Träger mit Kuchen
und sonstigem Backwerk, sowie Obst für den Nachtisch.   Auch

die Art und Weise, wie die kolossalen Stiere und Löwen be=
arbeitet und an Ort und Stelle befördert wurden, sehen wir
genau dargestellt (S. 136); selbst die verschiedenen Nationen,
welchen die Arbeiter angehörten, lassen sich wohl unterscheiden.

Außer durch seine prachtvollen Palastbauten, erwarb
sich Sanherib große Verdienste auch durch Eindämmung
des Tigris, da wo dieser an der Stadtmauer Ninedes hin=
fließt, sowie durch ausgiebige Versorgung der Hauptstadt
mit gutem Trinkwasser. Er erzählt, wie er die Quellen
im Osten und Norden Ninedes gesammelt, ihr Wasser durch
Gräben in den Fluß Choser geleitet und weiter durch neu
angelegte Kanäle der Stadt und ihren Umgebungen zuge=
führt habe. Auch die Befestigungen der Stadt verstärkte er
durch eine neue Mauer und einen „berghohen“ Wall. In
Tarbiz, dem heutigen Scherif Khan, unweit von Ninede,
erbaute er dem Gott Nergal einen Tempel.

Es ist in der That ein tragisches Schicksal, daß ein
Mann, der so Großes für sein Reich geleistet, zuletzt unter
dem Mordstahl seiner eigenen Söhne fallen mußte. Was
diese dazu veranlaßte, wird nicht gesagt; es scheint, daß
die beiden unnatürlichen Söhne das Ableben ihres Vaters
nicht erwarten konnten, um den Thron zu besteigen (der
Erstgeborne, Asur=nadin=sum, ist schon seit 693 von dem
Schauplatz verschwunden); und daß sie gleichzeitig fürchteten,
es möchte ihr jüngerer Bruder, Asarhaddon, wenn der Vater
noch länger lebe, sich noch mehr im Besitze der Macht be=
festigen und sie nicht mehr im Stande sein, ihm Widerstand

zu leiften. Daß Sanherib wirklich diefen feinen jüngeren
Sohn begünftigte, erhellt aus einer Schenkungsurkunde,
mit welcher Sanherib feinem „Sohne Afur=ach=ibbina, fpäter
Afur=etillu=ukin=abal genannt," das Befte und Werthvollfte
(Gold, Elfenbein, Edelfteine) der in Bit=amukkan, einer
babylonifchen Landfchaft, gemachten Kriegsbeute als Ge=
fchenk übermittelt. Von befonderer Wichtigkeit erfcheint die
hier von Sanherib felbft gutgeheißene Namensänderung
des urfprünglichen „Afur hat einen Bruder gegeben" —
woburch der Betreffende ohne Weiteres als Nicht=Erftge=
borner, als Nicht=Thronerbe bezeichnet war — in „Afur,
der Herr, hat den Sohn eingefetzt." Afarhabbon war, wie
es fcheint, ein kriegstüchtiger, junger Mann, als Begleiter
feines Vaters auf deffen Kriegszügen und wohl auch als
felbftändiger Feldherr ein Liebling wie der Armee und des
Volkes, fo auch feines Vaters.

      Im Jahr 681 v. Chr. wurde Sanherib von feinen
beiden Söhnen Abrammelech und Sarezer, während er im
Tempel feines Gottes Nifroch anbetete, ermordet. Die
Mörder flohen nach Armenien, an deffen Grenzen eben da=
mals ihr jüngerer Bruder Afarhabbon mit einer Heeres=
abtheilung ftand, um das ftets zum Aufftand geneigte Land
zu überwachen. Als diefer die Nachricht von der Ermor=
bung feines Vaters erhielt, brach er in Zorn aus und eilte,
fich des ihm von feinem Vater zugedachten Thrones zu
bemächtigen. Hören wir ihn felbft über diefe verhängniß=
vollen Tage berichten! Er fagt:

„Wie ein Leu ergrimmte ich und mein Gemüth tobte.
Die Herrschaft meines väterlichen Hauses auszuüben, zu
bekleiden mein Priesterthum, hob ich meine Hand auf zu
Asur, Sin, Samas, Bel, Nebo und Nergal, zur Istar von
Ninebe und zur Istar von Arbela. Sie nahmen gnädig
an meine Rede, indem sie in ihrer ewigen Gnade das Orakel
mir sandten: „Ziehe hin, werde nicht laß, wir gehen dir
zur Seite und werden niederwerfen deine Feinde." Einen
oder gar zwei Tage wartete ich nicht, mein Heer musterte ich
weder vorn noch hinten (d. h. in keinem seiner Theile), die
Rosse, das Gespann des Joches, auch das Kriegsgeräth prüfte
ich nicht, Proviant für meinen Feldzug brachte ich nicht zu
Hauf, Schnee und Sturm des Monats Schebat, die Ge=
walt des Unwetters scheute ich nicht; gleich einem Raub=
vogel mit ausgebreiteten Schwingen öffnete ich, um meine
Widersacher zu Boden zu werfen, meine Fänge. Die Straße
nach Ninebe zog ich angestrengt, eilends; aber vor mir traten
im Land Chanigalbat all' ihre erhabenen Krieger mir in
den Weg und riefen auf zum Streit ihre Waffen. Die
Furcht der großen Götter, meiner Herren, warf sie nieder:
das Nahen meiner gewaltigen Schlacht wurden sie gewahr
und suchten das Weite. Istar, die Herrin des Kampfes,
der Schlacht, die da lieb hat mein Priesterthum, stand auf
meiner Seite und zerschmiß ihren Bogen; ihre Schlachtreihe,
die sie so fest gefügt, durchbrach sie und in ihrer Gesamt=
heit erscholl der Ruf: Dieser ist unser König!"

Abydenus läßt Abrammelech in der Schlacht erschlagen

werden; andere Nachrichten ſagen, daß die beiden Brüder nach Armenien entflohen, wo ſie von dem regierenden König freundlich aufgenommen wurden und noch längere Zeit lebten.

Aſur-ach-iddina, Aſarhaddon („Aſur hat einen Sohn gegeben") beſtieg nun unter dieſem ſeinem erſten, eigentlichen Namen den Thron und regierte das aſſyriſche Reich von 681—668 v. Chr. Bei aller Kriegstüchtigkeit, welche er mehr als einmal während ſeiner 13jährigen Regentenlaufbahn zeigte, und welche dem Reiche neue Gebiets-erweiterung einbrachte, ſcheint er doch der Milde mehr als der ſtrengen Gerechtigkeit zugeneigt geweſen zu ſein. Bei wiederholten Gelegenheiten erfahren wir, daß er den ihm bittend Nahenden verzeiht, daß er gerne begnadigt und ſeine Hand bereitwillig aufthut, wenn er um Rückgabe dieſes oder jenes Beuteſtücks angefleht wird. Auch ſein Ver-fahren gegen Chaldäa iſt ein völlig anderes, als das ſeiner Vorfahren. Er wendet Milde und Freundlichkeit an. Nach-dem er Merodachbaladans Sohn, Nabu-zir-napiſti-uſteſir, der auf Elam vertraute, verjagt hatte, worauf dieſer nach Elam flüchtete, um dort bald ſeinen Tod zu finden, übergab er Bit-Yakin oder „das Meerland", das Stammland Merodach-baladans, einem andern Sohne desſelben, Nahid-Marduk, welcher aus Elam nach Ninebe floh und ihm freiwillig huldigte. Von da an hatte er Ruhe vor jedem Empörungs-verſuch der Babylonier. Weiter gewann er die Herzen der Bewohner von Babylon und Borſippa dadurch, daß er ihnen Ländereien, die man ihnen genommen, zurückgab; ja endlich beschloß er sogar, Babylon selbst, welches Sanherib so gänzlich zerstört hatte, aus seinen Ruinen wieder erstehen zu lassen. Von dieser seiner Großthat gibt der berühmte sogenannte „schwarze" Stein Asarhaddons Kunde, welcher in Ninebe gefunden wurde, und dessen zwar schwere, aber im allgemeinen doch verständliche Aufschrift etwa folgenden Inhalt hat. Sie beginnt mit der Über= schrift: „Asarhaddon, der König der Heerschaaren, König von Assyrien, Machthaber von Babylon, König von Sumer und Akkad, der Große, der Erhabene, ein Verehrer Nebos und Merodachs," und geht dann weiter, auf Suzub an= spielend, dazu über, daß „einer vor ihm, unter der Regie= rung eines früheren Königs" (gemeint ist Sanherib), an den Tempel Merodachs in Babylon, E=sagila, Hand angelegt und alle seine Schätze als Kaufpreis hingegeben habe. „Darob ergrimmte der Herr der Götter, Merodach; heim= zusuchen das Land und zu vernichten seine Bewohner, eilends beschloß er." Das unter Sanherib über Babylon herein= gebrochene Vernichtungsgericht, von dem oben Seite 198 die Rede war, wird nun — offenbar absichtlich, um die Schuld von Sanherib abzuwälzen — dem Zorn des Gottes Merodach zugeschrieben: er ließ den Kanal Arachtu über seine Ufer treten und führte eine zweite Sintflut über Babylon herauf; er vernichtete die Stadt, ihre Wohnungen und Tempel, und machte sie dem Erdboden gleich, so daß die Götter und Göttinnen, die darinnen wohnten, zum

Himmel emporſtiegen. Dieſer Greuel der Verwüſtung ſollte
nach Merobachs Rathſchluß — entſprechend der ihm heiligen
Zahl 11, womit ſein Name ſehr häufig kurzweg geſchrieben
wird — elf Jahre dauern (eine in chronologiſcher Beziehung wichtige, wohl noch nicht genug beachtete Thatſache),
nach deren Ablauf Merobach „aus dem Kreis ſeiner Brüder" Aſarhaddon erſieht, die verfallene Stadt wieder auf-
zubauen. So gab Aſarhaddon gleich „im Anfange ſeines
Königthums, in ſeinem 1. Regierungsjahr," als er eben den
Thron beſtiegen hatte, den Befehl, Babylon zu bauen
und Eſagila zu erneuern. Er beruft alle ſeine Unterthanen,
ſowie alle Bewohner des Landes Karbunias, und nimmt
ſie, ihnen Öl und Honig und Wein in Fülle gewährend,
in ſeinen Frohndienſt. Ja, er ſelbſt ſetzt ſich den kuduru,
d. i., wie es ſcheint, ein Rohrgeflecht, die Kopfbedeckung
und dann das Symbol der Arbeiter, ſpeziell der Bauleute,
auf ſein eigenes Haupt, dadurch den Wiederaufbau der Stadt
feierlich eröffnend. Dann fährt er fort: „Eſagila, den großen
Göttertempel, und ſeine übrigen Tempel, Babylon, die
ewige Stadt, Imgur-Bel, ſeine Mauer, Nimit-Bel, ſeinen
Wall, ließ ich von ihrem Fundament bis zu ihrer Spitze
neu aufbauen, groß, hoch und gewaltig aufführen. Die
Bilder der großen Götter erneuerte ich, in ihrem Aller-
heiligſten ließ ich ſie die Wohnung nehmen auf ewig."

    Doch nicht allein in Babylon, auch in den übrigen
Städten ſeines Landes zeigt ſich Aſarhaddon als Bau-
meiſter. Er erzählt, daß er mit Hilfe der Kriegsbeute „die

Tempel der Städte Assurs und Akkads habe herstellen
lassen, und sie mit Silber und Gold ausgeschmückt und
taghell glänzend gemacht habe". Kalah und Ninebe hatten
sich seiner besonderen königlichen Fürsorge zu erfreuen. In
Kalah baute er einen großen Palast, welcher aber leider
unvollendet blieb und durch Feuer so zerstört worden ist,
daß alle Bilder, welche man dort ausgrub, in Folge des
Durchglühtwerdens, in Staub zerfielen. Das Merkwürdigste
ist, daß zuerst in Asarhaddon's Palast neben den geflügelten
Löwen und Stieren auch Sphinxe vorkommen, welche die
Assyrer damals in Ägypten kennen lernten. Doch sind sie
nicht bloße Nachbildungen der ägyptischen, sondern zeigen
ganz entschieden assyrischen Charakter. In Ninebe riß er
das alte Schatz= und Zeughaus seiner Vorfahren, welches
zu klein geworden war, nieder und führte auf dem be=
deutend erweiterten Grunde einen neuen großen Palast auf,
zu welchem ihm die 22 Könige des Landes Chatti, die da
„wohnen am Meere und im Meere", Baumaterialien an
Holz und Steinen zuführen ließen. „In einem günstigen
Monat, an einem glückbringenden Tage" ward der Bau
dieses Palastes oder besser Complexes von Palästen (denn
dieser Neubau sollte Asarhaddon gleichzeitig zur eigenen
Residenz dienen) begonnen; und als der einzigartige Bau
vollendet, auch die Anlage eines großen Parkes rings um
ihn her beendet war, erfolgte seine festliche Einweihung.
Das sechsseitige Thonprisma, welches aus den Ruinen von
Nebi Yunus stammt und die Hauptbegebenheiten der Re=

gierung Aſarhaddons aufzählt, obwohl nicht in chronolo=
giſcher Reihenfolge, erzählt uns alles dies ſehr eingehend.
Nachdem der König zuerſt allen Göttern Aſſyriens in dem
neuen Palaſte Opfer und Geſchenke dargebracht, veranſtaltet
er ſeinen Großen und allen Vornehmen des Landes ein
Feſtgelage voll ausgelaſſener Freude. Dieſer Palaſt auf
dem Hügel Nebi Yunus konnte bis jetzt leider nur zum
geringſten Theil bloßgelegt werden, weil — wie ſchon oben
erwähnt — nicht nur eine Moſchee auf ihm erbaut iſt,
ſondern auch ein muhammedaniſcher Begräbnißplatz ſich auf
demſelben befindet. Es iſt indeſſen zu hoffen, man werde
in Zukunft auch die Überreſte dieſes großen Palaſtes auf=
decken können, ohne das Pietätsgefühl der Muhammedaner
allzu empfindlich zu verletzen, und ſo ſeine Schätze der
Wiſſenſchaft dienſtbar machen. Ein kleiner Palaſt, welchen
Aſarhaddon in Tarbiz oder Scherif=Khan für ſeinen Sohn
Aſurbanipal baute, iſt ganz ausgegraben worden, hat aber
nichts ſonderlich Merkwürdiges ergeben. Er war viel kleiner
als die ſonſtigen aſſyriſchen Palaſtbauten, und ſcheint auch
beim Tode Aſarhaddons noch unvollendet geweſen zu ſein.

Dies ſind die Friedensarbeiten, welche der unter=
nehmungsluſtige König während ſeiner Regierung aus=
führte. Von ſeinen kriegeriſchen Unternehmungen aber ſind
am denkwürdigſten folgende:

Wohl ſchon im erſten ſeiner Regierungsjahre zog er
nach Phönizien, wo ſich der König von Sidon, Abdimilkut,
und Sanduarri, der König der Städte Kundi und Sizu,

bei der Nachricht von Sanheribs Ermordung von Assyrien unabhängig erklärt hatten. Beide mußten ihren Abfall schwer büßen. Sidon wurde erobert, geplündert und zerstört; Abbimilkut aber, der ins Meer hinausgeflohen war, „angelte der assyrische König heraus gleich einem Fisch und schlug ihm den Kopf ab". Ebenso erging es seinem Bundesgenossen von Kundi, einer wohl ostwärts von Sidon im Libanon gelegenen Stadt. Die Einwohner von Sidon wurden sobann weggeführt, und an einem anderen Orte ward eine neue Stadt gegründet, welche den Namen „Asarhabdonsburg" erhielt und mit Gefangenen „vom Gebirg und Meer des Ostens" bevölkert wurde.

Eine andere Unternehmung Asarhabbons wendete sich nach dem Lande Bazu, „einer fernen Gegend", trocken, wasserlos, einem Ort des Verschmachtens. Aber der assyrische König durchzieht trotzdem das ganze Land von einem Ende bis zum andern — 140 Meilen Sümpfe und Steine, 20 Meilen Schlangen und Scorpionen, „von welchen der Boden wimmelte, wie von Heuschrecken", 20 Meilen bergiges Terrain (dieser letztere Theil führte auch den speciellen Namen Chazu) — nichts hielt den König ab, in diesem Lande, „wohin seit Ewigkeit noch keiner seiner königlichen Vorfahren gelangt war", immer weiter vorzudringen. Die genaue Lage dieser Länder Bazu und Chazu, welche auch im Alten Testamente vorkommen (vergl. 1 Mos. 22, 21 f. Jer. 25, 23) als Buz und Chazo, läßt sich leider noch nicht angeben; manche wollen sie in Arabien finden. Acht Fürsten

jenes Landes wurden getödtet, ihre Götter und Schätze nach
Ninebe geführt. Eben dorthin wandte sich später auch der
König Laile, welcher geflüchtet war. „Er kam vor mich,"
sagt Asarhaddon, „und küßte meine Füße. Gnade bewilligte
ich ihm, sprach ihm zu das Begehrte: auf seine Götter=
bilder, die ich fortgeführt, schrieb ich die Macht Asurs,
meines Herrn, und stellte sie ihm zurück. Die Distrikte des
Landes Bazu übergab ich ihm; Abgabe und Tribut meiner
Herrschaft legte ich ihm auf."

In welchem Jahr der 2 Chron. 33, 11 erwähnte Zug
„der Heerführer des Königs von Affyrien" nach Jerusalem
stattfand, läßt sich noch nicht bestimmen. Wie es scheint, hat
Manaffe nach dem Tode Sanheribs an dem Bunde gegen
Affyrien theilgenommen, Asarhaddon aber, um ihn zu züch=
tigen, ein Heer abgesandt und ihn nach Babylon, wo ja
der affyrische König zeitweise residirte, in die Gefangen=
schaft fortführen lassen. Daß er Manaffe später wieder
begnadigte, entspricht ganz Asarhaddons versöhnlichem
Charakter. Aus den Keilschriftdenkmälern erfahren wir
betreffs Manaffe's oder — wie sie ihn nennen — Minaffe's,
auch Minse's, nichts, als daß er gleich den andern
21 Königen des Chattilandes und Cyperns ebensowohl
Asarhaddon als Asurbanipal tributpflichtig war.

Ein noch bedeutenderer Feldzug, von welchem wir aber
nur theils durch seinen Sohn, theils durch andere Schrift=
steller erfahren, war der nach Ägypten. Tirhaka hatte
sich dieses Landes bemächtigt und Asarhaddon zog wider

ihn mit bedeutender Heeresmacht. Im untern Nilthal wurde „Tarku, der König von Kus", d. i. eben Tirhaka, gänzlich geschlagen und Memphis erobert, worauf jener noch weiter nach Süden flüchtete. Bis hinauf nach Theben (assyrisch Niʾ, hebr. No) unterwarf der assyrische König das ganze Land und theilte es dann in 20 Fürstenthümer, über welche er einige assyrische, meist aber einheimische Könige setzte, unter welchen Necho, der Vater Psammetichs, der oberste war. Nachdem Asarhaddon so die Regierung Ägyptens geordnet hatte, kehrte er heim, wobei er unterwegs, 671 oder 670 v. Chr., an der Mündung des Nahr-el-kelb oder des „Hundsflusses" bei Beirut eine mächtige Gedenktafel in der Felsenwand anbringen ließ, neben der seines Vaters, zum Gedächtniß an seinen Sieg über Tirhaka. Von da ab bezeichnete er sich, wie Backsteine aufweisen, mit dem stolzen Titel: „Asarhaddon, der große König, der mächtige König, der König der Heerschaaren, König von Assyrien, Macht= haber von Babylon, König von Sumer und Akkad, König der Könige von Muzur, Paturisi und Kusi (Ägypten, Patros und Äthiopien)."

Nach einer in jeder Beziehung glänzenden und gewiß auch für das Land wohlthätigen Regierung neigte sich die Sonne Asarhaddons, in Dunkel gehüllt, zum Untergang. Im Jahre 670/669 v. Chr. wurde er von schwerer Krank= heit ergriffen, und fühlte, daß er nicht länger im Stande sei, die Last der Regierung zu tragen. So übergab er denn am 12. Ijyar in Ninebe seinem ältesten Sohne Asur=bani=

pal in Gegenwart der königlichen Prinzen, der Großen und
Hofbeamten und allen Volks die Regierung Assyriens,
während er selbst sich nach Babylon zurückzog, die Regie-
rung dieses Landes sich vorbehaltend. Er sollte die ersehrte
Ruhe nicht lange genießen. Schon im Jahr 668 oder zu
Anfang des Jahres 667 starb er und **Asur-bani-pal** („Asur
ist der Erzeuger des Sohnes") übernahm nunmehr die
Herrschaft über das gesamte assyrische Weltreich. Den
Namen dieses Fürsten haben die Griechen bekanntlich durch
Sarbanapal wiedergegeben, sein Bild aber fast vollständig
verzeichnet. Ihrem Berichte nach war er ein weichlicher,
weibischer Mensch, welcher in den innersten Gemächern
seines Palastes saß und sich mit weiblichen Arbeiten beschäftigte, mit seinen Frauen spann und sich in Frauen-
gewänder kleidete. Von fast all' diesem ist gerade das
Gegentheil wahr. Nur einige ältere griechische Schriftsteller,
z. B. Kallisthenes, Herodot u. a., unterscheiden den Sarbanapal der Keilschriftdenkmäler von jenem des Ktesias und
schildern ihn als einen gewaltigen Kriegsmann. Das
treueste Bild gibt Asurbanipal selbst von sich, wenn er —
freilich in hochklingenden Worten — im Eingang seiner
großen Prisma-Inschrift sagt: „Ich, Asurbanipal, empfing
darin (nemlich im Bit-ributi oder Frauengemach, dem Harem,
in welchem Sanherib als Prinz wie als König gelebt und
Asarhaddon geboren worden und aufgewachsen war, auch
die Herrschaft über Assyrien ausgeübt hatte) — „ich empfing darin die Weisheit Nebo's, das Ganze der Tafel-

schreibung: nach aller existirenden Völker Besitz schaute ich aus. Ich lernte Bogen schießen, reiten, Wagen bespannen. Auf Befehl der großen Götter, deren Namen ich anrief, deren Ruhm ich verkünde, befahlen sie mir, die Königs= herrschaft auszuüben, übergaben sie mir die Fürsorge für ihre Tempel, indem sie, so oft ich zu ihnen sende, meine Widersacher unterwerfen, meine Feinde besiegen. Ein Mann, ein Held, der Liebling Asurs und Istars, von königlichem Geblüt bin ich."

Er gibt hier in kurzen Worten die Hauptzüge seines Charakters, seiner Lieblingsneigungen, seiner Thätigkeit: er ist der Sammler der großen Bibliothek, der Beschützer und Förderer der Künste und Wissenschaften, der große Baumeister und der gewaltige Kriegsmann, der fast un= unterbrochen mit seinen Feinden im Kampfe liegt, bis er das Reich in seiner ganzen großen Ausdehnung beruhigt hat. Da bleibt kein Raum für weibische Weichlichkeit.

Von den bedeutendsten Kriegen, welche er führte, nennen wir zunächst die ägyptischen. Tirhaka, der von Asarhaddon besiegte äthiopische König, hatte, der von dem letzteren ein= gesetzten kleinen Stadtkönige spottend, Theben, Memphis und andere Städte Ägyptens wieder eingenommen. Bald nach seiner Thronbesteigung sammelte Asurbanipal seine Truppen und rückte über Syrien und Phönizien gegen „Tarku, den König von Ägypten und Äthiopien" vor. Die 22 Könige am und im Mittelmeer brachten ihm Geschenke und Huldigung dar und unterstützten das assyrische Heer

mit Hilfstruppen und Schiffen.   Bei Karbanit kam es
zwischen den Assyrern und Ägyptern zur offenen Feldschlacht:
die letzteren wurden geschlagen und Tirhaka, der indessen
ruhig in Memphis geblieben war, floh bei der Nachricht
von der Niederlage seines Heeres von Memphis weiter
nach Theben.   Ersteres fiel in die Hände des Siegers.
Asurbanipal setzte die Könige und Satrapen, welche sein
Vater bestellt hatte, wieder ein, verstärkte die Besatzungen
und kehrte mit reicher Beute nach Ninebe zurück.   Aber die
Vasallenfürsten spannen Verrath.   Sie dachten mit Recht,
so lange Tirhaka nicht in der Gewalt des assyrischen Königs
sei, könnten sie ihre Herrschaft jeden Augenblick wieder an
jenen verlieren.   Deshalb trugen sie dem Tirhaka ein Schutz=
und Trutzbündniß an.   Allein die assyrischen Besatzungs=
Kommandanten hatten von allen diesen Plänen Wind be=
kommen: sie fingen die Boten mitsamt ihren Briefen auf,
legten die Könige in Fesseln und Banden und schickten sie
nach Ninebe.   Nur Necho fand Gnade und völlige Ver=
gebung.   Ja, Asurbanipal kleidete ihn in köstliche Gewänder,
gab ihm eine goldene Kette um den Hals und goldene
Spangen an seine Füße, schenkte ihm einen mit Asurbani=
pals Namen versehenen Dolch in goldener Scheide, des=
gleichen Wagen und Pferde und Farren, und schickte ihn
unter dem Schutze jener Generäle nach Sais zurück, wäh=
rend er seinen Sohn Nabu=sezib=anni über Athribis zur
Herrschaft berief.   Necho ereilte in Theben der Tod und
es folgte ihm auf dem Thron Urdamane, der Sohn des

Sabaku, welcher nun seinerseits zu einem neuen Ansturm gegen die Assyrer sich anschickte. Durch Eilboten benachrichtigt, zieht nun Asurbanipal abermals nach Ägypten, Urdamane flieht von Memphis nach Theben, die Könige und Statthalter, durchweg assyrische Kreaturen, huldigen Asurbanipal von neuem. Sein Gegner flieht, als das assyrische Heer sich Theben nähert, von dieser Stadt noch weiter nach Kipkip, der Hauptstadt Nubiens, Theben selbst wird erobert, das Schatzhaus geplündert und zwei große, prächtige Säulen (Obelisken) von ihrem Platze am Tempelthore weggenommen und nach Assyrien gebracht. „Mit vollen Händen" — so schließt der König seinen Bericht — „kehrte ich wohlbehalten nach Ninebe, der Stadt meiner Herrschaft, zurück." Alle diese Unternehmungen hatten freilich, wie wir bekennen müssen, keinen dauernden Erfolg, sie führten nicht zu bleibender Unterwerfung des fernen Nillandes unter die assyrische Herrschaft.

Nach diesen beiden ägyptischen Feldzügen finden wir Asurbanipal auf seinem 3. Zuge im Kampfe mit Thyrus. Es gelang ihm wohl, dem König Baal die Zufuhr abzuschneiden und ihm in dieser Bedrängniß eine gewisse Huldigungsleistung abzunöthigen, indem ihm Baal seine Tochter und die Töchter seiner Brüder als Geschenk für seinen Harem übersandte; aber die Inselstadt selber konnte er doch nicht einnehmen. In ähnlicher Weise wie Baal huldigten ihm auch die Könige von Arvad, Tabal und Cilicien. Gyges aber, der König von Lydien, hatte, wie Asurbanipal

erzählt, Nachts einen Traum, den ihm Afur gesendet, und
vernahm die Worte: „Die Füße Afurbanipals, des Königs
von Affyrien, umfasse, in seinem Namen besiege deine
Feinde!" Sofort ließ er eine Gesandtschaft nach Ninebe
abgehen und schlug auch in der That die Cimiräer (Kim=
merier), welche sein Land bedrängten, worauf er zwei der
gefangenen Häuptlinge, gefesselt, samt reichen Geschenken,
Afurbanipal zusandte. Als Gyges aber später die Ge=
sandtschaften unterließ und sogar dem König Tu=sa=mil=ki
von Ägypten Hilfstruppen schickte, da betete Afurbanipal
zu Afur und Istar: „Vor seine Feinde werde sein Leichnam
geworfen, sie mögen wegschleppen seine Gebeine!" Und wie
er gebetet, so geschahs. Die Cimiräer überwältigten sein
Land und er selbst fiel, worauf sein Sohn Ardys den Thron
bestieg und dem König Afurbanipal als unterwürfiger
Diener seine Huldigung darbrachte.

Auch gegen Norden und Nordosten dehnte Afurbanipal
die Grenzen seines Reiches aus, indem er einen Zug gegen
das Land Mannai (das alttestamentliche Minni) unternahm,
eine Landschaft am Van=See mit der Hauptstadt Izirtu.
Das Land wurde, wie es scheint, mit leichter Mühe erobert
und viele Städte zerstört, worauf eine Empörung entstand,
in welcher der König Achseri, der aus seiner Hauptstadt
geflüchtet war, ermordet wurde. Sein Sohn Ualli unter=
warf sich dem assyrischen König und sandte seinen Sohn
zur Huldigung, beßgleichen seine Tochter für den königs=
lichen Harem nach Ninebe. So erhielt er gegen erhöhte

Tributleistung Begnadigung und Bestätigung auf dem
Thron.

Ein Streit mit dem König Urtaki von Elam, welcher
den aramäischen Stamm Gambulu am untern Tigris auf=
gereizt hatte, führte Asurbanipal im nächsten Jahr in das
Land dieses Erbfeindes des assyrischen Reiches. Urtaki
wurde geschlagen und entkam mit genauer Noth nach Susa,
wo er bald darauf starb. Nun brach eine Palastrevolution
aus, aus welcher Te=umman, ein jüngerer Sohn des
Verstorbenen, als Sieger hervorging, worauf er sofort sich
daran machte, die Familien seiner beiden Brüder Umma=
nigas und Tammaritu auszurotten. Diese aber flohen nach
Ninebe. Ein neuer Feldzug brachte den assyrischen König
bis unter die Mauern von Susa. „Ich schlug — so er=
zählt er selbst — dem Te=umman den Kopf ab, ihrem König,
der sich so stark gedünkt und auf Feindschaft gesonnen
hatte. Ohne Zahl erschlug ich seine Krieger; mit eigener
Hand fing ich lebendig seine Streiter. Mit ihren Leich=
namen füllte ich gleichwie mit Dornen und Disteln die
Umgebung von Susa. Ihr Blut ließ ich in den Fluß
Ulai strömen, seine Wasser färbte ich wie Wolle." Das
Land wurde getheilt, und jene zwei Söhne des Urtaki
als Vasallenkönige eingesetzt. Auf dem Rückweg aber
mußten die Gambuläer die schwere Hand des assyrischen
Königs fühlen. Ihre Festung Sapibel wurde einge=
nommen, die Bewohner „gleich Schafen hingeschlachtet,"
die gesamte Familie des Stammes=Oberhauptes ge=

fangen weggeführt, die Stadt zerstört und im Waffer
begraben.

Jetzt aber brach ein Sturm los, welcher alle seitherigen
Erfolge Afurbanipals mit Einem Schlage zu vernichten
drohte. Sein Bruder S a m a s = f u m = u k i n (der Saosduchinos
des ptolemäischen Kanon, 667—647 v. Chr.), welchen Afur=
banipal gleich beim Antritt feiner Regierung zum Vicekönig
von Babylonien ernannt hatte, empörte fich voller Arglift
wider ihn, brachte Gesamtbabylonien, Akkad, Chaldäa
und das Meerland famt den Aramäerftämmen zum Ab=
fall, und auch Ummanigas, den König von Elam, die
Könige von Kutu, vom Westland, von Arabien und
Äthiopien gelang es ihm, für diese große Koalition zu ge=
winnen. Gleichzeitig unterwarf auch Pfammetich Ägypten
und Gyges schickte ihm als dem gemeinfamen Feinde Affy=
riens bewaffnete Hilfe (S. 220). Hier nun follte fich die Umficht
und unbeugfame Thatkraft Afurbanipals aufs glänzendfte
bewähren. Er ließ Ägypten einstweilen völlig bei Seite
und wandte fich, durch ein günftiges Traumgeficht noch
befonders ermuthigt, mit ganzer Macht gegen Südoften.
Zum Glück für ihn gab es in Elam wieder Thronftreitig=
keiten, fo daß wenigftens diefer Feind nicht miteinzugreifen
vermochte. Ummanigas wurde nämlich mit feiner ganzen
Familie von Tammaritu ermordet, diefer aber, als er fich
eben anfchickte, Samasfumukin zu Hilfe zu kommen, von
einem feiner Unterthanen, Indabigas, entthront, worauf
er mit feiner ganzen Familie und 85 feiner Großen nach

Ninebe flüchtete. Asurbanipals Großmuth nahm die Flücht=
linge wohlwollend auf. So wurde es Asurbanipal mög=
lich, sich mit ganzer Macht wider seinen rebellischen Bruder
zu kehren und ihn mit verhältnißmäßig leichter Mühe zu
züchtigen. Sippar, Babylon, Borsippa und Kutha wurden
belagert, bis endlich die Hungersnoth in ihren Mauern
ausbricht und die Bewohner sogar vor dem Fleisch ihrer
Söhne und Töchter nicht mehr zurückschrecken. Samas=
sumukin sucht und findet den Flammentod. „Die großen
Götter warfen ihn in die brennende Feuerflamme, ver=
nichteten sein Leben. Aber die Leute, welche Samas=
sumukin, meinen feindlichen Bruder, zu solchen Thaten,
zum Bösen das er gethan, verleitet hatten, sie fürchteten
sich vor dem Sterben, ihr Leben war ihnen zu lieb, und
so stürzten sie sich nicht mit Samassumukin, ihrem Herrn,
in das Feuer." Dafür verfielen sie der um so furcht=
bareren Strafe des Stegers. Sie wurden lebendig zer=
stückelt und ihre Gliedmaßen den Hunden, Schakalen,
Geiern, Adlern, den Vögeln des Himmels und den Fischen
der Wassertiefe zum Fraß hingeworfen. „Von den Leichen
der an Pest und Hunger Gestorbenen, einer willkommenen
Beute der Hunde und Schakale 2c., waren die Straßen
gesperrt, wimmelten die Plätze". Auch die übrigen Bewohner
Babyloniens und die Aramäer unterwarfen sich von neuem
der assyrischen Oberherrlichkeit.

Nunmehr kehrte sich Asurbanipal gegen Elam, an dessen
Hofe allem Anschein nach die Enkel des uns wohlbekannten

Merobachbalaban einen großen Einfluß besaßen und immer
von neuem gegen Affyrien schürten. Drei Jahre nach=
einander finden wir Asurbanipal im Kampf mit dem da=
maligen elamitischen König Ummanalbas, bis er das Land
gänzlich unterworfen und als Provinz dem affyrischen
Reiche einverleibt hatte. Es war der 8. Feldzug des
Königs, welcher das Schicksal Elams und seiner Haupt=
stadt besiegelte. Ummanalbas war in das Gebirge ent=
flohen, während das affyrische Heer 60 Meilen weit ein=
bringt, alle Städte in raschem Siegeszuge erobernd. Auf
der Rückkehr fällt auch Susa in die Hände des Siegers.
Die Schatzkammern, „an welche noch niemals ein Feind
die Hand angelegt", werden geplündert. Auch all das
Silber und Gold, welches „zu sieben Malen" elamitische
Könige aus Sumer, Akkad und Karbunias geraubt hatten,
auch die Kroninsignien, welche frühere Könige von Akkad
und noch zuletzt Samassumukin an Elam hingegeben hatten,
wurden wieder erbeutet. Susa wird von Grund aus zer=
stört, sogar die Königsgräber werden verwüstet und die
Gebeine nach Affyrien geschleppt. Die Bildnisse aller ela=
mitischen Gottheiten und die Königsstatuen beßgleichen.
Bei dieser Gelegenheit wird auch die Göttin Nana, welche
Kudur=Nanchundi aus Erech weggenommen hatte, wieder
zurückgeführt (vergl. S. 79 f.). Ganz Elam wurde zur
Wüste gemacht: „menschliche Rede, den Tritt von Rindern
und Schafen, fröhliches Jubelgeschrei schloß ich aus von
seinen Auen; Wildesel, Gazellen, Thiere des Feldes aller

Art ließ ich rudelweise auf ihnen lagern." Trauernd kehrte Ummanalbas nach den Trümmern seiner Residenz-stadt Madaktu zurück. Und als Asurbanipal nun einen Gesandten schickte, um die Auslieferung des Nabu-bel-zikre, des Enkels Merodachbaladans, zu verlangen, ließ sich dieser von seinem Schildknappen durchbohren, aber Ummanalbas gab aus Furcht sogar die Leiche des babylonischen Königs-sohnes und das Haupt des Schildknappen jenem Gesandten. Dieser bringt beides vor den assyrischen König. Und was thut Asurbanipal? "Seinen Leichnam ließ ich nicht bestatten, noch einmal ließ ich ihn töbten — ich schlug der Leiche den Kopf ab." So wenig verstand Asurbanipal, den letzten Sproß einer für ihre Unabhängigkeit kämpfenden Helden-familie wenigstens noch im Tode zu ehren.

Nunmehr konnte Asurbanipal nach Beendigung des elamitischen Krieges in einer seiner kleineren Inschriften sagen: "Unter ihrem (Istars) hohen Beistand nahm meine Hand sie (die elamitischen Könige) gefangen, und an meinen königlichen Wagen ließ ich sie spannen. In ihrem hehren Namen bin ich durch alle Länder hingezogen, ohne meines Gleichen zu haben."

Nachdem so Elam unterworfen war, ereilte die Strafe auch die Araber. Ein König Uaite war hier Asurbanipals Hauptgegner. Als dieser nämlich von der Empörung Akkads gehört hatte, fiel er von Assyrien ab, verweigerte den Tribut und sandte überdies den Abiyate und Aimu, die Söhne des Teri, mit Streitkräften dem Samassumukin zu Hilfe.

In Edom und Moab, in der Umgegend von Damaskus und Zoba ſchlug Aſurbanipal die Araber; ſeine Königszelte zurücklaſſend flieht Uaite allein in das Nabatäerland zu deſſen König Nadnu. Der König von Kedar, der das unter aſſyriſcher Herrſchaft ſtehende Weſtland mit ſeinen Raubzügen heimgeſucht hatte, wird gefangen genommen und muß, an die Kette gelegt und in einen Hundekäfig geſperrt, am Oſtthor von Ninebe Wache halten, ebenſo ergeht es einem Verwandten jenes Uaite, welcher die Herr= ſchaft über Arabien eigenmächtig an ſich geriſſen hatte. Die Streitkräfte jener beiden arabiſchen Heerführer ſtarben theils in Babylon den Hungertod, theils fielen ſie außer= halb der Mauern durchs Schwert. Abiyate entkam allein, faßte die Füße Aſurbanipals, wurde begnadigt und zum König über Arabien eingeſetzt, freilich nur, um ſofort mit den Nabatäern ſich ins Einvernehmen zu ſetzen, und aſſy= riſches Gebiet zu brandſchatzen. Nunmehr zieht Aſurbanipal auf langem beſchwerlichem Zuge durch die große ſyriſch= arabiſche Wüſte gegen Abiyate und die ihm verbündeten Kebräer und Nabatäer. In einer großen Schlacht am Berge Chukkurina ſüdöſtlich von Damaskus im Hauran werden die Araber aufs Haupt geſchlagen, Abiyate und Aimu gefangen genommen und gefeſſelt nach Aſſyrien ge= ſchleppt, wo Aimu ſpäter lebendig geſchunden wurde. Wer entkam, verſchmachtete. Kamele wurden in ſo unzähliger Menge erbeutet, daß ſie „wie Schafe" an die Bewohner Aſſyriens vertheilt werden konnten. Uaite und ſeine Krieger,

die geflohen waren, verfolgt Hunger und Pest, und als
das eigene Heer gegen Uaite sich empört, flieht dieser allein
aus seinem Zelte, wird aber von den Assyrern ereilt, nach
Ninebe gebracht, verstümmelt und ebenfalls wie ein Hund an
dem Ostthore Ninebes im Käfig ausgestellt. Auf dem Rückweg
von diesem seinem neunten, arabischen Feldzug bestrafte Asurbanipal auch noch die phönizischen Städte Uscha und Akko.

Erinnern wir schließlich noch einmal daran, daß Gyges
von Lydien im Kampf gegen die Cimiräer gefallen war
und sein Sohn Ardys freiwillig dem assyrischen König sich
unterwarf, so hätten wir in großen Hauptzügen die kriegerische Thätigkeit Asurbanipals geschildert, soweit uns
nämlich Nachrichten aufbehalten sind. Von seinen letzten
Jahren schweigt leider zur Zeit noch die Geschichte: die
großen Thonprismen brechen mit dem Archontate des
Samas-bannin-anni, Statthalters von Akkab, etwa um
647 v. Chr. ab.

Kleinere Inschriften auf Basreliefs lehren, daß dieser
große König als Jäger ebenso muthig und unerschrocken
war, wie als Krieger. Eine dieser Jagdinschriften lautet:
„Ich, Asurbanipal, König der Heerschaaren, König von Assyrien, habe in meiner Tapferkeit zu Fuß einen mächtigen
Wüstenlöwen bei seinen Ohren gepackt. Unter dem Beistand Asurs und Istars, der Herrin der Schlacht, habe ich
mit dem Speer meiner Hand seinen Leib durchbohrt.“ Ein
ander Mal rühmt er sich, einen Löwen beim Schwanz ergriffen und todtgeschlagen zu haben.

Für uns ist Asurbanipal am wichtigsten als Freund der
Wissenschaften, als der Sammler der großen Bibliothek zu
Ninebe, welche in Tausenden von Thontafeln in dem Löwen=
zimmer seines Palastes von Rassam aufgefunden wurde
und ungeahnt helles Licht über die Geschichte, Sitten
und Gebräuche, Sprache und Religion der Chaldäer und
Assyrer gebracht hat. Während seine Vorgänger sich damit
begnügten, ihre Feldzüge samt der gemachten Kriegsbeute
in oft recht trockener Weise aufzuzählen, sammelte er in
den Tempelbibliotheken der chaldäischen Städte, vor allem
Kuthas, Erechs, Babylons, Nippurs, Sipparas alle
alten Schriftdenkmäler, deren er habhaft werden konnte,
und ließ sie — gleichsam im Vorgefühl des nahen Zu=
sammenbruchs der mesopotamischen Reiche — durch seine
Bibliothekare und Schreiber noch einmal abschreiben. Die
Assyriologie verdankt so diesem König ihren größten und
werthvollsten Schatz, die allgemeine Menschheitsgeschichte
deßgleichen ein Monument vielseitigsten, unschätzbaren
Werthes.

Auch als Baumeister hat Asurbanipal sich ausgezeichnet.
Außer verschiedenen Tempeln in den Städten Assyriens
und Babyloniens erbaute er sich auf der Terrasse Kujund=
schik einen großen dreiflügeligen Palast mit mehreren großen
Hallen, welche freilich erst zum Theil aufgedeckt sind. Rassam
unterscheidet das Löwenzimmer, das babylonische, das
susianische, arabische Zimmer, geschmückt mit Reliefs,
welche zu der Verherrlichung seiner Jagd= und Kriegs=

erfolge bestimmt waren. Er benützte zum Bau, beziehungsweise Neubau dieses Palastes Arbeiter, wie sie wohl selten an einem Gebäude gearbeitet haben: die Könige von Arabien — so rühmt er sich —, welche gegen seine Gebote gesündigt, welche er im Kampfe mit eigener Hand lebendig gefangen, habe er beim Bau des Bit-ridutt als Frohnarbeiter beschäftigt. Der Kunstsinn und Geschmack, sowie die Geschicklichkeit der Assyrer haben unter ihm und seinen nächsten Vorgängern entschiedene Fortschritte gemacht. Die Höfe sind mit prächtig ornamentirten Platten gepflastert, alle Zimmer und Durchgänge mit Alabasterplatten bekleidet, die mit Basreliefs bedeckt sind. Diese selbst sind mit bewundernswürdiger Feinheit und Genauigkeit ausgearbeitet und ihre Darstellungen so lebendig und wahr, daß die Assyrer, wie es scheint, gar keiner Erklärung für dieselben bedurften: es gehen keine Streifen von Keilinschriften durch und über sie hin, höchstens einzelne, ganz kurze Erläuterungen finden sich angebracht. Besonders schön sind die Jagdscenen und die Darstellungen aus dem häuslichen Leben des Königs. Man findet deren auch in dem Palast Sanheribs, in welchem Asurbanipal mehrere Zimmer herstellen ließ. Auf der Terrasse von Nebi-Yunus finden sich Backsteine mit seinem Namen, so daß er also auch dort gebaut haben wird.

So steht Asurbanipal als ein mächtiger Herrscher und Kriegsmann vor unsern Augen, der zugleich durch Arbeiten des Friedens auf das Wohl seines Volkes bedacht ist — wahr-

haft „groß und majestätisch", wie Esra 4, 10 Asenappar
(Asnaphar), der Eroberer Susas (das ist eben Asur=
banipal), genannt wird. Nur Ein Flecken trübt bedenklich
sein Charakterbild, nämlich seine Grausamkeit. Völlig un=
ähnlich seinem Vorgänger, seinem eben so tapfern als milden
Vater, kennt Asurbanipal nur selten Schonung. Seine An=
nalen stoßen trotz ihrer gewählten, oft hochpoetischen Sprache
häufig genug ab durch die immerwährenden Angaben vom
Enthaupten, Verbrennen, Schinden, Verstümmeln der Feinde;
auf die Besiegten häuft er nur Spott und Hohn: Ummanal=
das und zwei andere elamitische Könige, desgleichen Uaite,
den König von Arabien, läßt er vor seinen Wagen spannen,
um ihn nach dem Tempel zu ziehen, wo er seinen Göttern
Opfer darbringt. Auch von Geißlern sehen wir ihn auf
seinen Basreliefs häufig begleitet, mit Peitschen in ihrem
Gürtel. Unter seinem Regiment verdiente Ninebe wieder
mit vollem Rechte den Zunamen „die blutige."

Bei dem gänzlichen Mangel näherer Nachrichten aus
den späteren Jahren Asurbanipals ist es schwer, sicher zu
bestimmen, wie lange seine Regierung dauerte. Einige
glauben, daß er 648 oder 647 gestorben sei. Dagegen
schreiben ihm Schrader, George Smith u. a. eine viel längere
Regierungszeit zu. Asurbanipal führt nemlich auf einem
Täfelchen auch den Namen Sin=ibbina=pal, und dieser Name
scheint in der That mit dem Kinelabanos im Kanon des
Ptolemäus sich zu decken. Asurbanipal führte vielleicht
gerade als König von Babylon diesen mit einer Haupt=

gottheit der Babylonier zusammengesetzten zweiten Namen.
Dieser Kineladanos regierte aber 647—626, und so wird
Aſurbanipal wohl so lange gelebt haben, was zudem
auch sonſt sich beſtätigt. Er mußte ſomit ſelbſt noch Zeuge
der Erſchütterungen ſein, von welchen das aſſyriſche Reich
bis in ſeine Grundfeſten erbebte.

Der erſte Stoß, welcher das ſtolze Gebäude der aſſyriſchen Weltmonarchie erſchütterte, ging von Medien aus.
Dort hatte ſich aus den vielen kleinen Fürſtenthümern, welche
einſt den Aſſyrern die Unterwerfung erleichtert hatten, allmählich ein einheitliches Reich herausgebildet, und hatte
außerdem die Bevölkerung des Landes durch neue Zuzüge
von Oſten her, wie es ſcheint, Zuwachs erhalten. Phraortes, dem Sohn des Dajokes, war es gelungen, die Häuptlinge der Meder unter ſeiner Herrſchaft zu vereinigen. Nach
Herodot machte er im Jahr 634 den erſten Verſuch einer
Unternehmung gegen Ninebe. Aber Aſurbanipal vereitelte
denſelben gänzlich: die Meder wurden geſchlagen, Phraortes
fand im Kampf ſeinen Untergang und der größte Theil
ſeines Heeres mit ihm. Freilich muß es als ein Zeichen
bedeutender Schwäche angeſehen werden, daß der aſſyriſche
König dieſe Erhebung der Meder ſonſt ungeſtraft ließ und
ſeinen Sieg nicht weiter verfolgte, ſo daß Kyaxares, der
Sohn und Nachfolger des Phraortes, ſchon 2 Jahre nachher einen neuen Verſuch machen konnte, ſeine Truppen nach
Aſſyrien zu führen. Diesmal wurden die Aſſyrer beſiegt,
und Kyaxares zog gegen Ninebe heran. Da aber brachte

ein unerwartetes Ereigniß noch einen letzten Aufschub für
das affyrische Reich.

Von Norden und Nordosten her brachen nämlich
plötzlich wilde, kriegerische Schaaren, die Skythen,
über den Kaukasus nach Vorderasien herein, einer ver=
heerenden Heuschreckenwolke vergleichbar. Herodot und
Hippokrates beschreiben sie als ein wildes, unbändiges Volk,
von breitem, fleischigem Körperbau, gelenkig, mit etwas
dicken Bäuchen und spärlichem Haar. Das Waschen war
bei ihnen nicht gebräuchlich, sie lebten in der schmutzigsten
Unreinlichkeit. Die Männer waren meist zu Pferde, die
Weiber und Kinder lebten auf den mit Ochsen bespannten
Karren, welche, mit einer Filzdecke versehen, zugleich als Zelt
und Haus dienten. Ihre Kleidung bestand aus Fellen, ihre
Nahrung war Stutenmilch und Käse, sowie etwas gesottenes
Pferde= oder Rindfleisch. Ihre Kriegführung war äußerst
barbarisch: sie tranken das Blut der Feinde, schnitten ihnen
die Köpfe ab und banden die Skalpe an die Zäume ihrer
Pferde. Mitunter wurde wohl auch die Haut des rechten
Armes und der Hand des erschlagenen Feindes abgezogen
und als Überzug über den Köcher benützt, wie der obere Theil
des Schädels als Trinkgefäß. Den größten Theil des Tages
waren sie zu Pferd. Außer dem Bogen, den sie mit großer
Geschicklichkeit handhabten, führten sie noch einen kurzen Spieß,
ein kurzes Schwert oder eine Streitaxt. An der Spitze der
verschiedenen Stämme stand Ein Stamm, „die königlichen
Skythen", der „goldenen Horde" der Mongolen entsprechend.

Diese wilden Schaaren überschwemmten zunächst Medien und ließen das Land, so weit sie es erreichten, als eine Wüste zurück. Die Meder verloren an sie für eine Zeitlang die Herrschaft. Von dort ging ihr Zug nach Armenien und Assyrien, nach Palästina und Syrien bis an die Grenzen Ägyptens. Da aber natürlich mit der Ausbreitung dieser Horden ihre Macht abnahm, so wurden sie bald weniger gefährlich und unbesiegbar. Zunächst scheint Khaxares den Kampf mit den in Medien zurückgebliebenen aufgenommen und ihnen die Herrschaft entrissen zu haben. Einzelne Horden mögen wohl mit ihrer Beute über den Kaukasus in ihre alten Sitze am Nordufer des schwarzen Meeres zurückgegangen sein; andere suchten Schutz bei den Königen, in deren Land sie eingedrungen waren; viele wurden erschlagen.

Dieser Einbruch der Skythen war der zweite Hauptstoß, welcher das assyrische Reich von Grund aus erschütterte: der vielgegliederte Koloß des assyrischen Weltreiches wankte in all' seinen Fugen, er war tödtlich verwundet und sollte sich nicht mehr erholen.

Nach Asurbanipals Tod, 626 v. Chr., überkam als letzter assyrischer König die Herrschaft sein Sohn Asur-etil-ilani („Asur ist der Herr der Götter"), oder voller: Asur-etil-ilani-ukini („Asur, der Herr der Götter, hat mich eingesetzt"), welch' letzterer Name vielleicht im Volksmund zu Asur-ukini (d. i. der Sarakos der Griechen) abgekürzt worden sein mag. Von ihm wissen wir gar nichts, als

daß er in Kalah einen Palaſt unb einen Tempel zu bauen
anfing, bie aber beibe unvollenbet blieben. Auf ben Back=
ſteinen bieſes ſog. „Sübost=Palaſtes" finbet ſich bie Inſchrift:
„Ich, Aſur=etil=ilani, König ber Heerſchaaren, König von
Affyrien, Sohn bes Aſurbanipal, Königs ber Heerſchaaren,
Königs von Affyrien, Sohns bes Aſarhabbon, Königs
ber Heerſchaaren, Königs von Affyrien, habe lufttrockene
Backſteine anfertigen laſſen unb ſie zur Erbauung bes
Tempels Eziba in Kalah, auf baß ich leben möge,
geſtiftet."

Unb wie wir von ihm ſelbſt nur bieſe ſpärliche Nach=
richt beſiten, ſo erfahren wir auch von ben griechiſchen
Hiſtorikern nur wenig von ihm. Als er ben Thron beſtieg,
befanb ſich bas Land jebenfalls in einem ganz erſchöpften
Zuſtanb: bas Heer geſchwächt' unb entmuthigt, bie Stäbte
zum Theil burch bie Skythen zerſtört, bie Länbereien ver=
wüſtet. Dieſen Zuſtanb ber Schwäche benüßten bie Meber,
welche ſich am früheſten von ben Schlägen erholten, bie
ihnen bie Skythen beigebracht, um ihre Angriffe auf Ninebe
zu wieberholen.

Unb hiezu geſellte ſich noch ein beſonberes Verhäng=
niß. Der aſſyriſche König ſanbte im Jahr 625 v. Chr.
ſeinen Oberfelbherrn Nabopolaſſar als Statthalter nach
Babylonien, natürlich mit entſprechenber Heeresmacht, um
bieſen Theil bes Reiches zu regieren unb gegen bie zurück=
flutenben Skythen zu vertheibigen. Aber Nabopolaſſar
täuſchte bas Vertrauen ſeines Herrn: beſeelt von bem

Streben nach voller Unabhängigkeit, knüpfte er Unterhand=
lungen mit dem Mederkönige an, um gemeinsam mit diesem
aus der Schwäche des assyrischen Reiches Nutzen zu ziehen.
Diese Pläne gelangen: Kyaxares gab Nabopolassars älte=
stem Sohne Nebukadnezar seine eigene Tochter zur Gemahlin.
So mit einander verbündet und verschwägert, zogen nun
beide, wahrscheinlich unmittelbar nach diesem Vertrag, ver=
eint gegen Ninive. Wohl zeigte sich der letzte König der
Assyrer als Mann und als Held; aber nach mehrjährigem
Widerstand mußte er schließlich erkennen, daß die Stadt
nicht mehr länger zu halten sei. Im Jahre 606 v. Chr.
drangen die Feinde durch eine Öffnung in der Stadt=
mauer, welche der Tigris niedergerissen hatte, in die Stra=
ßen der Stadt ein.

Nach den Nachrichten der Griechen verbrannte sich
Sarakos mit seinen Frauen und Eunuchen im Hofe
seines Palastes, worauf die Stadt von den Medern
so gründlich zerstört wurde, daß schon 200 Jahre nachher,
als Xenophon seine Zehntausend zurückführte und an den
langen Strecken der stolzen Mauer vorbeimarschirte, nichts
mehr über sie zu hören war. Es wurde an ihr die Weis=
sagung Nahums erfüllt: „Ich will dich mit Unflat be=
werfen und dich beschimpfen und ein Scheusal aus dir
machen. Das Feuer wird dich fressen und das Schwert
dich vertilgen. Deinen Feinden sollen die Thore deines
Landes geöffnet werden und das Feuer soll deine Riegel
verzehren."

So brach das große assyrische Reich zusammen, nach=
dem es 600 Jahre lang fast ganz Vorderasien beherrscht
hatte. Wie seinen Tempeln und Palästen, so fehlte es
dem ganzen Reiche an einem festen, dauerhaften Funda=
ment, das auch mächtigeren Stürmen hätte Trotz bieten
können. Dennoch war sein Einfluß auf die benachbarten
Länder und selbst auf den Osten Europas umfassender,
stärker und nachhaltiger, als man gemeinhin anzunehmen
pflegt.

Dritter Abschnitt.

Neu-Babylonien.

Die Geschichte des dritten Reiches, welches nunmehr vor unsern Augen aufsteigt und sein Scepter über ganz Vorderasien ausstreckt, können wir kürzer behandeln, als diejenige des assyrischen Weltreiches. Denn einerseits kennen wir Land und Volk, seine Eigenschaften und Eigenthümlichkeiten, seine Kunst, Wissenschaft und Religion schon aus den beiden vorhergehenden Abschnitten; andrerseits sind die bis jetzt aus den Denkmälern gewonnenen Aufschlüsse sehr gering und lückenhaft. Nun fließen allerdings für diese Zeit andere, nicht-keilschriftliche Quellen etwas reichlicher und glaubwürdiger als für das assyrische Zeitalter; dessen ungeachtet aber müssen wir bekennen, daß eine genaue und befriedigende Darstellung auch der neubabylonischen Geschichte erst dann möglich sein wird, wenn die Ruinen des Landes näher erforscht sind und so reiche Ausbeute gewähren, wie die Paläste der assyrischen Könige.

Das chaldäische Volk, welches nun wieder an die Spitze tritt, ist im Ganzen genommen noch das nämliche

Mischvolk, als welches wir es im ersten Abschnitt kennen gelernt
haben. Nur ist es durch die Herrschaft der Assyrer, unter
welcher es so lange Zeit gestanden, noch völliger semitisirt,
als es damals schon war. Die kuschitischen Eigenthümlich=
keiten, die sich ursprünglich zeigten, sind mehr und mehr
verschwunden, in Sprache und Bildung ist das semitische
Element ganz in den Vordergrund getreten. Auch die Fort=
schritte in der Baukunst, welche die Assyrer, die von den
Babyloniern ausgegangen waren, im Laufe der Zeit
machten, haben nun umgekehrt die Babylonier ihnen abge=
lernt und wissen sie, wie wir sehen werden, gut zu ver=
werthen.

Die hartnäckigen, erbitterten Kämpfe, welche sie um
ihre nationale Unabhängigkeit mit den Assyrern ausge=
fochten, haben sie kriegerischer gemacht, als sie es vordem
waren, obwohl wir sie immerhin weniger ausdauernd finden
als ihre Gegner. Sie hatten, wie ihre Vorgänger und
die andern alten Völker, neben den wohl ausgebildeten
Fußgängern auch Kriegswagen, und nach den Angaben der
Propheten scheint außerdem ihre Reiterei sehr bedeutend
gewesen zu sein. „Schneller denn die Panther sind ihre
Rosse und rascher denn die Wölfe des Abends; ihre Reiter
kommen von ferne daher als flögen sie, wie die Adler her=
beeilen zum Raub", so schildert sie Habakuk. Und Ezechiel
spricht von ihrer jungen, schönen Mannschaft, von ihren
Fürsten und Herren allzumal, „die auf Rossen daher=
kommen alle miteinander." So redet Jeremias von

dem Sturmwind, welcher von Babylon ausgehen werde:
„Siehe, er fähret daher wie die Wolken, seine Wagen sind
wie ein Sturmwind, seine Rosse sind schneller denn Adler.
Wehe uns, wir sind der Verwüstung Raub!" Auch Da=
rius spricht in der Behistun=Inschrift von den babylonischen
Reitern.

Die Hauptbeschäftigung des Volkes, so weit es nicht
zum Waffendienst herangezogen wurde, war wohl der
Ackerbau, zu welchem ihr fruchtbares Land besonders
einlud. Außer den Kornfrüchten waren es noch die Dattel=
palmen, welche mit großer Sorgfalt angepflanzt wurden.
Aber auch ihre Webereien und Färbereien sind weit
und breit berühmt geworden, nicht nur in Vorderasien,
sondern bis hinüber nach Europa. Sodann waren sie
ein tüchtiges Handelsvolk (vergl. Ez. 17, 4), welchem
Nikolaus von Damaskus hauptsächlich Ruhe und Ehren=
haftigkeit nachrühmt.

Daß sie bei ihren großen Erfolgen in Industrie und
Handel, bei ihrer achtunggebietenden Machtstellung, welche
ihr Reich über alle angrenzenden Länder einnahm, eitel
und stolz wurden, ist nicht zu verwundern. Und Nebukad=
nezar mag jedem seiner Unterthanen aus der Seele gesprochen
haben, wenn er, etwa von der Terrasse der hängenden
Gärten herabblickend auf die prächtige Stadt, den breiten
Spiegel des Euphrat, das Wogen auf der Brücke und in
den Straßen, in die stolzen Worte ausbrach: „Ist das
nicht die große Babel, die ich erbauet habe durch die Stärke

meiner Macht und zu Ehren meiner Herrlichkeit?" (Vergl.
auch Jef. 47, 8.) Indeß spricht sich dieses hohe Bewußt=
sein von der eigenen Würde und von der Erhabenheit über
alle Völker in den uns zur Zeit bekannten Denkmälern
neubabylonischer Könige nicht so schroff und abstoßend aus,
als in den meisten Texten der assyrischen Könige. Dagegen
findet sich bei ihnen schärfer als bei andern orientalischen
Völkern ein Zug der Grausamkeit und Härte ausge=
prägt, und zwar nicht allein gegen Gefangene und Unter=
worfene, sondern auch gegen die eigenen Volksgenossen,
wie wir dies aus den Propheten und den Profanhistorikern
ersehen.

Ihre Religion ist von derjenigen ihrer Vorfahren
nicht verschieden. Sie haben noch die nämlichen Götter
und verehren sie auf die nämliche Weise. Nur tritt in den
verschiedenen Städten dieser oder jener Gott, welcher da=
selbst seinen Tempel hat, so entschieden in den Vordergrund,
daß ihm meist alle Eigenschaften der höchsten Götter bei=
gelegt werden. So verschwindet die alte Rangordnung
innerhalb des Pantheons mehr und mehr, und Bel, Me=
rodach und Nebo treten als die Ersten an die Spitze, wobei
es uns vorkommt, als ob bei den Magiern der Gedanke
der Einheit der Gottheit nach und nach hervortrete, und
die einzelnen Götter nur als die verschiedenen Eigenschaften
des Einen Gottes betrachtet würden. Nebo hatte seinen
Haupttempel in Borsippa, und aus der großen Zahl von
Eigennamen, in welchen sein Name den Hauptbestandtheil

bildet, läßt sich die hohe Achtung erkennen, in welcher sein Kultus stand. Auch der Beiname, welchen einer der Freunde Daniels von dem Obersten der Eunuchen erhielt, Abednego, ist nichts anderes als Abed = Nebo, d. i. Diener Nebo's. Wie Nebo hatten auch die andern Götter ihre Städte, die ihnen besonders geweiht und heilig waren, so z. B. Bel und Merodach Babylon, Nergal Kutha, Samas Sippar u. s. w. Die Babylonier waren, wie die Assyrer, ein religiöses Volk; wenigstens thaten sie ihr Möglichstes, um ihren Göttern Ehre zu erweisen. In Babylonien sind die Tempel glänzender ausgestattet als in Assyrien, und großentheils mindestens ebenso stattlich als die königlichen Paläste. Überall hören wir auch von prächtigen Weihgeschenken, welche den Göttern dargebracht werden, und die Heiligthümer, die Sitze ihrer Wohnung, strahlen von Silber und Gold und Edelgestein.

Gehen wir nun über zur Geschichte des neubabylo= nischen Reiches! Wie wir schon am Schluß des vorigen Abschnittes gehört haben, war sein Begründer wie sein erster Beherrscher **Nabu=pal=uzur** („Nebo, beschütze den Sohn!") oder Nabopolassar, 625—604 v. Chr. Seit 625 Vicekönig von Babylonien, hatte er durch sein Bündniß mit dem König der Meder an dem Untergange der Schwester= stadt Babylons, an der Eroberung und Zerstörung Ninebes, hervorragenden Antheil genommen. Während nun der Mederfürst sich mit der gewonnenen Unabhängigkeit und mit den nördlichen und nordwestlichen Provinzen des

früheren assyrischen Reiches begnügte, fielen Nabopolassar
die übrigen Länder zu, und zwar — wie es scheint —
ohne Widerstand von deren Seite. Die unterworfenen
Völker waren ja seit langer Zeit daran gewöhnt, Assyrien
und Babylonien als Ein Reich zu betrachten, dessen Fürsten
bald in Ninebe, bald in Babylon residirten, so daß es sich
für sie zunächst nur um einen Personenwechsel handelte.
Nur Ägypten konnte etwas bedrohlicher erscheinen; indeß
regierte dort damals noch Psammetich, welcher schon ziemlich
an Jahren vorgerückt war und seine Nachbarn in Ruhe
ließ. Auf solche Weise verflossen die ersten 15—18 Jahre
der Regierung Nabopolassar's im Allgemeinen ruhig, ab=
gesehen davon, daß er einigemal die Meder bei ihren
Kriegszügen gegen die Lyder zu unterstützen hatte. Wir
hören wenigstens von Herodot, daß Nabopolassar, damals
noch Vicekönig von Babylonien, in einem Krieg zwischen
den Medern und Lydern den Friedensstifter machte. Mitten
in einer Schlacht trat nemlich (am 30. Sept. 610) eine
Sonnenfinsterniß ein und beide Theile ließen aus aber=
gläubischer Furcht den Kampf ruhen. Da sich auf der
feindlichen Seite Neigung zu friedlichen Unterhandlungen
zeigte, so benützte Nabopolassar die Gelegenheit und trat,
wohl hauptsächlich von persönlichen, selbstsüchtigen Gründen
getrieben, mit dem cilicischen Anführer in Verbindung.
Bald wurde Friede geschlossen, welcher beiden Ländern Zeit
gab, während nahezu 50 Jahren die Wunden wieder zu
heilen, welche der Krieg ihnen geschlagen.

Da starb im Jahr 610 v. Chr. Psammetich, und sein thatendurstiger Sohn und Nachfolger Necho II. rüstete sich alsbald zu einem Angriff auf Syrien, wohl in der Voraussicht, daß es ihm leicht sein werde, dem alternden Nabopolassar einen Theil seines Reiches zu entwinden. Er rückte im Jahr 608 über die ägyptische Grenze und zog entweder in der Ebene am mittelländischen Meere gegen Norden, oder führte sein Heer zu Schiff an die syrische Küste, wo ihm bei Megiddo in der Ebene Jesreel der König Josia von Juda entgegentrat. Trotzdem daß Necho ihm sagen ließ, er habe nichts mit ihm zu thun, wollte dennoch Josia den Durchzug nicht gestatten: er wurde geschlagen und tödtlich verwundet. Der Sieger drängte nun vorwärts bis zum Euphrat und unterwarf das ganze Land zwischen diesem Fluß und dem Mittelmeer. Auf seinem Rückzug nahm er Joahas, den dritten Sohn Josia's, welchen das Volk zum Könige eingesetzt hatte, nach nur dreimonatlicher Regierung gefangen, und erhob seinen älteren Bruder Eljakim, den er Jojakim nannte, auf den Thron.

Wohl drei Jahre lang blieb Necho im Besitze der eroberten Länder. Erst im Jahr 605 sandte Nabopolassar, welcher sich nach der Eroberung Nineves (S. 235) den Strapazen eines neuen Feldzugs nicht mehr gewachsen fühlte, seinen Sohn und Mitregenten Nebukadnezar gegen den ägyptischen König. Bei Karkemisch, auf dem rechten Euphratufer stand das ägyptische Heer, um die neuen Besitzungen zu verthei=

digen; hier kam es auch zur Schlacht. Die Ägypter er=
litten eine gewaltige Niederlage, und wagten nicht mehr,
Stand zu halten. Nebukadnezar verfolgte sie auf ihrem
Rückzug nach Syrien und wollte schon nach den Grenzen
Ägyptens vorbringen — da ereilte ihn die Nachricht von
dem Tode seines Vaters. Um den Ausbruch von Thron=
streitigkeiten zu hindern, verglich er sich rasch mit Pharao
Necho, und kehrte mit einer kleinen Reiterschaar durch die
syrisch=arabische Wüste nach Babylon zurück, während das
Heer auf dem gewöhnlichen Wege den Rückmarsch antrat,
eine große Anzahl Gefangener mit sich führend.

Leider haben wir von Nabopolassar selbst gar keine
Nachrichten; sein Name ist uns nur aus den Inschriften
seines Sohnes bekannt. Nach dem Berichte Herodots hatte
er eine Ägypterin, Namens Nitokris, zur Gemahlin, welche
in Babylon selbst verschiedene Bauten ausgeführt haben
soll. Bis jetzt haben die Inschriften solches nicht bestätigt.
Die Backsteine alle, welche man seither in den ihr zuge=
schriebenen Mauern und Bauten aufgefunden hat, tragen
den Namen Nebukadnezars.

Auf Nabopolassar folgte sein Sohn **Nabu-kuduri-
uzur,** Nebukadnezar („Nebo, schütze die Krone!") von
605—561 v. Chr., nachdem er schon einige Jahre zuvor
Mitregent gewesen war.

Er ist der eigentliche Gründer des neubabylonischen
Weltreiches; denn ohne sein kräftiges Eingreifen wäre wohl
Babylonien bei dem Tode Nabopolassars zu einem Reiche

zweiten oder dritten Ranges herabgesunken. Wo immer man in den Ruinen Babylons und anderer Städte einen Backstein herausnimmt, findet sich auf diesem die Inschrift: „Ich bin Nebukadnezar, König von Babylon, Wiedererbauer der Tempel Esagila und Eziba, erster Sohn des Nabopolassar, Königs von Babylon." Außer diesen vielen Tausenden fast gleichlautender Backsteinlegenden hat man in Babylon einen Block von schwarzem Basalt gefunden, 1 m hoch und 10 cm dick, welcher in 10 Kolumnen 620 Zeilen Keilschrift enthält; sodann in den Ruinen von Senkereh einige Thoncylinder mit 51 Zeilen und in dem alten Borsippa, jetzt Birs Nimrud, noch weitere mit über 60 Zeilen. Aber alle diese Texte beziehen sich nur auf den Neubau oder die Wiederherstellung von Tempeln und Palästen und bieten zudem wegen der mancherlei technischen Ausdrücke dem Übersetzer große Schwierigkeit; für seine sonstige Geschichte aber sind wir bis jetzt fast noch ganz auf andere Quellen angewiesen, aus welchen wir in Kürze Folgendes mittheilen:

Nebukadnezars Furcht, es möchte ihm der Thron Babylons streitig gemacht werden, war unbegründet gewesen. Die Priesterschaft hatte einstweilen einen aus ihrer Mitte als provisorischen Regenten eingesetzt, und als er nun selbst in der Hauptstadt erschien, wurde er allgemein als Thronerbe anerkannt. Er scheint einige Jahre in ziemlicher Ruhe regiert zu haben. Nun aber stellte sich Thyrus an die Spitze Phöniziens, und vereinigte dies zu einem Bunde gegen

Babylonien. Ferner wurde Ägypten in denselben gezogen, und Jojakim von Juda trat ebenfalls in Unterhandlung mit Ägypten, um Hilfe von diesem zu erlangen. Es scheint, daß die in Jer. 26 genannte Gesandtschaft, welche die Aus= lieferung des Propheten Uria verlangen sollte, dazu benützt wurde, den Bund abzuschließen. Da Jojakim Allem nach eine zusagende Antwort erhielt, so verweigerte er, nachdem er sich zuvor im Jahre 600 unterworfen hatte, die Be= zahlung des Tributs an Babylonien. Nun zog Nebukab= nezar im Jahre 598 aufs Neue mit einem großen Heere nach Syrien und Phönizien, und legte sich vor Tyrus. Da er aber bald sah, daß die Stadt bei ihrer sehr festen Lage nicht rasch genommen werden konnte, so ließ er nur einen Theil seines Heeres vor derselben stehen; er selbst wandte sich mit der Hauptmacht gegen Jerusalem. König Jojakim war unmittelbar vorher gestorben, und das Volk hatte seinen 18jährigen Sohn Jojachin (Jechonja) auf den Thron erhoben. Er saß erst 3 Monate auf demselben, als er sich genöthigt sah, die Thore Jerusalems dem babylonischen Heer, das von Nebukabnezar selbst geführt wurde, zu öffnen. Er wurde abgesetzt und mit seinem ganzen Hause als Gefangener nach Babylon geschleppt, auch der größte Theil der prächtigen Tempelgefäße und eine bedeutende Anzahl der vornehmsten Bewohner der Stadt, sowie die Eisenarbeiter, die Schlosser und Schmiede, im Ganzen 10,023 Köpfe, wurden ebendahin abgeführt. An seiner Statt setzte Nebu= kabnezar den Bruder Jojakims, Zedekia, als König ein.

Acht Jahre lang blieb dieser dem Könige von Babylon unter=
than. Als aber der junge und unternehmungsluſtige Pharao
Hophra den ägyptiſchen Thron beſtieg, da glaubte Zedekia
Zeit und Gelegenheit günſtig, ſeine Unabhängigkeit zu er=
langen, und ließ ſich troß der verſtändigen und wohl=
gemeinten Abmahnung des Propheten Jeremia in Unter=
handlung mit dem Ägypter ein. Als Nebukadnezar dies
erfuhr, zog er — 589 v. Chr. — raſch mit ſeinem Heer heran
und gab ſeinem General Nabuzaraban den Befehl, Jeru=
ſalem zu belagern. Nun rückte zwar Pharao Hophra mit
ſeinen Streitkräften über die ägyptiſche Grenze, um ſeinem
Bundesgenoſſen zu Hilfe zu kommen, und nöthigte die
Chaldäer, die Belagerung Jeruſalems aufzuheben und dieſem
neuen Feind entgegen zu ziehen. Aber dies war auch alles;
nach der Angabe des Joſephus wurden die Ägypter völlig
geſchlagen, während es nach Jer. 37, 7 ſcheint, daß ſie aus
Angſt vor den Babyloniern gar keine Schlacht wagten, ſondern
eiligſt wieder heimzogen. Ägypten zeigte ſich eben aufs
Neue als der ſchwache Rohrſtab, welcher zerbricht, wenn
ſich einer darauf lehnen will, und ihm die Hand verwundet.
Das babyloniſche Heer legte ſich wieder vor Jeruſalem und
anderthalb Jahre nach dem Beginn dieſer zweiten Ein=
ſchließung zwang der Hunger nach tapferſter Gegenwehr
die Einwohner zur Übergabe (Juli 586). Nebukadnezar
ſelbſt hatte ſein Standquartier zu Ribla in Cöleſyrien.
Zedekia, welcher beim Einbruch der Babylonier in ſeine
Hauptſtadt ſich durchzuſchlagen ſuchte und auch wirklich das

freie Feld gewann, wurde gefangen und mit allen den
Seinigen nach Ribla geführt, wo der König von Babylon
seine Kinder vor seinen Augen tödten, dann aber ihn selbst
blenden ließ und als Gefangenen nach Babylon sandte,
wo er später im Kerker endete. Jerusalem samt dem
Tempel wurde von den babylonischen Heerführern gänzlich
zerstört, und die Einwohner in die Gefangenschaft nach
Babylon weggeführt. Dies geschah 586 v. Chr. Über den
Rest der Bevölkerung wurde ein Jude, Gedalja, als Statt=
halter gesetzt, der seinen Sitz in Mizpa nahm, wo eine
babylonische Besatzung zurückblieb.

Nach dem Fall Jerusalems begann nun Nebukadnezar
die eigentliche Belagerung von Tyrus. Während derselben
wurde Nebukadnezars Aufmerksamkeit eine Zeitlang nach
Medien abgelenkt, da Medien und Lydien in Streit mit
einander gekommen waren. Mittlerweile revoltirten auch die
Juden wieder und ermordeten den über sie gesetzten Statt=
halter Gedalja. So marschirte 582 v. Chr. abermals eine
babylonische Streitmacht nach Palästina und sandte die
letzten des jüdischen Volkes nach Babylon in die Gefangen=
schaft. Nach 13jähriger Absperrung unterwarf sich 573
endlich auch Tyrus: die Stadt zu nehmen war Nebukad=
nezar nicht gelungen, aber die Tyrer gestanden ihm die
Einsetzung ihrer Könige zu. So war nur noch Ägypten,
der Todfeind Babylons, übrig. 572 v. Chr. marschirte
Nebukadnezar an der Spitze seines Heeres nach Ägypten
und plünderte es vollständig: Hophra wurde geschlagen

und abgesetzt und an seiner Statt ein General Amasis auf
den Thron erhoben, der das Land als Vasall des Königs
von Babylon regierte. Nach einem kürzlich aufgefundenen
Fragment einer historischen Inschrift Nebukadnezars muß
schon bald, nur 4 Jahre später, jener Amasis sich ebenfalls
empört haben, was Nebukadnezar zwang, „in seinem
37. Jahre" ein Heer nach Ägypten zu senden, um diesen
Aufstand zu unterdrücken.

Die Angaben des Megasthenes, daß Nebukadnezar von
Ägypten aus auch Nordafrika erobert, von dort über die Meer=
enge von Gibraltar nach Spanien übergesetzt sei und die Iberier
unterworfen habe, dann durch Europa und Kleinasien wieder
heimgezogen sei und seine iberischen Gefangenen am schwarzen
Meere angesiedelt habe — das Alles mag getrost in das
Reich der Fabel verwiesen werden. Daß die Unterwerfung
von Tyrus auf die phönizischen Pflanzstädte in Nordafrika
und Spanien großen Eindruck gemacht hat, läßt sich wohl
denken, ebenso auch, daß sie dem babylonischen Monarchen
noch mehr zutrauten, als er gethan hatte.

So weit kennen wir den Verlauf der äußeren Ge=
schichte Nebukadnezars aus den Angaben des Alten Testaments
und der griechischen Schriftsteller, sowie spärlicher Keilschrift=
fragmente. Welche Kriege er sonst geführt, oder welche
wichtigen Ereignisse sonst in seine Regierungszeit fielen,
läßt sich nicht sagen, bis längere historische Texte von ihm
selbst oder seinen Nachfolgern gefunden werden. Es sei
nur noch bemerkt, daß Nebukadnezar bei seinen Eroberungen den

alten Brauch der Assyrer beibehielt, die Bewohner eroberter
Städte und Länder zu verpflanzen; er verschaffte sich auf
diese Weise auch die nöthige lebendige Arbeitskraft, um
seine gewaltigen Bauten auszuführen.

Über diese seine Bauten nun berichtet er uns selbst
ausführlichst. Die Leser würden es uns jedoch wenig danken,
wollten wir etwa seine große Inschrift auf dem Basaltblock
hier wörtlich wiedergeben. Wir beschränken uns deßhalb
auf das Wichtigste.

Ein Werk, welches seinen Namen im ganzen Alterthum
berühmt machte und unter die Wunderwerke der Welt ge=
zählt wurde, waren die h ä n g e n d e n G ä r t e n in Babylon,
deren Ruinen Rassam in dem nördlichsten Trümmerhügel
Babylons, genannt Babil, neuerdings sicher gefunden zu
haben glaubt: er schließt dieß aus den dort gefundenen
ausgedehnten Überresten hydraulischer Werke, mehreren
Brunnen und Wasserleitungen, die augenscheinlich mit dem
Euphrat in Verbindung standen. Diese Gärten bestanden
in einem terrassenförmigen Bau, auf welchem prächtige
Bäume und Sträucher gepflanzt waren. Ein großes Wasser=
werk führte ihnen die nöthige Wassermenge zu, wodurch die
Pflanzen getränkt und bewässert werden konnten. Doch
nicht allein zu diesem Zweck, sondern auch um Spring=
brunnen zu speisen, sollten jene Wasserwerke dienen. Es
wird erzählt, daß der König diesen Riesenbau aus Liebe
zu seiner Gemahlin, der medischen Prinzessin Amyte, aus=
geführt habe, welche in der Tiefebene Babyloniens einen

Anblick zu haben wünschte, welcher den Bergen und den Parkanlagen ihrer Heimat ähnlich sei. Er wollte ihr wenigstens einigen Ersatz der letzteren bieten.

Das zweite war ein großer, prachtvoller Palast, welchen er an die Residenz seines Vaters und seiner königlichen Vorfahren anfügte, und von welchem die Alten ebenfalls viel Rühmens machen. Einige Gelehrte, wie Oppert, haben längst geglaubt, daß sich seine Ruinen in dem Hügel befinden, welchen die Araber El Kasr (der Palast) nennen, und Rassam, welcher dort Zimmer und Korridore des königlichen Palastes wiederfand, ist dieser Ansicht aus voller Überzeugung beigetreten. Ein kleinerer Palast stand auf dem entgegengesetzten Ufer des Euphrat.

Ebenfalls sehr gerühmt und angestaunt waren die Umfassungs= und Befestigungsmauern Babylons, welche Nabopolassar anfing und Nebukadnezar vollendete. Die große äußere Umwallung und Mauer, genannt Imgur=Bel („Es hat sich erbarmt Bel"), und die innere, genannt Nimitti=Bel („Gründung Bels"), waren beide von einer Ausdehnung und Massenhaftigkeit, welche fast das Maß überschreitet, auch wenn man nur die kleineren Angaben als richtig annimmt: 500 Millionen Kubikfuß, welche mindestens 3 bis 4mal so viel Backsteine erforderten, war nach den Bestimmungen der Alten der Körperinhalt dieser riesigen Mauer. Wollten wir die Maße Herodots annehmen, so erhielten wir 5400 Mill. Kubikfuß. Es scheint nach der allgemeinen Annahme, daß die beiden sonst selbständigen Städte Kutha und Bor-

sippa, jene nordostwärts, diese südwärts gelegen, in die
äußere Ringmauer mit eingeschlossen waren. Natürlich
dürfen wir dann nicht annehmen, daß der ganze, inner=
halb derselben liegende Raum mit Wohnungen bedeckt ge=
wesen wäre. Es fand sich vielmehr viel freies, anbau=
fähiges Land, so daß nach der Angabe der Alten die be=
lagerte Stadt Lebensmittel in Fülle besaß und Hungers=
noth nicht zu befürchten hatte. Welche Menge von Arbeitern
erforderte nur die Herstellung dieser Mauern, von welchen
man überall um das heutige Hillah her noch Spuren findet!
Und auch die sog. medische Mauer, welche, 20' stark und
100' hoch, etwa unterhalb des heutigen Felubscha den
Euphrat verließ und oberhalb Bagdads den Tigris erreichte,
ist wohl das Werk Nebukadnezars und nicht etwa Nabonids.

Wie für die Vertheidigung, so sorgte Nebukadnezar
auch für die Bewässerung seines Landes: verschiedene größere
und kleinere Kanäle, Reservoirs u. s. w. wurden von ihm
angelegt, z. B. der Nar Malka, der „Königskanal", welcher
den Euphrat und Tigris mit einander verband, sodann der
von den heutigen Arabern „Kerek Saïdeh" genannte Kanal,
welcher von Hit, 1° nördlich von Babylon am Euphrat
gelegen, ausging, und das Wasser des Flusses an der Grenze
der syrisch=arabischen Wüste bis in den persischen Golf führte
und so den Anbau eines großen sonst unfruchtbaren Streifen
Landes ermöglichte.

Am meisten aber hat sich Nebukadnezar berühmt gemacht
durch seine Tempelbauten. In fast allen bedeutenderen

Städten des Landes findet man Überreste von Tempeln mit Inschriften von ihm, in Kutha, Sippar, Borsippa u. s. w. Am berühmtesten waren die beiden großen Tempel Esagila, d. h. „das hochragende Haus", und Eziba, d. h. „das ewige Haus", welche beide er mit Cedern= und Cypressenholz, Silber, Gold und Edelsteinen prächtig ausschmückte. Der letztere Tempel stand in Borsippa und war dem Gott Nebo geweiht. Unmittelbar an diesen Nebo=Tempel, welchen erst neuerdings Rassam angefangen hat bloßzulegen, schloß sich die Ziggurat oder ein etagenförmiger Thurm, dessen Überreste die bedeutendste Ruine des ganzen Landes darstellen. Sie heißt Birs Nimrud, und ihre Grundmauern werden von Manchen als die des babylonischen Sprachverwirrungs= thurms betrachtet. Die Höhe der Ruine beträgt heute noch 46 m, der Umfang ihrer Grundfläche über 700 m. Ein großer Theil der Mauerung ist ganz verglast, was auf Zerstörung durch eine bedeutende Feuersbrunst hindeutet. Die Ziggurat bestand aus einer Reihe auf einander gesetzter, immer kleiner werdender Stockwerke. Nach den Beschreibungen waren es deren sieben, die drei unteren etwas höher als die oberen, jedes Stockwerk mit andersfarbigen Backsteinen oder Metall= platten überzogen, je nach der Gottheit, welcher es geweiht war. Die Farben waren von unten nach oben: Schwarz, Orange, Roth, Gold, Weiß, Dunkelblau, Silber, entsprechend den Gottheiten: Saturn, Jupiter, Mars, Sonne, Venus, Merkur, Mond. Die Gemächer der Stockwerke waren mit goldenen Bildsäulen und prachtvollen Geräthen geschmückt

und dienten wohl auch zur Aufbewahrung von Schätzen.
Die Ziggurat führte den Namen „Haus der sieben Sphären
Himmels und der Erde". Nebukadnezar selbst sagt auf
den in den Ecken der dritten Etage dieses Thurmes ge=
fundenen Thoncylindern: „der Tempel der sieben Sphären
Himmels und der Erde, die Ziggurat von Borsippa, welche
ein früherer König gebaut, 42 Ellen hoch aufgeführt, aber
nicht bis zur höchsten Spitze vollendet hatte, war seit fernen
Tagen eingestürzt, durch Regen und Unwetter zum Schutt=
haufen geworden" u. s. w., er aber stellte ihn von Grund aus
wieder her. Der zweite prachtvolle Tempel war E=sagila,
„der große Tempel Himmels und der Erden, die Wohnung
Bels, Els und Merodachs", der Belstempel in Babylon. Er
war nach den Beschreibungen der Alten noch größer als jener
des Nebo, mit einer noch höheren Ziggurat, und mit noch grö=
ßerem Glanze ausgestattet. Von der Ziggurat ist freilich,
anders als in Birs=Nimrud, keine Spur mehr erhalten, doch er=
klärt sich dies wohl daraus, daß der Belstempel nicht wie der
Thurm von Borsippa beim Zerfall durch den Zahn der Zeit
ausgesetzt war, sondern von Menschenhand zerstört ward.
Nebukadnezars große Basaltinschrift endet mit einem Gebet an
Merodach, den Gott Esagilas, welches u. a. die Worte ent=
hält: „Gleichwie ich die Furcht deiner Gottheit lieb habe, acht
habe auf deine Herrschaft, so nimm gnädig an das Auf=
heben meiner Hände, erhöre meine Gebete. Ich bin ja der
König, der Fürsorgende, der dein Herz erfreut, der thätige
Machthaber, der da sorgt für all' deine Städte. Möge

auf dein Geheiß, barmherziger Merodach, das Haus, das ich gebaut (gemeint ist Nebukadnezars Königspalast), in Ewigkeit dauern und ich mich sättigen mit seiner Fülle: möge ich darinnen ins Greisenalter gelangen! von den Königen der Himmelsgegenden, von allen Menschenkindern möge ich schwere Abgabe darinnen empfangen!"

Außer diesen besonders berühmten Bauten hat er noch eine Menge anderer ausgeführt und zwar fast in jeder bedeutenden Stadt, so daß man eigentlich, abgesehen von den Grundmauern, nur Ruinen findet von Gebäuden, welche Nebukadnezar gebaut oder restaurirt hat. Es läßt sich denken, welch ungeheure Menge von Arbeitern ihm zur Verfügung stehen mußte, um dies Alles auszuführen.

So hat sich uns Nebukadnezar, der gewaltige Gründer des neubabylonischen Reiches, als unerschrockener Kriegsmann und unermüdlicher Baumeister zugleich dargestellt: er hat sein Land, seine Hauptstadt durch ein großartiges und wohldurchdachtes System von Befestigungen gesichert und durch Ausführung von Bewässerungs=Anlagen dem Wohlstand des Landes fast unzerstörbare Grundlagen gegeben.

Ein Monarch im vollen Sinne des Wortes, der umgeben von einem glänzenden, seines Winkes gewärtigen Hofstaat, über Leben und Eigenthum seiner Unterthanen verfügt, zeigt er sich doch auch wieder als Vater und weiser Versorger seines Volkes. Ohne Zweifel muß Nebukadnezar den hervorragendsten Fürsten des Orients beigezählt werden. Ein geschnittener Stein des Berliner Museums zeigt, wie aus der Umschrift zu ersehen ist, den Kopf Nebukadnezars, „das Bild eines nachdrücklichen, ja drohenden Willens, einer festen, selbstbewußten Kraft."

Daß wir von der im 4. Kap. des Buches Daniel erzählten Geisteskrankheit Nebukadnezars in den babylonischen Berichten nichts lesen, ist leicht erklärlich. Merkwürdig ist, daß auch griechische Schriftsteller, z. B. Abydenus (nach Berosus) berichten, Nebukadnezar sei, als er auf der Terrasse seines Hauses ging, von einem Gott besessen worden, und habe eine Weissagung über den Untergang Babylons ausgesprochen. Dasselbe sagt auch Megasthenes.

Fig. 28. Cammeo Nebukadnezars.

In hohem Alter, nach 43jähriger Regierung, starb Nebukadnezar im Jahr 561 zu Babylon. Ihm folgte sein Sohn Evil-Merodach b. i. Amel-Marduk („Mann des Merodach") 561—559 v. Chr., der Illoarudamos des ptolemäischen Kanons. Von ihm und seiner Regierung haben wir gar keine Inschrift. Die einzige Nachricht, welche uns das Alte Testament gibt, ist die, daß er den gefangenen König Jojachin von Jerusalem, nachdem er 35 Jahre lang im Kerker geschmachtet, aus dem Gewahrsam entließ, freundlich mit ihm redete, ihn an seine Tafel zog und zum ersten unter den in Babylon gefangen gehaltenen Königen machte. Vielleicht war es diese dem gefangenen Frembling erwiesene Auszeichnung, welche die schon vorhandene Unzufriedenheit seiner Großen dermaßen steigerte, daß eine Verschwörung gegen ihn entstand. Das Haupt derselben war sein Schwager, welcher den unglück= lichen König ermorden ließ. Nach Berosus hatte er die Herrschaft mit Willkür und Unverstand geführt.

An seine Stelle trat der ebengenannte Nergal= sar=uzur, Nerigliffar („Nergal, schütze den König!") 559—556 v. Chr. Es ist dies vielleicht die nämliche Per= sönlichkeit, welche Jer. 39 als der Rab=mag Nergalsarezer genannt wird, der mit den übrigen Fürsten des babylonischen Königs die Eroberung Jerusalems zu Ende führte und die Zerstörung der Stadt überwachte. Daß er als Rab=mag, als Oberster der Magier, eine Tochter Nebukadnezars zur Frau hatte, ist wohl möglich. Von ihm sind einige Inschriften gefunden. Die Backsteine an den Quaimauern des Euphrat innerhalb der Stadt tragen zum Theil die Inschrift: „Nergal= sar=uzur, König von Babylon, Erhalter der Tempel Esagila und Eziba, hat diese herrlichen Werke ausgeführt." Auf einem Thoncylinder, welcher in Cambridge aufbewahrt wird, nennt er sich den Sohn des Bel=sum=iskun, „Königs von Babylon", und sagt, daß ihn Merodach, der Erste unter den Göttern, zur Herrschaft über Land und Leute berufen habe, daß er Esagila und Eziba restaurirt und an den 4 Thoren von Esagila je zwei gewaltige bronzene Schlangen und silberne Stierbilder aufgestellt habe.

Der Sohn, welchen er hinterließ, Labosoarchad,

war noch ein Knabe und soll nach Berosus zudem sehr
schlimme Anlagen und Neigungen gezeigt haben. Aber
Babylonien brauchte einen Mann: war doch eben erst das
große Reich der Meder den Persern erlegen. So ver=
schworen sich die Großen des Hofes, brachten Laboſoarchab,
von welchem, bis jetzt keine Inschrift uns Nachricht erhalten
hat, nach neunmonatlicher Scheinregierung ums Leben und
setzten einen aus ihrer Mitte, Namens **Nabu-nahid**,
Nabonid („Nebo ist erhaben"; gleich dem Labynet des He=
rodot und dem Nabonetos des Berosus) auf den Thron.
Er hatte ihn inne von 555 v. Chr. bis zum Sturze des
Reiches. Auf den in den Ecken des Tempels des Mond=
gottes zu Ur gefundenen vier Thoncylindern berichtet er,
daß er den Thurm dieses alten Mondtempels, welchen der
König Urgur und deſſen Sohn Dungi (S. 77 f.) lange vor
seiner Zeit gebaut hatten und der ganz zerfallen war, neu
aufgebaut habe. Ein Gebet am Schluß dieser Inschrift
von Ur lautet: „O Sin, Herr der Götter, König der Götter
Himmels und der Erde und aller Götter Götter, ſo da
wohnen im großen Himmel, wenn Du freudig einziehſt in
dieſen Tempel, mögen die Gutthaten an Eſagila, Eziba,
Eſirgal, den Tempeln Deiner hehren Gottheit, auf Deiner
Lippe erfunden werden. Und die Furcht Deiner hehren
Gottheit laß wohnen im Herzen der Bewohner der Stadt,
daß sie nicht sündigen wider Deine hehre Gottheit! Gleich
den Himmeln ſtehe feſt ihr Grund. Mich aber, Nabunahid,
König von Babylon, befreie von Sünden wider Deine hehre

Gottheit und schenke mir Leben ferner Tage zum Geschenk! Und was Bel=sar=uzur, meinen ersten Sohn, den Sproß meines Herzens, betrifft, so laß die Furcht Deiner hehren Gottheit in seinem Herzen wohnen, daß er nicht willige in Sünden! Mit Überfluß an Leben werde er gesättigt."

Dieser Bel=sar=uzur ist offenbar kein anderer als der im Buch Daniel genannte Belsazar; aus diesem Gebet erhellt aber wohl auch zugleich, daß Belsazar von seinem Vater zum Mitregenten angenommen worden war. Denn es findet sich weder in assyrischen noch babylonischen Texten der Sohn jemals so mit dem Vater zusammengestellt, wenn jener nicht schon in Amt und Würden war. Auf diese Weise erklärt sich dann auch leicht, warum Belsazar den Daniel, nachdem er ihm die Schrift an der Wand des Saales gelesen und gedeutet hatte, zum dritten und nicht, wie es sonst vorkommt, zum zweiten Mann im Königreich erhebt. G. Rawlinson spricht die Vermuthung aus, welche allerdings viel für sich hat, daß Nabonid, um sich in der Königswürde zu befestigen, eine Tochter Nebukadnezars geheirathet habe, und glaubt, daß diese Königin wohl die Mutter seines Vorgängers, die Witwe Nergal=sar=uzurs, gewesen sein könne. Unter dieser Voraussetzung wäre auch ihr Auftreten Belsazar gegenüber wohl verständlich. Ein Grund weiter für die Annahme seiner Verheirathung mit einer Tochter des Gründers der babylonischen Monarchie könnte darin erkannt werden, daß er einem seiner Söhne den Namen Nebukadnezar gab.

Nabonid nennt sich auf seinen Backsteinen „Sohn des Nabu=balatsu=ikbi („Nebo hat sein Leben befohlen"), des Rab=mag" (babylonisch rubu=emga), wonach also sein Vater die gleiche Würde besaß, von welcher aus Nergal=sar=uzur auf den Thron gestiegen war.

Außer mit dem Neubau verschiedener Tempel beschäftigte sich Nabonid besonders mit dem Suchen nach alten Ur= kunden seiner Vorgänger, wovon er uns da und dort er= zählt, wie er sich lange vergebens bemüht, endlich aber doch seine Mühe belohnt gesehen habe. Wir haben ihm auch wirklich, wie wir schon Seite 76 ff. sahen, einzelne Nach= richten über alte chaldäische Könige zu verdanken.

Eine Hauptaufgabe seiner Regierung war es außerdem, die Befestigungen seines Landes und seiner Hauptstadt in möglichst gutem Stand zu erhalten und immer mehr zu erweitern. So führte er neben anderem innerhalb der Stadt auf beiden Seiten des Flusses hohe, feste Mauern auf, welche nur an einzelnen Stellen Durchgänge mit bron= zenen Thürflügeln hatten. Im Osten stiegen ja drohende Gewitterwolken auf, und Nabonid mußte es fast als gewiß betrachten, daß der junge thatenlustige Perserkönig Cyrus Gedanken an die Gründung eines Weltreiches haben werde. Hatte derselbe doch schon 549 v. Chr. das medische Reich sich unterworfen, und war so aus einem kleinen, unbedeu= tenden Fürsten zum Herrn eines großen Landes geworden, mit welchem ihm zugleich die Schätze Ninive's zufielen, welche nach der Eroberung dieser Stadt nach Medien waren

weggeführt worden. So hatte er also nicht nur ein be=
deutendes Heer, sondern auch die sonst nöthigen Mittel zur
Verfügung, um als Eroberer aufzutreten.

Schon im ersten Jahre der Regierung Nabonids waren
zu ihm nach Babylon Gesandte des Königs Krösus von
Lydien gekommen, welcher ebenfalls in Sorge war wegen
der neu erstandenen arischen Macht, und dem babylonischen
König, sowie dem Pharao von Ägypten ein Schutz= und
Trutzbündniß gegen den persischen Monarchen antrug. Auf
diese Weise hoffte er dem gemeinschaftlichen Feind mit
Erfolg entgegentreten zu können. Nabonid ging auf die
Vorschläge des Lydiers ein, und es mag wohl bald nach=
her, wie Herodot berichtet, der Bund zwischen den Dreien
zu Stande gekommen sein. Wie es scheint, begann nun
Krösus den Krieg alsbald, ohne seine Verbündeten um
Hilfe anzusprechen, wurde von Cyrus geschlagen und seine
Hauptstadt Sardes eingenommen. Das Alles war so schnell
gegangen, daß Nabonid, auch wenn er dazu geneigt gewesen
wäre, seinem Bundesgenossen nicht hätte Hilfe bringen
können. Cyrus wendete sich nun aber nicht alsbald gegen
seinen nächsten Gegner Nabonid, sondern wollte als kluger
Fürst zuerst seine Herrschaft über die neuerworbenen Länder
befestigen. Dies verschaffte Nabonid noch für eine Reihe
von Jahren Zeit zum Ausbau seiner Befestigungen.

Endlich im Jahre 539 kam die Nachricht, daß der
Perserkönig seine Hauptstadt Ekbatana verlassen habe, und
seinen Marsch gegen Babylonien richte. Aber nochmals

gab es einen Aufschub. Nach Herobots Bericht ertrank
eines der heiligen weißen Rosse, welche den Wagen des Ormuzb
zogen, beim Übergang über den Diyala. Cyrus ergrimmte
über den Fluß und schwur, er wolle ihn so klein machen,
daß ein Weib ihn durchwaten könne, ohne sich die Kniee
zu netzen. Er ließ ihn nun in eine große Anzahl Kanäle
vertheilen, und darüber ging der ganze Sommer hin. Erst
im nächsten Frühjahr überschritt Cyrus den Tigris und
erschien unerwartet vor der babylonischen Hauptstadt.
Während Belsazar den Oberbefehl in der Stadt führte,
stellte sich Nabonid dem Eindringling entgegen, wurde
aber geschlagen. Ein Theil seines Heeres flüchtete sich in
die Hauptstadt, ein anderer unter dem Oberbefehl Nabonids
nach Borsippa. Mit allem Ernst betrieb nun Cyrus die
Belagerung der Hauptstadt. Allein diese war so fest und
besaß so viele Vorräthe, daß an eine rasche Eroberung
nicht zu denken war, und Cyrus zu zweifeln anfing, ob
ihm dieselbe je gelingen werde. Nur Ein Mittel schien
ihn zum Ziele führen zu können, und dieses wollte er nun
versuchen. Er führte die Hauptmasse seines Heeres von
der Stadt zurück und ließ nur einzelne Beobachtungsposten
vor derselben stehen. Sodann gab er Befehl, Kanäle zu
graben, durch welche das Wasser des Euphrat abgeleitet
werden konnte, oder er leitete, nach einem andern Bericht,
den Fluß in das große Wasserbecken bei Sippara, und
machte so den Euphrat durchwatbar. Auf solche Weise
war es möglich, unter den Mauern der Stadt in dieselbe

durch die Öffnungen einzubringen, durch welche der Strom in sie ein= und aus ihr herausfloß. Bald waren jene Kanäle soweit vollendet, daß man einen Versuch machen konnte; Cyrus wartete aber, bis er die Babylonier samt dem leichtsinnigen Mitregenten, die in ihrer festen Stadt der Feinde spotten zu können glaubten, bei einem großen Feste sorglos schwelgend wußte. Jetzt erst — es war im Jahr 538 v. Chr. — wurden die letzten Dämme zwischen dem Strom und den Kanälen durchstochen. Alles ging nach Wunsch: die Babylonier ließen sich durch die Meder und Perser in ihrem Feste nicht stören, das noch glänzender und mit größerer Unmäßigkeit gefeiert wurde als sonst. Alle Ordnung, alle regelrechte Bewachung innerhalb der Stadt war gewichen. Die Nacht brach an, das Wasser des Euphrat begann zu sinken, und bald konnten die Perser unter der Stadtmauer durch das Strombett eindringen. Wäre nun in der belagerten Stadt Alles in gehöriger Ord= nung gewesen, so hätte ihnen alles das noch nicht viel ge= holfen, sie wären zwischen den beiden Ufermauern wie in einer Falle gesteckt, aus welcher sie niemand hätte retten können. Aber sie fanden die bronzenen Durchgangsthore vom Fluß in die Stadt geöffnet und niemand dabei auf der Wache. So tauchten plötzlich überall in der Stadt persische Sol= daten auf; wer sich ihnen entgegenstellte, wurde niederge= macht, und mit den Flüchtlingen drangen auch die Feinde in den königlichen Palast, wo der junge Belsazar in seinem Festsaal den Tod fand. Als der Morgen anbrach, war

Cyrus Herr der Stadt. Nachdem er den Befehl gegeben, die äußeren Umwallungen wenigstens theilweise niederzureißen, zog er mit seinem Heer gegen Nabonid in Borsippa. Dieser hielt längeren Widerstand für unmöglich und ergab sich. Cyrus behandelte ihn freundlich, und übergab ihm, wie Abydenus sagt, die Statthalterschaft über die Provinz Karamanien.

Nach einer Thontafel, welche das Britische Museum zu Ende des Jahres 1879 erwarb, gestaltet sich allerdings die Erzählung von der Schlußkatastrophe des babylonischen Reiches etwas anders. Diese Tafel berichtet, daß die Einnahme und Plünderung Ekbatanas im 6. Jahr des Nabunahib stattfand. Während seines 7.—11. Jahres war der König „in der Stadt Tema", während „der Sohn des Königs, die Großen und sein Heer" im Lande Akkad standen. Im 9. Jahr am 5. Nisan starb die Mutter des Nabonid in Dur=karasu, oberhalb Sippar, und Belsazar und sein Heer hielten drei Tage eine Wehklage. Im Monat Nisan sammelte auch Cyrus, König von Persien, sein Heer und überschritt unterhalb Arbelas den Tigris, zunächst aber ohne Absichten auf Babylonien. Im 17. Jahre Nabonids, in welchem mit Ausnahme der Götter von Borsippa, Kutha und Sippar die Götter der übrigen babylonischen Städte nach Babylon hineingenommen wurden, lieferte Cyrus dem Heere Akkads eine Schlacht. Das babylonische Heer hielt nicht Stand, am 14. Tammuz wurde Sippar ohne Schwertstreich genommen und Nabunahib, der also Tema verlassen hatte, flüchtete sich. Am 16. desselben Monats zogen Ugbaru

ober Gubaru (Gobryas), der Statthalter vom Lande Gu=
tium und Feldherr des Cyrus, sowie das Heer des Cyrus
ohne Kampf in Babylon ein. Am 3. Marchesvan hielt
Cyrus selbst seinen Einzug, verfuhr gnädig mit der Stadt
und setzte Gubaru zum Statthalter ein. Am 11. Marchesvan
starb Nabonid, der in Babylon Zuflucht gesucht hatte, wo —
wie es scheint — Esagila und die übrigen Tempel am längsten
den eingedrungenen Feinden Widerstand leisteten. Von einem
Ableiten des Stromes weiß also dieser Keilschrifttext nichts.

Noch erwähnen wir einen neugefundenen Thoncylinder,
auf welchem Cyrus selbst über seine Einnahme Babylons
berichtet. Sehr interessant stellt er die Sache so dar: der
Gott Merodach, der Stadtgott von Babylon, war darüber
erzürnt, daß Nabunahid so wenig Vertrauen zu ihm hatte,
daß er die Götter der übrigen babylonischen Städte in die
Hauptstadt hereinnahm. Er suchte nun statt Nabunahids
in allen Ländern einen „gerechten" Fürsten. „Cyrus berief
er, zur Herrschaft über alle Welt verkündete er seinen Namen."
Und weiter heißt es: „In seine Stadt Babylon hieß Mero=
dach ihn einziehen, ließ er ihn einschlagen den Weg, indem
er als Freund und Genosse ihm zur Seite ging, die Waffen
seiner ausgedehnten Truppen, zahllos gleich den Wassern eines
Stromes, unterstützte und seine Macht ausbreitete; ohne Kampf
und Schlacht ließ er ihn einziehen in Babylon. Seine Stadt
Babylon verschonte er. In Borsippa (?) gab er den Nabu=
nahid, den König, der ihn nicht fürchtete, in seine Hand."

So fiel das große neubabylonische Reich im Jahr

538 v. Chr. nach einer Dauer von nur etwa 70 Jahren. Wes=
halb dieses neue Weltreich wieder dahinschwand, ehe es nur
auf ein 100jähriges Bestehen zurückblicken konnte, liegt klar
vor Augen. Einmal waren die Babylonier gleich ihren
Vorfahren, den Chaldäern, niemals das energische, kriege=
rische Volk, wie die Assyrer und die Perser, welchen sie
unterlagen. Sodann hing in diesen alten Staaten Wohl
und Wehe derselben, Gedeihen oder Rückgang, eben haupt=
sächlich von der Person des Herrschers ab. Und thatkräftige
Könige hat Babylonien, außer Nebukadnezar, keine gehabt.
Nabopolassar scheint, nachdem ihm das assyrische Reich wie
eine reife Frucht ohne viel Anstrengung in den Schoß gefallen
war, sein Leben ziemlich ruhig verbracht zu haben, wohl für
das Beste seines Landes sorgend, aber zum Eroberer zu wenig
energisch. Und Nabonid, der letzte König, ist dem ersten ziem=
lich ähnlich gewesen, von den andern unbedeutenden Namen
ganz zu schweigen. So bleibt also nur Nebukadnezar übrig.
Er vereinigte nun freilich alle zur Gründung eines Welt=
reiches nöthigen Eigenschaften in sich: Verstand, Klugheit,
persönliche Tapferkeit, unbeugsame Thatkraft und rücksichts=
loses Durchgreifen und zu dem allem noch körperliche Kraft
und Zähigkeit. Aber an dem Einen Hauptfehler, an wel=
chem alle alten Weltreiche krankten, litt auch schon zu Nebu=
kadnezars Zeit das neubabylonische Reich, nämlich an der
Zerfahrenheit, an dem Mangel jeglichen Zusammenhalts
der einzelnen Theile; die eroberten Provinzen wurden eben
zum Besten des Stammlandes ausgebeutet, ihre Schätze

und Reichthümer wanderten in die Hauptstadt, zu deren
Verschönerung und Bereicherung sie verwendet wurden. Für
die abhängigen Länder aber wurde selten etwas gethan.
So ist es denn nicht zu verwundern, daß diese Vasallen=
staaten, wenn das Stammland in Noth und Gefahr kam,
weder Hand noch Fuß rührten, diesem beizustehen; hatten
sie doch bei einem Wechsel der Herrschaft nichts zu verlieren,
sondern konnten eher noch hoffen, etwas zu gewinnen. Als
darum das Perserreich nicht nur als ebenbürtig, sondern
als das stärkere neben das babylonische sich stellte, da war
es nicht anders zu erwarten, als daß die Schwächeren eben
dem Schicksal den Lauf ließen und sich dem Sieger unter=
warfen. Liebe und Anhänglichkeit an ihre Beherrscher waren
unter solchen Verhältnissen schlechterdings unbekannte Dinge.

Babylon wurde zunächst verschont; es blieb längere Zeit
eine der Hauptstädte des neuen Reiches und hatte immer noch
große Bedeutung als Handelsplatz. Nach dem Tode des Kam=
byses (522) ließ sich ein gewisser Nidintubel, der sich für Nebu=
kadnezar, den jüngeren Sohn Nabonids, ausgab, zum König
ausrufen. Darius Hystaspis belagerte die Stadt 20 Monate
und konnte sie nur durch Verrath einnehmen. Nochmals
gab sich einer, Namens Arachu, für den ebengenannten
Sohn des letzten Königs von Babylon aus, und die Baby=
lonier, welche den Verlust ihrer Unabhängigkeit nur schwer
verschmerzten, schloßen sich gerne an ihn an, so daß die
Stadt nebst dem umliegenden Lande nahezu 20 Jahre lang
eigentlich unabhängig von Persien war. Erst 488 v. Chr.

besiegte Darius die Babylonier aufs Neue und ließ nun
die Mauern und Thürme der Stadt, sowie die andern Be=
festigungen niederreißen, damit sich kein Empörer mehr
hinter diesen großartigen Werken schützen könne. Und was
Darius angefangen, vollendete Xerxes: er nahm auch die
goldene Bildsäule des Bel und die Schätze aus dem Tempel
Merodachs weg und ließ die Stadt plündern. Von da an
machte ihr Zerfall reißende Fortschritte. Alexander der
Große, dem die vortheilhafte Lage der Stadt alsbald in
die Augen fiel, wollte sie aus ihren Trümmern wieder
emporheben; aber sein frühzeitiger Tod vereitelte seine
Pläne. Und als später die Seleuciden Seleucia, dann
die Parther Ktesiphon und endlich die Chalifen Bagdad
gründeten und diesen neuen Schöpfungen ihre ganze Gunst
zuwendeten, da zerfiel Babylon mehr und mehr, so daß es
schon zu den Zeiten des Plinius eine öde, verlassene Stätte
war, während jetzt seine Ruinen nur noch die unerschöpfliche
Fundgrube bilden, aus welcher die heutigen Bewohner der
Gegend ihre Baumaterialien an Stein und Ziegeln beziehen.
Es erfüllte sich das Wort des Propheten: „Babel soll zum
Steinhaufen und zur Drachenwohnung werden. Wilde Katzen
werden sich da lagern und ihre Häuser werden voll Uhus sein.
Heulende Schakale werden in ihren Palästen einander ant=
worten und Drachen in ihren Lusthäusern wohnen. Sie soll
umgekehrt werden von Gott wie Sodom und Gomorrha.“

Beigaben

von

Friedrich Delitzsch.

～～～～

Zu S. 7, mittlerer Absatz: Nicht Layard, sondern Hormuzd Rassam fand in dem Trümmerhügel Kileh Schergat die Thonprismen Tiglathpilesers I. Ebenso ist diesem letzteren Forscher die Entdeckung des „Nordpalastes" und damit zugleich der Thontafelbibliothek Asurbanipals zu verdanken. Diese beiden allzulange unbekannt gebliebenen Thatsachen hat neuerdings Rassam selbst in dankenswerther Weise endlich klargestellt, s. Transactions of the Society of Biblical Archaeology VII, 1880. pag. 37 ff. S. 98 und 228 hat bereits der Herr Verfasser das Richtige nachgeholt.

Zu S. 8: Die vom Verfasser bis auf George Smith fortgeführte kurze Übersicht über die Ausgrabungsarbeiten auf mesopotamischem Gebiet werde im Folgenden mit thunlichster Kürze und mit besonderer Berücksichtigung der Entdeckung Sippar-Sepharvaims bis zum Jahr 1881 vervollständigt.

Seitdem George Smith auf seiner dritten Forschungsreise im August des Jahres 1876 in Aleppo von einem allzufrühen Tod ereilt wurde, hat das Britische Museum die Fortsetzung der Ausgrabungen mit überaus glücklicher Wahl in die Hände eines ebenso klugen als energischen, dazu mit Land und Leuten in seltener Weise vertrauten Mannes gelegt, dessen Name fast von Anbeginn der mesopotamischen Entdeckungen an mit diesen ruhmreich verknüpft ist, — ich meine den soeben genannten Archäologen Hormuzd Rassam. Er, welchem die Wissenschaft der Assyriologie wie die Geschichte der Menschheit einen ihrer schönsten, überraschendsten, weittragendsten Funde zu verdanken hat, nämlich die Auffindung der Bibliothek Sardanapals mit den vielen Tausenden ihrer Thon= tafeln (1854), hat seit 1876 auf den an ihn ergangenen ehren= vollen Ruf seines englischen Vaterlandes mit nachhaltiger edler Begeisterung und Aufopferung seine Dienste von neuem der assy= riologischen Wissenschaft geweiht und, seitdem er die Ausgrabungen drüben leitet, vor allem aber, so oft er persönlich an Ort und Stelle anwesend war (1877—1878; 1878—1879; 1880—1881), zu jenen ersten Funden andere, theilweise nicht minder wichtige gefügt.

Als Rassam im Jahre 1878 in den verwitterten und zer= rissenen Trümmerhügel Nimrud, welchem schon so mancher assy= rische Königspalast entrissen worden ist, Gräben ziehen ließ, drang er in die Cella eines Tempels mit weniger hohem als breitem Altar, zu welchem drei Stufen hinauf führten. Hinter dem Marmor= altar war ein viereckiger Raum, rings um den Altar aber fanden sich Marmorstühle, allem Anschein nach für die Priester bestimmt, während in dem eigentlichen 150' langen und 90' breiten Tempel= raum, einem bereinst von Säulen getragenen prächtigen Bau, viele buntglasirte, schön bemalte Ziegel, zum Theil mit reicher Vergoldung, dazu Stücke von marmornen Dreifüßen u. s. w., alles freilich in vollster Verwirrung, bunt durch einander lagen. Wie sich herausstellte, hatte Rassam einen in der Keilschriftliteratur vielfach genannten berühmten Tempel des Königs Asurnazirpal entdeckt.

Fünfzehn englische Meilen östlich von Mosul, neun Meilen nordöstlich von Nimrud, steigt ein unscheinbarer Hügel mit Namen Balawat aus der Ebene empor. Hier sollte es Rassam 1878 glücken, einen ganz eigenartigen, mit Recht hoch gefeierten und viel bewunderten Fund von mannigfachem kunstgeschichtlichen, archäologischen wie geschichtlichen Werthe zu machen. All den unglaublichen und unablässigen Schwierigkeiten Trotz bietend, welche die fanatische Bevölkerung der umliegenden Dörfer den Nachgrabungen auf jenem mit muhammedanischen Gräbern über= säten Hügel viele Wochen lang in den Weg legte, gelang es ihm mit eiserner Energie, den Trümmern jene Bronzeplatten zu ent= reißen, welche seitdem als der metallene Überzug eines gewaltigen cedernen Thürflügelpaares von 21—26' Höhe und je 6' Breite erkannt worden sind, und von denen eine jede zwei Reihen kunst=

vollst ausgeführter Basreliefs enthält mit Darstellungen von
Kriegsscenen, als z. B. Belagerungen, Angriffen, Heereszügen,
Flußübergängen, Zeltarbeiten, Lagerscenen, daneben aber auch
von Spielen, häuslichen Verrichtungen, Opfer= und Huldigungs=
scenen, mit Abbildungen feindlicher Städte wie Thyrus und Kar=
kemisch u. s. w., während in die schmalen Platten an den Rändern
der Thürflügel die Geschichte der ersten neun Jahre des Königs
Salmanasser II. (858—823 v. Chr.) in Keilschrift eingegraben
war. Die beiden prächtigen Thürflügel bildeten den Eingang
zu dem Vorhof eines Palastes Salmanassers II. und geben uns
eine vollständige, wundersam illustrirte Geschichte der ersten Re=
gierungsjahre dieses mächtigen Königs.

Gleichzeitig wurde in dem östlichen Theile des Hügels von
Balawat ein zweiter Tempel Asurnazirpals aufgedeckt: auf ge=
pflastertem Viereck stand ein Altar, zu welchem fünf Stufen
emporführten, in seiner Nähe aber fand sich ein Alabasterkoffer
mit schwerem Deckel und in ihm zwei Alabastertafeln mit gleich=
lautenden, ziemlich langen Aufschriften, während eine dritte Tafel
gleichen Umfangs und Inhalts oben auf dem Altare lag. Die
Auffindung dieser Tafeln, deren keilschriftlicher Text Imgur-
Bel als den Namen der unter jenem Hügel begrabenen assy=
rischen Ortschaft nennt, machte in Mosul und der ganzen Um=
gegend ungeheures Aufsehen: es verbreitete sich mit Blitzesschnelle
das Gerücht, die Gesetztafeln Mosis seien gefunden, und
gewaltige Aufregung bemächtigte sich allenthalben der Bewohner.
Rassam selbst aber erwuchsen hieraus nur neue Sorgen und
Schwierigkeiten, und er bekennt wohl mit Recht, daß der Hügel
ihm gegenüber seinen Namen Balawat, d. h. „Sorgen, Kümmer=
nisse", von Anfang bis zu Ende vollauf bestätigt habe.

So wichtig und lehrreich aber auch diese assyrischen Ent=
deckungen Rassams sein mögen, sie wurden doch noch übertroffen
von seinen Funden in Babylonien. Wenn der Herr Verfasser
auf S. 8 seines Buches mit Recht bemerkt, es bleibe in Baby=
lonien unserer Zeit noch das Meiste zu thun übrig, so darf jetzt
wenigstens gesagt werden, daß ein vielverheißender Anfang doch
auch hier endlich gemacht ist. Schon seit 1874 war eigentlich
Babylonien aus seiner so unerschütterlich bewahrten Zurückhaltung
getreten, als arabische Backsteingräber in den Trümmern Babylons,
in Thonkrüge verpackt, an 3000 Thontafeln, von 1″ bis 1′ im

Gevierte, fanden, welche sich, seitdem sie durch George Smith
für das Britische Museum angekauft wurden, sämtlich als
dem Schatz= und Bankhause Egibi und Söhne in Babylon
gehörig herausgestellt haben. Alle Handelsgeschäfte des baby=
lonischen Hofes waren seit der Zeit Nebukadnezars Jahrhunderte
hindurch dieser Firma übertragen: sie trieb die Steuern ein,
die auf Grundstücke, auf Korn= und Dattelernten u. s. f. gelegt
waren, an sie war die Abgabe für Benutzung öffentlicher Straßen
oder Bewässerungskanäle zu entrichten u. s. w. u. s. w. So ent=
rollen uns diese unscheinbaren Täfelchen ein lebendiges Bild des
babylonischen Volkslebens, wir sehen all die mannigfaltigen
Volksklassen, vom höchsten Offizier bis zum niedrigsten Bauern
und Sklaven herab, in den Höfen dieses babylonischen Schatz=
hauses sich drängen und ihre Geschäfte abmachen, und gewinnen
obendrein durch das Studium dieser Texte, welche durchweg auf
das Sorgfältigste nach Tag, Monat und Jahr des jeweiligen
Königs datirt sind, für die Chronologie jener Zeit eine reich=
fließende Quelle ersten Ranges. Zu diesen Tafeln hat Rassam
Hunderte neuer gefügt, darunter solche aus der Zeit des Königs
A=lik=sa=an=dir d. i. Alexanders, und hat zugleich erwiesen, daß
der Ruinenhügel Dschumbschuma die Stätte dieser alten Handels=
bank Babylons repräsentire.

War es aber weiter schon seit Jahren durch einzelne zer=
streute Funde zur Gewißheit geworden, daß die Trümmerhügel
der alten babylonischen Städte, wie Babylon, Larsam, Erech,
auch ihrerseits noch Bibliotheken bergen, also die Originale be=
wahren müßten, von welchen Asurbanipal die Tafeln seiner
eigenen Bibliothek lediglich abschreiben ließ, und war also die
Hoffnung aufgetaucht, der so zu sagen „ersten" Ausgaben jener
klassischen Werke der babylonischen Literatur neben ihren assyri=
schen Abschriften habhaft zu werden, so hat sich diese Hoffnung
durch Rassams Forschungsarbeiten vollauf zu verwirklichen be=
gonnen. Von Monat zu Monat langen jetzt aus den Ruinen
der Tempel und Paläste von Babylon, Borsippa, Kutha und
Sippar beschriebene Thontafeln im Britischen Museum an, ganz
nach Art der assyrischen Tafeln, und darunter schon bis jetzt
viele hochwichtige Texte, z. B. der Anfang der Sintfluttafel nach
deren babylonischen Redaction, eine Tafel, welche die letzten
Jahre des Königs Nabonid und die Eroberung Babylons durch

Cyrus erzählt, ferner historische Texte Nebukabnezars, Tafeln religiösen und lexikographischen Inhalts u. s. w.

Während seiner letzten, 18 Monate währenden Expedition 1880—1881 aber ist Rassams seltener Findungsgabe eine Entbeckung gelungen, welche für die alte Geschichte die endgiltige Beantwortung mehr denn Einer Frage bedeutet, nämlich die Wiederauffindung der uralten Stadt Sippar, einer der ältesten babylonischen Städte, wo Noah=Xisuthros auf Kronos' Befehl die Urkunden der vorsintflutlichen Zeit zu vergraben geheißen ward. Während Rassam in der Nachbarschaft von Bagdad weilte, hörte er durch Araber von Ruinen an dem Ufer des halbtrockenen Kanals Yusuffieh, wo beschriebene Steine in Menge zu finden seien. Diese Hügel heißen Deyr und liegen auf dem Nordufer jenes Kanals etwa 30 englische Meilen südwestlich von Bagdad. Die in den Hügel probeweise gezogenen Gräben brachten freilich keine wichtigeren Überreste ans Tageslicht, zumeist nur beschriebene Backsteine aus der Zeit Nebukabnezars, die zudem nicht einmal über den alten Namen der Stätte Aufschluß gewährten. Dagegen wartete nahebei ein um so ergiebigerer Ort auf den Zauberstab des glücklichen Forschers, um ihn mit reichem Schatze zu belohnen. Während Rassam in Deyr arbeitete, besuchte er die Hügel, welche die Araber Abu Habba nennen, und seine Probegräben entschädigten ihn gar bald für die fruchtlosen Mühen in Deyr. Die Hügel Abu Habba sind sehr ausgedehnt; sie bedecken einen Raum von zwei englischen Meilen im Umfang, Mauer und Burg sind in ihren Ruinen noch klar zu erkennen. Die Citadelle nahm den südlichen Theil der Umfassungsmauer ein, der höchste Punkt der Ruinenstätte aber fand sich auf der Südwestseite und grenzte einst an die Ufer eines breiten Kanals oder Euphratarmes, jetzt repräsentirt durch das trockene Kanalbett Ruthwanieh. Beim Nachgraben stieß man fast unmittelbar auf die Wände eines Gebäudes — die Umfassung eines großen viereckigen Baues (die Südwestseite betrug 1500' Länge) wurde bloßgelegt; weitere Gräben und Schachte zeigten, daß die Baulichkeiten um einen Centralhof gruppirt waren und in einer Reihe langer, schmaler Gemächer mit ausnehmend dicken Backsteinwänden bestanden. Im Innern dieses Baues ward nun aber weiterhin ein interessantes Paar von Zimmern entdeckt und von Schutt befreit. Beim Ausgraben eines Schachtes, der einer

Wand im Mitteltheile des Hügels folgte, gelangte man an eine Thüröffnung, die in eine große, 100' lange und gegen 35' breite Gallerie führte. In dieser gewahrte man die Überreste eines großen aus Backsteinen gefügten Opferaltars, nahezu 30' im Gevierte. In der Wand dieses Gemaches aber war eine Thür, die in einen kleineren Raum führte, in welchem Rassam nach seinen in Balawat gemachten Erfahrungen ohne Weiteres das Archivzimmer des Tempels vermuthete. Während in Balawat aber die Stiftungsurkunden des Tempelerbauers in einer Stein= kiste gefunden wurden, fand sich hier nichts dem Ähnliches. Indeß von der festen Ueberzeugung geleitet, auch in dem Gemach dieses Tempels Urkunden finden zu müssen, senkte Rassam einen nur wenig tiefen Schacht in den Fußboden jenes Zimmers, und siehe da! eine aus Thon geformte Kiste kam zum Vorschein, und darin lagen die Urkunden des Erbauers und des Wieder= herstellers jenes Tempels, Urkunden, werthvoll an sich, doppelt und dreifach werthvoll aber dadurch, daß sie den Namen des be= treffenden Gebäudes und den Namen der Stadt, der es ange= hörte, bezeugen — Rassam hatte das Archiv des alten Sonnen= tempels in der Stadt Sippar, dem biblischen Sephar= vaim, gefunden! „Bildniß des Sonnengottes, des großen Herrn, welcher wohnt im Tempel Ebabbara in der Stadt Sippar" — so lautet die Überschrift der künstlerisch prächtig ausgestalteten Tafelurkunde des Königs Nabu=bal=ibbina, eines Zeitgenossen der assyrischen Könige Asurnazirpal und Salma= nasser II., welcher den uralten, schon zur Zeit des Königs Sim= massichu theilweise zerfallenen Sonnentempel samt dem Bilde des Sonnengottes aus Dankbarkeit für einen glücklich zurückgeschlagenen Einfall des Sutu=Volkes hatte wiederherstellen und in seinem 31. Jahre jene Votivtafel in den obengenannten thönernen Kasten niederlegen lassen, c. 882 v. Chr. Die Tafel enthält neben einer langen, für das babylonische Opferritual und die Feste des Sonnengottes wichtigen Inschrift eine Darstellung des Allerhei= ligsten, in welchem Samas mit lang niederwallendem Bart auf einem prächtigen, mit Cherubim verzierten Thron sitzt, in der Hand einen Ring, das Symbol der Ewigkeit, und einen kurzen Stab. Etwa 3 Jahrhunderte später aber, um 550 v. Chr., hatte dann Nabonid, nachdem er auch seinerseits den Tempel erneuert, zwei engbeschriebene Thoncylinder in eben jenem Archiv niedergelegt, welche in ausführlichster Weise die frommen Thaten und Schenkungen dieses letzten Königs der Nachwelt verkünden. Mit dieser Entdeckung Raffams ist die gewöhnliche, auch in meinem Buch „Wo lag das Paradies?" befürwortete und auch vom Verfasser der vorliegenden Schrift auf S. 74 angenommene Einheit Sippars mit dem Trümmerhügel Sifeira auf der Nord= seite des nördlichsten babylonischen Kanals, also westlich von Bagdad am Ufer des gegenwärtigen Euphratbettes, als irrig für immer beseitigt: Abu Habba = Sippar liegt nahezu halbwegs zwischen Bagdad und Babylon, jetzt zwar entfernt vom Euphrat, dem „Strom von Sippar", aber einst hart an dessen Ufern, was auch die vierte Kolumne der Inschrift Nabu=bal=ibbina's bezeugt. Es wird hierdurch von neuem bestätigt, daß die Land= schaft Karbunias einst ganz schmal, einem großen Garten ver= gleichbar war, welcher von dem Einen Euphrat bewässert wurde. Wenn aber Xisuthros von Kronos (Samas) aufgefordert wurde, die Tafeln, in welche er Anfang, Mitte und Ende aller Dinge eingegraben habe, gerade in Sippar niederzulegen, so geschah dies wohl eben deßhalb, weil Samas sie in der ihm heiligen Stadt in seinen persönlichsten Schutz nehmen wollte.

Durch Nachgrabungen in Tell Ibrahim, etliche zehn eng= lische Meilen östlich von Babylon, ward Raffam weiterhin in den Stand gesetzt, die schon von Sir Henry Rawlinson ausge= sprochene Vermuthung, daß hier die Stätte der alten Stadt Kutha zu suchen sei, endgültig zu beweisen (vgl. S. 33). Er fand in dem südlichen Theil des größeren der beiden Hügel aus= gedehnte Überreste von Baulichkeiten, von Zimmern und Gängen, und beschriebene Backsteine und Tafeln erwiesen das Gebäude als den großen Tempel des Gottes Nergal und der Göttin Laz in der Stadt Kutha.

Auch dem sehr großen, aber niedrigen Hügel Tell Loh am Kanal Schatt el=Hai machte Raffam einen, freilich nur drei= tägigen Besuch. Es ist dies jene Ruinenstätte, aus welcher der dermalige französische Konsul zu Basra seine jetzt vom Louvre zu Paris um 150,000 Franks erworbene Sammlung altbaby= lonischer Denkmäler zum größten Theile bezogen hat. Die sehr werthvolle Sammlung besteht aus vier stehenden Figuren, mit Inschriften auf Brust und rechter Schulter, aus vier sitzenden (einer großen, drei kleinen) Figuren, von denen zwei der kleineren auf den Knieen einen Plan mit der Zeichnung einer Stadt oder Burg sowie, wie es scheint, einen Maßstab darbieten, sämtliche vier — leider kopflose — Figuren mit langen Inschriften des altbabylonischen Königs Gudea versehen, welche das Kleid unterhalb der Kniee sowie den Rücken bedecken. Die Sammlung enthält ferner: drei Bronzestatuen Gudeas in knieender Stellung und endlich, um anderes hier zu übergehen, zwei große Cylinder mit 25 bis 30 Schriftkolumnen archaischen Schriftcharakters, welche ebenfalls dem König Gudea anzugehören scheinen.

So beginnt auch für die nachtbedeckten babylonischen Trümmerhügel allmählich der Tag anzubrechen, ein Tag voll Klarheit und Wahrheit und hoher Freude für alle, die Interesse nehmen an den ersten Blättern und Kapiteln des Buches der Menschheitsgeschichte.

Zu S. 25, 72, 77 u. a.: Das Ideogramm Gur (z. B. in dem altbabylonischen Königsnamen Ur-Gur) bezeichnet allerdings auch eine Göttin, nämlich die Mutter Ea's, „die Gebärerin Himmels und der Erde", ist aber jetzt durch ein neubabylonisches Götterverzeichniß auch als eine der mancherlei Schreibweisen des Gottes Ea selbst erwiesen, so daß der Name einfach Uru-Ea d. i. assyrisch Amel-Ea, „Mann Ea's", gelesen werden dürfte. Die Wiedergabe des Gottesnamens Ea, des Gottes der Wassertiefe, des Gemahls der Dauke, durch Aos bei Damascius scheint übrigens die Lesung Ae anstatt von Ea zu fordern.

Zu S. 29: Der vermeintliche Gott Malik (Moloch), wie man das Götterideogramm A-a gewöhnlich deutet, die Gottheit also, welcher neben Samas der Sonnentempel zu Sippar geweiht war, wird durch Blatt 57 des zweiten Bandes des Londoner Inschriftenwerkes, Z. 12 ff., als eine Göttin, als „die Göttin der Menschen", die „Herrin der Länder", auch Sala (vgl. S. 31) genannt, erwiesen. Auf den neuen Nabunahid-Cylindern hat diese Göttin die Apposition „die hehre Braut".

Zu S. 31: Die Lesung des Gottesnamens Nin-eb als Adar gewinnt, neben andern Gründen, jetzt ganz besonders dadurch an Wahrscheinlichkeit, daß auf einem unnumerirten babylonischen Täfelchen jener Gottesname Nin-eb unzweideutiger Weise das phonetische Komplement za hat: der „Herr der Entscheidung", wie das Ideogramm Nin-eb wiederholt gedeutet wird, dürfte hiernach E-bara oder A-bara geheißen haben.

Zu S. 32: Nicht der geflügelte Stierkoloß ist das Bild des Gottes Nergal (es liegt hier eine Verwechselung mit Nineb=Adar vor), sondern der Löwenkoloß; „geflügelte Löwen mit Menschenköpfen" (S. 35) gab es übrigens nicht.

Zu S. 37: Für die Übersetzung des sog. „Königspsalmes", insonderheit seiner acht letzten Zeilen, deßgleichen für die Übersetzungen auf S. 61, 68 f. übernehme ich keinerlei Bürgschaft. Von einem „Silberberg" vermag ich nichts zu entdecken. Daß übrigens die Babylonier und Assyrer an ein Fortleben der Frommen in einer Wohnung der Seligkeit, da=gegen der Gottlosen in einer Art Hölle glaubten, läßt sich ge=nügend beweisen und wird neuerdings sogar durch Basreliefs handgreiflich bestätigt.

Zu S. 69 ff.: Zur altbabylonischen Geschichte wäre auf Grund neugefundener Thontafeln mancherlei zu bemerken. Daß auf diesem zur Zeit noch so dunklen Gebiete dereinst auch noch volles Licht werden wird, mag folgende Probe zeigen. Ein kleines, 1880 in den Besitz des Brittschen Museum überge=gangenes Täfelchen, welches mir gleich so manchen andern nichts anderes denn die Schülerarbeit irgend eines jungen Babyloniers zu sein scheint, bietet auf der Vorder= und auf der Rückseite die Namen von je elf Königen zweier verschiedener altbabylo=nischer Dynastieen — offenbar Auszüge aus größeren chronolo=gischen Tabellen. Die Vorderseite nun lautet:

Su=mu=a=bi, König, 15 Jahre.
Su=mu=la=an, 35 Jahre.
Za=bu=u, Sohn des Vorigen, 14 Jahre.
A=bil=Sin, Sohn des Vorigen, 18 Jahre.
Sin=mu=bal=lit, Sohn des Vorigen, 30 Jahre.
Cha=am=mu=ra=gas, Sohn des Vorigen, 55 Jahre.
Sa=am=si=i=lu=na, Sohn des Vorigen, 35 Jahre.
E=bi=sum, Sohn des Vorigen, 25 Jahre.
Am=mi=di=ta=na, Sohn des Vorigen, 25 Jahre.
Am=mi=di=bug(la)=ga, Sohn des Vorigen, 21 Jahre.
Sa=am=su=bi=ta=tam, Sohn des Vorigen, 31 Jahre. —
11 Könige der babylonischen Dynastie.

Wie sich zu obiger Notiz, den Vater des Chammuragas betreffend, die S. 87 f. mitgetheilte Angabe in der Chammu=ragas=Inschrift verhält, derzufolge der Vater des Königs Um=mubanit geheißen habe, mag hier unerörtert bleiben. — Das

Rassam'sche Königsverzeichniß, auf welches S. 70 angespielt ist, enthielt ursprünglich, nach den Resten der Tafel zu schließen, im Ganzen nahezu 200 Namen akkadischer, sumerischer und sog. kassitischer Könige; wie aber schon die Überschrift in Kol. I. zu der mit Chammuragas beginnenden Namensliste deutlich aus= spricht („dies sind die Könige Babylons nach der Sintflut, in Reihenfolge nach einander sind sie nicht geordnet") und wie auch sonst leicht ersichtlich ist, war der Zweck dieser großen Liste nicht sowohl ein historisch=chronologischer, sondern vielmehr ein linguistischer: die Königsnamen dieser nichtsemitischen Idiome sollten ihrer Bedeutung nach überliefert werden. Welch werth= volle Belehrung wir in dieser Hinsicht der Tafel verdanken, lehren folgende wenige Beispiele: Chammu=ragas = „die Fa= milie ist ausgedehnt", Kurgalzu = „sei mein Hirte!", Meli= sichu = „Mann Merodachs", Purnapuriyas = „Knecht des Herrn der Länder". Beiläufig bemerkt, schließt Kol. II. mit einem Trennungsstrich.

Die Seite 116 ff. berührte Frage, ob die assyrischen Pa= läste zwei= oder einstockig gewesen seien, wird von Rassam da= hin beantwortet, daß nach seinen Beobachtungen die meisten Königsbauten der Assyrer mindestens 2 Stockwerke hatten. Näheres siehe Rassam, Recent Assyrian and Babylonian Research: Victoria Institute, or Philosophical Society of Great Britain, 1880.

Zu S. 124: Nicht als „Gewichte zur Befestigung der Zelte" (s. auch 125) werden die 16 von Layard gefundenen kupfernen Löwen gedient haben, sondern als wirkliche „Gewichte"; darum nehmen sie auch vom größten bis zum kleinsten in regelmäßiger Reihenfolge an Größe ab.

Zu S. 158: Der so häufig vorkommende Titel „König der Heerschaaren" ist besser als „König der Gesamtheit" oder vielleicht noch entsprechender als „König der Machtfülle", „All= mächtiger König" zu fassen.

Zu S. 171: Der Name Sammu=ramat „Semiramis" läßt sich assyrisch kaum anders fassen als „Liebhaberin von Wohl= gerüchen".

Zu S. 230: Die Gleichheit von Asenappar Esra 4, 10 (nicht Osnappar!) mit Asurbanipal, welche ich als zweifellos sicher beweisbar in meiner Schrift „Wo lag das Paradies?" S. 329

aufgestellt habe, ist, wie ich nachträglich bemerkt habe, schon von anderer Seite, z. B. von Bosanquet und Gelzer, vermuthet worden. — Es sei mir bei dieser Gelegenheit die Bemerkung gestattet, daß in meiner eben citirten Schrift unter den Vertretern der „utopistischen" Ansicht von der Lage des Paradieses an Stelle von Riehm durch ein bedauerliches Versehen Schrader genannt ist (S. 12. 114).

Zu S. 244: Die Übersetzung des Namens Nebukadnezar, richtiger Nebukadrezar, assyrisch Nabu-kuburri-uzur, als „Nebo, schütze meine Krone", ist frei; kudurru ist zwar eine Kopfbedeckung, aber nicht die Krone, das Symbol der königlichen Majestät, sondern eine aus Rohr geflochtene Kopfbedeckung, wie sie der bei Bauten beschäftigte Arbeiter zu tragen pflegte; siehe das Richtige schon S. 210. Nabopolassar, der Babylon von Grund aus wieder herzustellen begann, erfleht für sich und seine Arbeit in und mit dem Namen seines Sohnes den Beistand Nebos. Man könnte etwa übersetzen: „Nebo, schütze meine Arbeit!"

Zu S. 256: Betreffs des Cammeo Nebukadnezars, gegen dessen Ursprung aus alter Zeit sich Zweifel erheben könnten, vgl. die sehr gründliche Untersuchung Schrader's in dem Monatsbericht der Königl. Akademie der Wissenschaften zu Berlin vom 17. März 1879. — Hart bei der Ruine Birs Nimrud hat Rassam, im Begriffe den Nebotempel bloßzulegen, eine mächtige Bronzeschwelle (ihr Metallwerth beträgt noch heutzutage 84 Pfd. Sterling) gefunden, deren Inschrift besagt, daß Nebukadnezar den Tempel Eziba zu Borsippa neuerbaut habe zu Ehren des Gottes Nebo, „der die Tage seines Lebens verlängert, beziehungsweise lang gemacht habe". Beides kann das Wort musariku bedeuten, und ich möchte darum aus diesen Worten noch nicht auf irgendwelche schwere Erkrankung und weiterhin durch göttliche Hilfe erfolgte Genesung Nebukadnezars, wie einige Andere thun, einen Schluß ziehen.

Verbesserungen:

Seite 7, 8. Zeile von unten lies: letzteren statt ersteren.

Seite 164, 6. Zeile von unten lies: Srchulena statt Schulena.

Seite 166, 2. Zeile von oben lies: Jahua apal statt Jahuaapal.

———